전라도 정도 천 년 기념작

전북야사

전라도 정도 천 년 기념작

전북야사

이종근 칼럼집

신아출판사

머리말

　근대 이후에 저술된 전주 관련 문헌으로, 《전주부사》(1942년 전주부), 《전주야사》(1967년 이철수), 《완산승경》(1971년 이철수), 《아빠의 일기》(1973년 신호), 《전북백년》(1976년 이봉섭), 《전주이야기》(1999년 윤흥길), 《허공만 맴돈 쓴 소리》(1999년 유장우), 《완산 고을의 맥박》(2001년 조병희), 《전주한옥마을 다시 보기1》(2016년 이종근) 등이 선보인 바 있다.

　전주 파라시(八月柿)는 '음력 팔월에 익는 이른 감'으로 완산십미(十味) 중 하나다. 십미에도 문헌에 기초해 나름의 순서가 있는 바, 그 첫 번째가 파라시다.

　언제부터인가 맛과 생산지보다는 '사라진 감', '멸종한 감'으로 기록되어 왔다. 하지만 아직도 사라지지 않았다. 지금까지 알려진 완주군 구이면과 상관면의 몇 그루뿐만이 아니라, 전주시에서도 파라시 나무는 볼 수 있다는 송영애 박사의 설명이다.

　문제는 우리가 찾지 않으니 눈에 보이지 않았던 것뿐이다. 어디 이같은 일이 이뿐이던가.

　종종 필자에게 난감한 질문이 주어진다. "전주 미원탑은 언제 없어졌나요.", "전주의 사라진 노래를 알고 있나요.", "남원우체국 석돈의 유래를 들었나요.", "전주 한옥마을 동락원은 진짜로 외국인 선교사가 지은 건물 맞나요. 그렇다면 언제 왜 이를 만들었죠?"

　"사랑하면 알게 되고 알게 되면 보이나니, 그때 보이는 것은 전과 같지 않으리라." 이 말은 조선 정조 때의 문장가 유한준이 남긴 명언을 토대로 유홍준 전 문화재청장이 구절을 좀 고쳐서, 문화유산을 보는 자세에 대하여 말한 것이다.

'아는 만큼 보인다.'는 이 말은 유홍준 전 청장의 《나의 문화유산답사기》 제1권의 머리말 일부이다. 이로부터 "아는 만큼 보인다."라는 말이 널리 알려지게 되었다.

《나의 문화유산답사기》 제2권을 통해 이를 정정하고 보완한 바 원문은 '知則爲眞愛 愛則爲眞看 看則畜之而非徒畜也'이다.

이는 유한준(兪漢雋, 1732 - 1811)이 김광국(金光國)의 화첩 석농화원(石農畵苑)'의 부친 발문에서 따온 것이다.

이를 옮기면 "알면 곧 참으로 사랑하게 되고, 사랑하면 참으로 보게 되고, 볼 줄 알게 되면 모으게 되니 그것은 한갓 모으는 것은 아니다."이다.

이 문장으로 '아는 만큼 보인다.' 즉, '알아야 참으로 보게 된다.'는 뜻의 한문을 만들면, '지즉위진간(知則爲眞看)'이 된다.

'아는 만큼 보이고, 느끼는 만큼 보인다.'는 말처럼 꼼꼼하게 체크하면서 무심코 지나치지 않는다면 새로운 세상이 열리지 않을까.

30여 년 동안 찾아낸 자료와 발품을 팔아 확인한 내용을 처음으로 모아 공개하려니 참으로 설렌다. 책자 발간의 기회를 제공한 서정환 신아출판사 사장님께 결초보은하기로 약속하면서 전라도 정도 천년을 기념해 《전북야사》를 여러분 앞에 선보인다.

목차

004 머리말

014 미원탑
018 전북 도민의 날 노래
021 동락원
025 전주 고물자골목
028 잊혀져 가는 '전주의 노래'
038 미륵사지 석탑 지킴이와 남궁찬석상
045 삼례 호산서원 꽃담과 호산청파(湖山淸波)
049 다리군수 유범수
053 전주향교 계성사(啓聖祠)
055 전북의 이팝나무
057 임실 구로정(九老亭)
060 상욕속빈(喪欲速貧)과 임실 양요정
063 전주 인봉제(麟峰堤)
066 온돌문화(진안 칠성대와 전주 행치마을)
069 남원 석돈(南原 石墩)

전북의 꽃담　072

잊혀져가는 전주 유곽; 다가동의 돌기둥　079

군산 꽁당보리　087

심포항과 망해사　089

임실 말천방 들노래　091

전북의 농기(農旗)를 휘날려라　093

정읍 피향정　097

한국 태권도의 본고장 무주　099

고창 도깨비　102

보리의 고장 고창　104

전북 기독교 선교 유적　106

진안고원　110

남원 권번　113

콩조시 팥조시　115

유애사와 유애묘　117

익산 쌍릉, 무왕과 선화공주의 무덤일까?　119

전북가야 유적 호남 첫 국가사적 1호 지정　121

남학(南學)　123

정읍 무성서원　125

전주 희현당　127

129   나루터

131   전주 덕진공원 연화교, 랜드마크로 태어나야

133   어전(漁箭)

135   서수 이엽사 소작쟁의

137   전주 책방

139   전주 배첩장

141   탄현(炭峴)

143   호용죄(互用罪)와 공금횡령

147   완주 남관진창건비

150   임실 필봉산에 망월(望月)이야!

153   김제 성산 홍심정

155   봉동의 뒤주

157   전북에 묵향(墨香)이 흐르게 만들자

159   정읍 복조리

161   남원의 마애불

163   남원 미꾸리

166   김제의견비

168   물을 팔아먹은 정평구

171   김대건신부

173   정읍 은선리

남원 아영면	175
남행월일기(南行月日記)	177
진안 마을숲	179
부안 양잠농업	181
백운화상	183
남원 바래봉	185
남원 줌치의 노래	187
잊혀진 이름 석당 고재봉	190
고창 보은염축제	192
기생이 만든 강선교(降仙橋)	196
남원 은적암과 용담검무	198
순창 개고개	200
고창 효감천	203
대사습놀이전국대회와 동지	205
김제홀어머니다리	207
오수의 의견	210
부안 유천리 고려청자	212
자도주(自道酒)	214
위그선	216
운장산 씨 없는 곶감	218

220 웅치·이치 전적지

222 류습과 달이실 합굿축제

224 남원 이백 닭뫼마을 비보림

226 만일사(萬日寺)

228 척화비

230 기로연

232 지리산 문학과 뱀사골 단풍

236 수제천(壽齊天)

238 번영의 길을 예약한 오수역참비

241 두승산과 눌제

243 전주 완산동

245 효자 양채용

247 대목장 유익서

249 완판본 열녀춘향가

251 사직단

254 백의종군로에서 이순신 장군을 만나다

257 부안 상사화

259 익산 오금산

261 전주 가맥

263 전주 오목교

남원 승월대	266
남원 몽심재	268
전주 복숭아	270
고창 갯벌	272
정읍 다원(茶園)	274
군산 근대문화	276
운일암 반일암	278
장성 백비(白碑)와 이상진 회화나무	280
남원 월매집	284
전주 관통로와 익산 전국체전	286
반값 등록금	290
도문대작(屠門大嚼)과 함라 반지	292
익산교도소 세트장	295
전주 남천교	297
군산 박대	299
남원 실상사	301
십이동파도선	303
순창 훈몽재	305
전주 쌍다리	307
전주 6지구	309

- 311 하늘이 내린 '효의 고장' 익산
- 314 정순황후
- 316 전주 가재미골과 부채
- 319 전주성
- 321 육십령
- 324 임실 둔덕이씨
- 326 솟을대문이 돋보이는 정읍 영모재
- 330 마이산
- 332 경기전 용매와 한벽당 심매경
- 335 이야기꾼 '전기수'
- 337 함열 3부잣집
- 339 오늘이 오늘이소서, 매일이 오늘이소서
- 342 치미
- 344 음식은 짜지만 인심은 싱거운 전북
- 348 완산종
- 350 진안 매사냥
- 352 전주 강당재
- 354 김치현과 이승갑
- 356 가인로
- 358 포쇄

전북야사

미원탑

1970년대 술집의 대중화와 소주, 막걸리의 음주 확산이 색주가와 다른 공간에 해장국집이 들어서는 계기가 됐다. 동문거리 콩나물국밥집의 조성이 그 본보기다.

전주시청과 시의회, 금융기관 등 국가공공기관이 미원탑 사거리에 집중되어 있었다. 밤늦게까지 술을 마신 공무원들이 아침 일찍 동문거리의 콩나물국밥집에서 '속풀이해장국'으로 콩나물국밥을 먹는 관행이 생겨났다. 그것도 근현대화 과정에서 태동한 신문화라 할 수 있다.

구 전주시청, 미원탑 사거리 길 건너에 백도극장(후에 아카데미극장으로 변경) 뒷골목에 콩나물국밥집이 성업했다. 이곳은 전주시청 중심의 관공서 공무원들이 아침 일찍부터 자주 찾은 해장국집 거리였다.

희석식소주의 영향인지 속풀이해장국이 콩나물국밥 외에 시레기국밥과 선지국밥, 순대국밥 등으로 다양해져 갔다.

동문거리 콩나물국밥집이 성업했던 전통은 동문사거리 근처 왱이콩나물국밥집을 중심으로 그 전통을 승계하고 있다. 팔달로는 전주를 상징하는 길이다. 기린로와 관통로가 없던 60년대부터 전주의 주 간선로로 근대 역사를 함께 했다.

전주천에서부터 풍남문과 미원탑 사거리, 전주역전 오거리, 서중학교 앞 로터리, 터미널 사거리, 전북대학교 앞, 덕진역 광장, 팔복동 공단까지 팔달로는 전주 시내를 꿰뚫는 교통의 중추였다. 이곳의 미원탑은 전주사람이면 누구나 다 기억하는 명물이요, 랜드마크 같은 탑이었다.

하지만 전주시 구 시청앞 사거리에 있었다던 전주 미원탑은 언제 어떤 일로 없어지게 되었는지 이를 잘 아는 사람들은 드물다. 60~70년대는 친구나, 연인과의 만남의 장소로 미원탑 앞이 인기였다. 지금은 시내 곳곳이 만남의 장소로 손색이 없는 곳이 많지만 그 당시만 해도 시청앞 미원탑은 젊은 연인들의 만남의 장소로 인기 순위 1위였을 것이다.

약속 장소로 '몇시에 미원탑 앞에서 만나' 이 말 한마디면 만남이 어긋나는 일이 거의 없었다. 미원탑은 1967년 4월 23일부터 1979년 6월 26일까지 존재하면서 친구나, 연인과의 만남의 장소로 인기 절정을 달렸다. 지금은 흔하디 흔한 네온싸인 불빛이 시내 어디를 가도 휘황찬란하지만 그 당시만 해도 오색 찬란한 네온싸인은 미원탑이 전부였다.

시골 사람들은 미원탑 네온싸인을 보고 넋을 다 잃을 정도였다니, 지금 생각하면 참 우스운 일이다.

미원탑은 60년대 정읍출신 임대홍 미원그룹 회장이 350만원을 들여 전주시청(현 중소기업은행)사거리에 교통 신호등과 조미료인 미원을 선전하는 광고 기능을 겸한 광고탑을 설치했다. 당시만 하더라도 교통 신호등이 시설된 곳이 별로 없었고 또한 미원탑을 선전하기 위한 장식을 많이 하여 미관이 괜찮았다고 생각된다.

이유야 어떻든 위치가 시청 바로 정문 앞이었기 때문에 전주시민은 물론 도내 타 시·군 도민들도 특별한 약속 장소가 없을 때에는 의례 미원탑으로 약속 장소를 정하여 만났던 기억들이 있다.

특히 젊은 연인들 사이에 인기 만점이었다. 그리고 그 당시 조미료는 우리나라에 큰 두 업체가 치열한 경쟁을 하고 있었는데, 전북의 미원과 미풍이란 제품이 있었다.

그러한 미원탑을 철거하게 된 배경은 1980년(제61회 전국체전, 9월 27일-10월 13일) 가을에 전주에서 전국 체전이 열리게 되었고, 또한 탑의 높이가 고정된 상태에서 차량의 차체가 커짐으로 인하여 화물차량 등의 통과가 어려워졌기 때문이었다.

그 당시 인접한 충경로가 개설되고 그곳에 교통신호등이 설치되어 차도 4차선인 팔달로와 우체국 방향의 2차선 도로에서 이를 필요하지 않다는 그 당시 유관기관의 판단이 있었다.

또한 설치 연한이 상당기간이 지난 무거운 철 구조물이었기 때문에 붕괴의 위험성이 많아 큰 피해를 미리 막아 통행인을 보호하는 측면 그리고 미원이라는 특정 업체의 광고물을 공공성을 띤 도로상에 설치한 것은 공익에 맞지 않다는 의견이 집약되어 철거하게 되었던 것으로 보인다.

1980년대 들어 교통에 방해된다며 철거되는 운명을 맞았지만, 향토기업 '미원'(현 대상그룹)에 쏟은 지역민들의 애정은 각별했다. 2011년 전주시가 기업우대 분위기 확산을 위해 주요 기업들을 대상으로 '미원탑식(式)', '1사 1랜드마크' 운동을 타진한 적이 있었다.

전주시는 기업을 상대로 참여의사를 타진해 '미원탑' 같은 광고탑을 비롯해 상징물, 벤치, 소공원 등 기업이 원하는 형식으로 랜드마크 사업을 지원키로 했다. 기업 우대 분위기를 확산시키고, 범시민 차원의 기업사랑 운동 차원에서 이같은 구상을 한 것이다. 하지만 말뿐이다가 2018년 4월 16일 전주시가 전통문화유산과에서 미원탑 복원 업무협의를 가졌다.

그 화려한 네온의 불빛이 꺼진지도 40여년이 되어 간다. 그 당시만 해도 가장 번화했었던 골목이 이제 불꺼진 거리가 되어 한산하기 그지 없는 텅빈 거리가 되었지만, 지금의 50, 60대들은, 차가운 늦은 겨울 밤, 금방이라도 얼어 붙을 것만 같은 오색 네온불 밑에서 연인을 기다리던 그 낭만을 잊지 못할 것이다. 그 당시 나도 네온싸인 밑에서 바람 맞은 일이 있었으니까.

오늘따라 추억의 미원탑 네온싸인이 그리워진다. 그 때 나를 바람 맞춘 그 여인이 그리워진다. 풍남문에 있을 때면 찾아갔던 미원탑 거리에는 많은 사람으로 인산인해를 이뤘다. 나의 형과 나의 누나와 함께 했던 전주 미원탑 거리, 옛 추억이 더욱 그리운 것은 왜 일까.

전북 도민의 날 노래

조선시대 한양에서 전국 각 지방으로 가는 '10대 대로'가 있었다. 한양~의주까지 가는 의주대로, 한양~통영까지 통영대로, 한양~해남까지 삼남대로 등은 국가에서 지정한 간선로다.

당시엔 주로 걷거나 마차 혹은 말을 타고 다녔지만 흔적도 없이 사라져간 길이 대부분이다. 그나마 형체를 어렴풋이 알아볼 수 있는 옛길이 몇 안된다. 그 중 대표적인 길이 삼남대로 갈재길이다. 갈재 정상은 암벽을 깎아 만든 길로 정읍과 장성이 연결된다.

벽에 장성부사 홍병위가 갈재 고개를 넓히고 고개를 낮추어 길을 만들어 영원히 잊지 않고 기리자는 영세불망비가 자리하고 있다.

〈신증동국여지승람〉 전라도 장성현에 따르면 '갈재는 위령(葦嶺) 노령(蘆嶺)이라고도 하는데, 현 북쪽 30리에 있으니, 요해(要害)의 땅이다'라고 기록되어 있다. 한자로 위(葦)와 노(蘆), 두 글자 모두 갈대를 가리킨다. 즉 갈재는 갈대가 많아서 불리어졌다는 사실을 알 수 있다.

〈대동지지(大東地志)〉에는 '노령보(蘆嶺堡)는 고갯길이 사나워 도적이 떼를 지어 있으면서 대낮에도 살육과 이탈을 해 길이 통하지 않았는데, 중종 15년에 보를 설치하여 방수(防守)하다가 뒤에 폐지하였다'라고 돼 있다.

입암산과 방장산의 협곡을 잇는 갈재는 전남 내륙지방에서 한양으로 오가는 요로였다. 반면 도적들도 많아 길손들이 한데 모여 가거나 장성이나 정읍의 극락원(極樂院), 연화원(蓮花院), 미륵원(彌勒院) 등 원(院)에서 쉬면서 정보를 주고받아 안전하게 길을 건넜다.

'노령에 피는 햇살 강산은 열려 금만경 넓은벌에 굽이는 물결 복되라 기름진 땅 정든 내 고장 억만년 살아나갈 정든 내 고장(1절), 인정도 아름다운 마한 옛터에 한송이 무궁화로 피어난 겨레 차림도 새로워라 피는 새 살림 새 희망 새 광명에 피는 새 살림(2절), 삼백만 도민들아 모두 나서라 빛나는 민주문화 이 땅에 심어 힘있게 보람있게 복되게 살려 대한을 대한으로 복되게 살려(3절)'

'삼백만 도민들아 모두 나서라♪' 여러분들은 전북 도민의 노래'를 알고 있는가.

노래는 모두 3절로 구성, 각 절마다 '깃발을 울려라 힘을 빛내라 밝아오는 내 나라 우리 대전북'이란 후렴으로 구성돼 있다.

이 노래는 15대 김인지사(1961.8.25.-1963.12.16)때인 1962년 10월 27일 제정됐으며, 김해강이 작사를, 김동진이 작곡을 했다.

이를 통해 전북 도민의 결집 및 응집을 이루기 위한 하나의 범도민 운동으로 확산하자는 게 핵심이다. 그 당시엔 전북도청과 시군 지자체 공무원들이 오전 6시 기상과 함께 운동장 등에 모여 도민의 노래에 맞춰 아침 체조를 가진 것으로 알려져 있다.

필자는 어렸을 때 도민의 노래로 알고 배웠지만 가사를 제대로 외우지 못해 학교나 관공서에서 스피커를 통해 나오면 따라서 흥얼거리는 정도였다.

다만 3절 첫 소절이 "삼백만 도민들아 모두 나서라"로 시작하는 것만 기억하고 있다. 김해강선생은 인구가 계속 늘어날 것으로 추정하고 후손들을 위해 넉넉하게 "3백만 도민들아"라고 표현했을 터이다.

1983년 22대로 부임한 심재홍지사(1983.10.15-1986.8.28)가 어느 날 기자들과 술자리를 같이한 자리에서 전북의 노래를 3절까지 힘차게 부르는게 아닌가. 경기도 출신인데다 부임한지 얼마되지 않은 지사가 도민의 노래를 모두 불러 놀랬다는 후일담이 전하고 있다.

이후 1981년 10월 25일 조례로 제정, 오늘날 도민의 날이 됐다. 전북도민의 노래 가사처럼 억만년 살아 나갈 정든 내 고장에 깃발을 올려야 한다. 그래야만 후손들이 "3백만 도민들아 모두 나서라"라는 노래를 다시 부를 수 있을 터이다.

지난날의 역사를 반추하는 것이어서 일까, 갈재의 꽃무릇이 오늘따라 더없이 붉디붉은 모습이다. 다시 노령에 뜨거운 햇살에 필 날이 올까.

동락원

'날렵하게 솟은 지붕, 매끈한 처마선, 투박한 돌담과 흙담. 그리고 온돌방과 한지문, 대청마루, 장독대와 아궁이…'

걷는 맛과 체험의 즐거움이 있는 전주 한옥마을에는 현재 700여 채의 전통 가옥이 옹기종기 모여 있다.

햇살이 시시각각 기와집 담장을 넘어 대청마루에 부드러운 선을 그린다. 한 입 가득 감을 베어 문 아이들의 웃음은 돌담길 사이에 맴돈다. 가을엔 꽃담 너머로 오색 단풍나무가 황홀한 자태를 뽐낼 때, 마당의 장독대 위로 노란 은행잎이 살포시 내려앉는다.

한옥의 아름다움을 살펴보는 재미 쏠쏠하고, 조용함과 단아함속에 젖어보는 동락원에서의 명상 시간은 오매불망 잊을 수 없다.

밤하늘에서 쏟아지는 별과 은하수를 보면서 지난 시절을 반추하는데 동락원은 더 없이 좋다.

은행나무 길의 '동락원(同樂園)'은 주인이 아들의 중학교 입학 기념으로 지었다고 전해진다. 처음에는 가정집이었으나 규모가 커 관리가 힘들어지자 한국은행, 전주기전대 등으로 주인이 바뀌었으며, 당시 한국은행 전주지점장이 가지를 쳐준 한그루의 단풍나무는 학모양을 하며 지금도 건재하고 있다.

현재 전주기전대 생활관으로 쓰이고 있는 동락원은 근사한 장독대와 단풍나무가 멋지다.

김대중대통령 내외와 이명박 전 대통령의 영부인 김윤옥여사, 그리고 최불암 등을 비롯한 많은 사람들이 묵고 갔다는 흔적들이 곳곳에 남아 있다.

애시당초 이 집은 삼례의 만석꾼 구암 유영창씨가 1935년에 지은 80칸 짜리의 기와집으로, 당시 돈으로 1만5백엔이 들어갔다.

한국은행 관사로 쓰이기 이전 1945년 전북대학교 학장을 지낸 유성근 교수의 아버지가 아들의 북중학교 입학 기념으로 지금의 대문을 만들어 입학하는 날, 그 문을 열도록 선물했다고 한다.

1949년 쌀 73섬(80kg 1백 46가마)에 한국은행으로 넘어간 뒤 지점장 사택으로 이용해왔지만 덩치만 고래등 같기 살기에는 불편했다.

이같은 사실을 알게 된 조희천 총장이 김완주 당시 전주시장과 한국은행 총재를 설득해 2002년 매입을 해 고친 후 지금의 모습을 갖추게 된다.

이 과정에서 1차 공매에 인수대상자가 되지 못해 발을 동동 굴렀지만 이 집을 구매하고자한 사람이 포기하면서 계약금은 국고로 환수되자 드디어 소기의 목적을 이루게 됐다.

축구 월드컵 대회가 열리는 2002년엔 사실상 거의 헐값이었다고 한다.

'동락원(同樂園)'은 '모두가 함께 어우러져 즐기는 뜨락'이다.

일찍이 '맹자'는 '양혜왕장'의 '여민락장'을 통해 함께 하는 즐거움, 즉 '여민동락'을 핵심 키워드로 제시한다. 진정한 즐거움이란 여럿이 함께 즐거워하는 것이며, 이를 주나라 문왕에 비유해 이야기한다.

그러나 혼자만의 즐거움 즉, '독락'을 추구한 하나라의 폭군 걸왕 반면 살기 좋은 세상이 아닌 난세에는 '독선'을 해야 한다.

이곳은 학생들의 실습교육장으로도, 일반인들을 위한 체험관, 한복체험, 전주 전통 비빔밥체험, 인절미떡메체험, 소리체험(우리민요, 판소리, 시조), 한지공예체험 등 무엇부터 시작할지 고민이 크다.

동락원은 전주기전대학교 부설 전통문화생활관으로 미국 남장로교선교회가 전주에 들어와 학원선교를 구체화시킨 전킨(W.M.C.Junkin) 선교사의 기념관이다.

그가 활동하던 1895년 당시 전주의 옛 모습을 재현한 2004년 문을 열었다. 전체 대관은 승독당, 승화당, 청유재, 마당 등 동락원 전체를 대여하는 것으로 모든 체험관을 이용하기 때문에 30명 이상의 단체에 적합하다.

승독당(안채)은 중국의 유명 시조 가운데 "그대와 더불어 나눈 한 시간의 이야기가 10년 동안 책을 읽은 것보다 낫네"라는 말이 있듯이 알찬 대화를 나누고 좋은 세미나와 학술회를 할 수 있는 곳이다.

청유재는 '맑게 머무는 집'이라는 뜻으로 내 집이 아닌 객사에서 자는 잠자리에서 더욱 옛 선비의 청아한 마음을 느끼고 배우면서 하룻밤을 맑게 잘 수 있는 공간이다.

동락원의 심볼은 뜰 원(園)자를 형상화해 전체적인 이미지를 상징하고 있다. 바탕을 이루는 이 5가지 색은 자연과의 조화를 추구하는 것이며 문화전반에 걸쳐 뿌리 깊이 자리하고 있음은 누구도 부정할 수 없는 사실이다.

동락원이 갖는 진정한 의미를 생각하면서 저 멀리 보이는 오목대의 하늘을 바라보고 있다.

예수병원 건너편의 선교사 묘역(왼편에서 두 번째)에 잠든 전킨선교사를 생각하면서 십자성호를 긋는 오늘에서는.

　동락원의 뒤란을 스치는 겨울 바람에 댓잎 서걱거릴 때, 이윽고 손님들 방에 불이 하나둘씩 꺼진다.

　깨진 기와를 박아 넣은 꽃담과 낮은 굴뚝, 문고리, 사랑채와 안채 사이에 지은 헛담, 문고리, 창에 흙먼지가 뿌옇게 내려앉는다.

　하룻밤 한 치 두 치의 꼼꼼한 계산으로는 이룰 수 없는 생의 심연으로 가득하다. 까만 밤 하얗게 사위어가면서 깊고 푸른 꿈 영글어간다.

전주 고물자골목

전주 풍남문에서 서쪽으로 가다보면 고물자골목이 나온다. 청바지골목이라고도 하고 양키골목이라고도 한다. 한복집과 수선집들이 널브러져 있다. 질박한 아름다움을 찾는다면 카메라도 그만큼 반응한다.

남부시장을 지척에 둔 좁다란 골목. ○○혼수, ○○주단, ○○수선'이란 간판을 매단 가게들이 잇대어 있는 바느질골목 이다. 개업 이래 한번도 바꿔 달지 않았을 성 싶은 간판들이 바깥 풍경에 고색을 더하고 있다. 항상 조급하게 새것으로 갈아치워지는 도시의 대로변에서 비껴나 여전히 고요하고 느릿하게 시간의 흔적을 쌓아가고 있는 고수들의 세상이 도사리고 있다.

이곳은 1950년대 전쟁 직후에는 미군부대 구호물자 보급품들이 거래되고 미국에서 들어온 헌 옷을 팔고 사고 고쳐 입던 '구호물자 골목'이었고, 1960~70년대에는 군복염색 상가가 이어지고 푸대 같은 구제 청바지를 줄여주던 '청바지 골목'이었다. 1980~90년대엔 교복 수선집들이 줄을 이어 치마길이와 바지통의 유행을 이끌었고 경찰복 교련복 예비군복 등 단체복 등을 생산해 내던 곳도 이곳이었다.

디지털독립영화관과 만두객잔 일품향 사이 도로에 돌출한 은행나무 한 그루가 있다.

그 나무를 두고 윗 골목에 일제강점기에는 '제국관'이란 이름으로, 해방 후에는 '전주극장'이란 이름의 극장이 있었다. 고암 이응노화백이 간판을 그린 극장은 이제 흔적이 없다. 그러나 그의 묘는 전주에 여전히 자리하고 있다.

거기서 한성여관으로 이어지는 골목에는 주로 창극 배우와 소리꾼들이 지나던 골목이었다. 임춘앵이 무대에 서면 전주부성이 난리가 났다.

조선시대 은방골목이 형성됐던 전주의 옛길이자, 해방 이후 구호물자가 거래됐다고 해서 이름이 붙여진 고물자골목에 대한 도시재생사업이 추진된다.

전주시는 내년 말까지 국비 7억5,000만원 등 모두 15억원을 투입해 남부시장에서 명산약국, 라온호텔까지 길이 270m, 폭 3m의 고물자골목에 대한 재생사업을 추진한다. 고물자골목 재생사업은 지난해부터 오는 2020년까지 5년 간 중앙동·풍남동·노송동 등 전주 원도심 일원 약 143만여 평에서 진행되는 전통문화중심의 도시재생사업 13개의 단위사업 중 하나다.

이는 조선시대부터 형성된 옛길 형상 그대로 유지되고 있는 골목길로, 조선시대에는 전주부성 내 부유층의 장신구와 혼수에 필요한 예물 등을 파는 은방골목으로 알려져 있다.

이후, 일제강점기에 성벽을 허물고 새로운 가로가 조성되면서 조선시대 은방점포는 소멸됐으며, 지난 1945년 해방 이후 6.25전쟁을 거치면서 미군의 구호물자와 청바지 등이 이곳에서 거래돼 '고물자골목'으로 불려왔다.

이곳은 1970년대 남부시장에서 남부공동배차장으로 가는 지름길로 번화한 골목을 형성하고 있었으나, 2000년에 들어서 전통시장 쇠퇴와

원도심 공동화현상 등으로 인해 현재는 대다수 점포의 문이 닫혀있는 쇠퇴한 지역이 됐다.

이에, 시는 쇠퇴한 원도심 활성화를 위해 지난 2015년 국가 도시재생 사업 공모에 응모해 선정됐으며, 지난해부터 도시재생활성화계획을 수립해 국비 91억원을 지원받아 '전통문화중심의 도시재생사업'을 시행해 오고 있다.

시는 주민들이 직접 시행할 수 있는 골목파티와 골목 한복수선집에서 버려지는 조각보를 엮어서 다시 활용하는 사업 등을 추진할 예정이다. 이후, 내년부터는 사업에 본격 착수해 골목환경 및 외관을 정비하고, 전통공예와 관련된 공방 등 전통문화 관련 사업을 활성화시킨다는 구상이다. 또, 소규모 갤러리와 공방 커뮤니티센터 등도 조성할 계획이다.

사업이 완료되면 풍남문과 전라감영, 풍패지관(객사)을 잇는 전라감영 테마거리와 함께 전주 한옥마을에 집중된 관광 동선을 전주 구도심 전역으로 확산시킬 새로운 전통관광루트가 개발될 것으로 기대된다. 쇠퇴한 원도심이 활성화되도록 시민들과 함께 성공적인 도시재생사업을 추진해 전주 구도심을 아시아 문화심장터로 만들겠다는 구상이 현실이 되기를 바란다.

잊혀져 가는 '전주의 노래'

지난 2012년 9월 22일 한복을 입은 대학생 200여명이 한옥마을 경기전에 나타나 싸이의 '강남스타일'에 맞춰 말춤을 추는 플래시몹이 펼쳐졌습니다. 이들은 여기에 그치지 않고 한복을 입고 한옥마을을 돌아다니면서 기차놀이, 강강수월래, 프리허그 등을 진행하는 등 관광객들의 눈길을 끌었습니다.

플래시몹은 영어로 flash mob 입니다. 이는 휴대 전화나 이메일 연락을 통한 '번개 모임'의 의미를 가지고 있습니다. 이는 '사용자가 갑자기 증가하는 현장'이란 뜻의 '플래시크라우드(flash crowd)'와 '뜻을 같이하는 군중'이란 뜻의 '스마트몹(smart mob)'의 합성어입니다. 즉, 인터넷을 통해 특정한 날짜, 시각에 정해진 장소에 모여 짧은 시간 안에 주어진 행동을 동시에 하고 뿔뿔이 흩어지는 것을 말합니다

일례로 서울의 기차 2량 안에 전주 한옥마을에 참여자들이 모두 한 날 한 시에 모입니다. 그들에게 한옥마을을 소개하는 팜플렛이 주어지며 그동안의 동영상이 소개됩니다. 물론 사진도 걸려 있습니다.

이어 기타와 플롯, 산조, 아쟁으로 꾸며지는 기차 속 한옥마을 틈새 음악회가 사람들을 즐겁게 합니다. 또 참여자들에게 노래를 할 수 있는 기회가 주어지며, 전주에 도착하면 한옥마을로 이동해 플래시몹에 담을

내용들을 샅샅이 훑어보면서 전 세계에 소개할 수 있다는 생각이 드는 오늘에서는.

여러분들은 전주를 상징한 노래를 들어본 적이 있나요. 아니, 전주 사람들이라면 알고는 있나요. 혹시 한옥마을을 방문할 경우, 전주시 등에서 '시민의 날' 등에 이 노래를 보급한다면 동참할 의사가 있나요.

△풍남수성가

한옥마을은 오늘처럼 은은한 달빛을 받을 때 가장 우아합니다. 무엇보다도 해가 지면 요즘의 풍남문은 빛의 옷을 입고 멋을 부리고 있네요. 별빛 아래 겹겹의 기와지붕이 파도를 이루는 듯합니다.

이 밤에 풍남문을 바라 보니, 너비 47m 높이 16.2m의 스크린 위로 온갖 조명이 춤춥니다. 용이 대지를 휘감고 하늘로 오르자, 부채춤 공연과 비보이의 현란한 몸짓이 이어집니다. 어느 야외극장의 공연 얘기가 아닙니다.

전주에 새로 등장한 미디어 파사드(건축물에 조명을 비춰 영상을 표현하는 기법) 얘기입니다. '풍남문 빛의 옷을 입다' 공연이 얼마전까지 펼쳐진 적이 있습니다. 이곳엔 기억에 남는 밤 문화를 전주에 이식하고자 하는 바람이 고스란히 얹혀 있습니다.

공연은 약 10분 길이로 짧은 편이지만 1300년 전주의 역사처럼 길다는 생각입니다. 후백제의 수도였을 때 전주의 모습과 그래피티·비보잉 등을 그린 감각적인 영상이 전주비빔밥처럼 현란하게 뒤섞입니다. 성벽이 살아 움직이는 것 같지 않나요.

오늘밤의 풍남문 문루는 우아하면서도 역동적으로 빛납니다. 여러분들은 '풍남수성가(豊南守城歌)'를 들어본 적이 있나요.

풍남수성(豊南守城)은 전주시 전동의 풍남문(豊南門)을 지킨다'는 의미입니다. 풍남문은 보물 제308호로 옛 전주성의 남문으로, 전주를 둘러싼 성곽의 남쪽 출입문에 해당합니다.

임진왜란 때 전주성을 지킨 전의이씨의 후손 충경공 이정란장군 추향제가 전주성 수성을 기념해 매년 완산구 동서학동 충경사(忠景祠)에서 봉행되고 있다는 사실을 아십니까. 또, 참석자들이 '풍남수성가'를 합창하는 까닭을 아십니까.

송하선시인(우석대 명예교수)은 1980년대 초, 전 국회의원 이철승의 숙부 수찬씨가 이정란장군의 전기를 선물하면서 그의 충정과 관련된 노래를 만들어 제사때마다 부르게 했으면 좋겠다고 제안한 까닭에 노랫말을 만들었다고 합니다.

풍남수성가(송하선 작사, 이준복 작곡)

1절 : 남고산성 쌓인 돌은 옛-날을 되새기고 전주천 흐르는 물 그-날을 얘기한다. 아-아-충경공 임진왜란때 그 님이여, 거룩하고 깊으신 뜻 전주성을 지키셨네.
(후렴) 그 승전보 길이길이 세마평에 넘치고, 그 충-절 길이길이 전주천에 흐른다.
2절 : 임진왜란 위급할 때 의-병을 모집하여 왜놈들을 무찌르고 민-심을 수습했네. 아-아-충경공 슬기로운 그 님의 뜻, 전주성을 수호하고 왕조실록 보전했네.

풍남문이 열려야 전주가 발전한다는 주장이 제기되고 있습니다.

중앙대 송화섭교수는 "풍남문과 사통팔달 도로는 500년 전 그대로인데, 남문이 옹성에 갇혀 있으니 풍남문은 죽은 것이나 다름없다"며 "문을 열어야 한다"고 합니다. 특히 풍남문을 보호할 목적에서 1978년 구축한 옹성(甕城)이 시내 진입을 차단함으로써 문제가 있다는 것입니다. 물론 이에 대해서는 찬성과 반대의 목소리가 제각각입니다. 여러분들은 풍남문을 열어야 한다고 생각하나요, 지금처럼 사람의 출입을 금지시켜야 한다고 생각하나요.

△전주왈츠

6·25 전란 후, 아직도 일선에서는 포성이 멎지 않았던 1952년 12월 11일, 전주에서는 문화인들이 모여 전주방송문화위원회를 조직했습니다. 취지는 라디오 방송을 중심으로 전시 하 국민의식을 전쟁의 승리로 이끄는 한편 지방문화 향상을 도모하고 한편 방송국 유치를 위해 발족한 것입니다.

이날 오후 6시 시내 신천지 다방에서 열린 창립총회에서는 의장에 시인 김해강(金海剛)씨가 선출되었고, 경과보고는 준비위원을 대표해 시인 신근(辛槿·白楊村)씨가 했습니다.

이치백 전 언론인은 당시의 상황을 정확히 설명합니다.

"당시 전북 도내에는 1938년 10월1일 호출부호 JBFK, 출력 500W, 주파수 570KC였던 이리(裡里·현 익산) 방송국 뿐이었다. 이같이 도청 소재지가 아닌 이리에 방송국이 설립된 것은 이리 거주의 방영철(朴榮喆)이 조선방송협회 이사로 있었기 때문이었다."

그 후 전주에서도 방송을 하게된 것은 1957년 5월 15일, 전주시 고사동에 이리방송국 전주연주소가 생기면서부터 였습니다. 다시 1959년 3월, 전주연주소는 전주방송국으로 되고, 이리방송국은 이리송신소로 명칭이 바뀌었습니다.

한편 전주방송문화위원회는 전주시와 제휴, 1960년 4월 11일 시네마 오스카에서 전주방송국 개국 1주년 기념행사로 '전주왈츠의 밤'을 개최한 일이 있습니다. 이 '전주왈츠' 는 유호(俞湖)작사, 손석우(孫夕友) 작곡으로 노래는 송민도(宋旻道)가 불리워진 바, 약간씩 가사의 내용이 다르게 전하고 있습니다.

전주왈츠(유호 작사, 손석우 작곡, 송민도 노래)

그대가 나를 진정으로 사랑한다면
풍남문 종소리에 나를 깨워서
남고산성 달빛 아래 나를 재워주

(후렴)
아 - 아 -
덧없이 세월은 흘러가도
백제 서울 옛 꿈은 마냥 새로워

그대가 홀로 지나가는 길손이라면
모악골 길목마다 정을 남기고
기린봉 넘어 울면서 가리

그대의 마음 말해주기 부끄럽다면

덕진 못 맑은 물에 비쳐 주거나

한벽루의 옥돌처럼 간직해 두오.

△전주의 찬가

'완산칠봉 넘어오는 봄아가씨는/ 개나리 저고리에 진달래 처녀/ 풍남문 돌아서 오실 때에는/ 어느새 정이 드는 전주라네'

'완산칠봉 넘어오는 봄 아가씨는 개나리 저고리에 진달래 치마'로 시작되는 이 노래는 풍남문과 오목대, 덕진연못과 전주부채가 고스란히 담겨있습니다.

봄을 알리는 개나리꽃의 꽃말은 '희망'이고 '깊은 정'입니다. 또 개나리꽃은 전주시의 상징입니다. 무엇보다도 민요 냄새가 나는 듯 부드러우면서도 흥겨운 노래로 전주를 잘 노래하고 있습니다.

전주의 찬가(하중희 작사, 김강섭 작곡, 김상희 노래)

1절 : 완산칠봉 넘어오는 봄 아가씨
    개나리 저고리에 진달래 처녀
    풍남문 돌아서 오실때에는
    어느새 정이 드는 전주라 네~

(후렴) 내 사랑 전주에 모두 바치고
　　　푸른 꿈 열어가며 여기살겠네

2절 : 덕진연못 넘어오는 푸른 바람은
　　　여름밤 부채처럼 근심을 쫓네
　　　오목대 돌아서 가실 때에는
　　　새들도 쉬어드는 전주라네

(후렴) 내 사랑 전주에 모두 바치고
　　　푸른 꿈 열어가며 여기살겠네.

　1970년대 인기가수 김상희씨가 불러 전주시민에게 큰 사랑을 받았던 '전주의 찬가'. 40대 이상의 중년층이라면 누구나 한번쯤은 들어 봄직한 노래입니다. 타향살이 노스탤지어(향수)에 젖은 고향사람들의 시름을 달래는데 크게 기여하기도 했습니다.
　이처럼 널리 애창됐던 전주의 찬가를 다시 부르기 위한 '부활의 노래'가 한창입니다. 노랫말 마디마디 '전주의 정'이 듬뿍 담긴 노래가 기억속에 사라지는 것을 안타깝게 여긴 여성단체들이 발벗고 나섰습니다. 전주의 찬가 부르기 운동에 앞장 선 단체는 전주시여성발전협의회.
　이들은 모든 행사에 앞서 참석자들과 어우러져 한바탕 실컷 노래를 부릅니다. 전주를 알리고 애향심을 높이는데 안성맞춤이기 때문입니다. 2012년 전주시 여성정책과 직원들도 전주의 찬가로 하루 일과를 열었습니다. 15명의 과원들은 매일 아침 30분간 시청에 이 노래를 가득 울려 퍼지게 했습니다.

2004년 6월 18일 세상을 등진 '빨간 구두 아가씨'의 작사가 하중희씨. 전주출신인 그는 1957년 전북대 문리대 영문과를 졸업하고, 그 해 전주 상업중고등학교에서 교편을 잡았습니다. 그러나 음악에 미련을 놓을 수 없었던 그는 26살 청년이었던 1959년, 월간 '음악문사'와 인연을 맺으며 상경, 2년 뒤 서울중앙방송극 음악담당자로 입사했습니다.

그는 워낙 많은 히트 곡을 냈습니다. 그중에서도 남일해·이미자·배호·김상희 등의 목소리를 빌어 세상에 낸 '코스모스 피어있는 길' '조약돌' '그리운 얼굴' '기러기 아빠' '내 이름은 소녀' '꽃 이야기' 등은 60·70년대 그의 대표적인 히트가요로 꼽힙니다. 특히 '산새도 슬피 우는 노을진 산골에 엄마 구름 애기 구름 정답게 가는데 아빠는 어디 갔나 어디서 살고 있나'로 시작되는 '기러기 아빠'(노래 이미자)는 최근 자녀의 교육 등을 위해 아이와 아내를 미국·캐나다·호주·뉴질랜드 등지로 보낸 '기러기 아빠'들이 늘어나면서 다시 인기를 끌기도 했습니다.

전주와의 인연은 1972년 단오날에 맞춰 작사한 '전주찬가'로 한층 더 깊어졌습니다. 대중 속에서 숨쉬는 가요를 보급하기 위해 노력해 온 그는 1993년 뇌졸중으로 쓰러져 10여년 동안 투병 생활을 해왔습니다.

전주에 살면서, 전주 사람이면서 '전주시민의 날' 노래를 아는 사람이 몇이나 될까요?

전주 시민이라면 초등학생은 물론이고 고등학교, 대학생들, 또한 모든 시민들이 두 가지 중에서 한 가지 쯤은 알고 있어야 할 것 아니겠는지요? 얼마 전, 동사무소 대항 여성합창대회 때 불리워지기도 했지만 그 뒤로 부를 기회가 없게 되면서 잊혀져가는 것이 안타깝게 느껴집니다.

이제, 내게는 태어났을 때의 고향은 마냥 그리운 마음의 고향이 되어 있고, 전주에 사는 한 전주를 사랑하면서 제2의 고향으로 여기고 살아가고 있습니다. 노랫말처럼 인심 좋은 곳에서, 정들여 살면 바로 곧 내 고향이 아니겠는가.

"완산칠봉 넘어오는 봄아가씨는 개나리 저고리에 진달래 처녀 덕진못 돌아서 가실 때에는
 어느새 정이 드는 전주라네~!"

△잊혀져 가는 '시민의 노래'

시민의 노래(김해강 작사, 강병규 작곡)

'보아라 저 깃발을 뛰는 새 빛을 비사벌 넓은 벌에 퍼지는 햇살. 푸른 빛에 둘러 쌓인 곳. 물 좋고 인심 좋고 살기도 좋다. 빛나리 꽃 피어라 천세 만세를. 우리 전주 밝은 도시 호남제일성

승암에 돋는 해와 기린의 달에 굽이굽이 감도는 추천의 구슬 빛나리. 빛으로만 맑은 그 슬기 고운 정 한 송이로 사랑이 핀다. 빛나리 꽃 피어라 천세 만세를. 우리 전주 밝은 도시 호남제일성

차림도 새롭고 나 거리거리에 넘치는 희망의 빛 벅찬 새 숨결 불타는 젊은 정열 모두 바치자. 새 나라 새 살림에 어깨는 높다. 빛나리 꽃 피어라 천세 만세를. 우리 전주 밝은 도시 호남제일성'

1959년 단오제와 같이 한 제1회 전주 시민의 날에 불리워진 이 노래도 반드시 기억해주기를 바랍니다.
　전주 시민의 자긍심을 높이기 위해 다시 한 번 널리 불리어졌으면 좋겠습니다. 더 나아가 앞서 말한 '전주'를 소재로 한 노래 부르기 운동을 함께 전개했으면 합니다.

미륵사지 석탑 지킴이와 남궁찬석상

미륵사지 석탑 지킴이

1400살 석인상 보통 석인(石人)은 능묘 앞에 세우는 사람 형상의 석조물로 수호신같은 존재다. 석수(石獸)와 함께 능묘를 수호하는 능묘 조각의 하나로, 외형에 따라 문인석과 무인석으로 나누어진다. 문인석은 일반적으로 공복(公服) 차림의 문관 형상을 했으며, 무인석은 갑옷과 무기로써 무장을 한 무관의 형상을 취하고 있다. 능묘 주위에 석인을 배치하는 풍습은 중국의 전한대(前漢代)부터 시작된 것으로, 묘 앞에 석사(石祠)나 석궐(石闕)을 세우고 신도(神道)의 양쪽에 석인과 석수를 세워 묘를 수호했다.

이러한 습속은 후한대의 후장(厚葬) 풍습에 따라 일반화되어 명.청대까지 계속된다. 한국에서는 당나라의 영향을 받아 능묘제도가 정비된 통일신라 초기부터 나타나기 시작한다. 대표적인 작품으로는 8세기 중엽의 전(傳) 성덕왕릉의 문인석과 무인석을 비롯, 괘릉(掛陵)과 흥덕왕릉의 문인석과 무인석 등을 들 수 있는데, 힘찬 모델링, 사실적인 신체묘사, 정교한 세부수법 등 당시의 조각 양식을 잘 반영하고 있다.

그런데 이 중 문인석의 모습은 당나라의 명기(明器) 중에서 비슷한 모습을 찾을 수 있으며, 특히 괘릉의 무인석은 서역적(西域的)인 용모를 하고 있어 주목된다. 즉, 움푹 들어간 눈, 매부리코, 짙은 구레나룻 등은 이국인의 특징을 잘 보여주고 있는데, 최근 경주 용강동고분에서 출토된 토용(土俑) 중에도 비슷한 작품이 있는 까닭에 당시 신라와 서역간의 관계를 시사해주고 있다.

고려시대에도 통일신라시대의 전통을 이어받아 묘 앞에 석인을 배치했지만 초기에는 무인석이 사라지고 문인석만 배치됐다. 14세기 중엽 충목왕릉(明陵)에 이르러 다시 문인석과 무인석이 함께 배열됐으며, 공민왕릉의 석인이 대표적인 작품이다. 조선시대에 이르러서는 전대에 비해 조각 수법이 퇴화되고 형식화되어 조각 작품이라기보다는 단지 상징적인 의물(儀物)로 남게 되었다.

아무튼 석인상은 능묘를 옹위하는 수호자로 당시의 조각양식을 잘 보여줄 뿐만 아니라, 능묘제도의 변천을 파악하게 해주는 것으로 한국조각사상 중요한 의의를 갖는다.

'미륵사탑 앞에는 또 이 명작에 걸 맞는 에필로그 같기도 하고 특별보너스 같이 망외의 기쁨을 주는 유물이 하나 있다. 우리의 토종 수호신이면서도 불교 탑을 지키게 되었는데 그 나이는 대략 1400살이 된다'

유홍준의 저서 '나의 문화유산 답사기 3'에서 미륵사지 석탑 한 쪽 모서리에 세워져 있는 석인상을 두고서 이처럼 말했다.

2008년 7월 31일 익산 미륵사지석탑(국보 제11호) 해체 현장에 역사학자와 일반인들의 눈과 귀가 집중된 것은 국립문화재연구소가 온화한 미소와 다소곳이 합장한 완전한 미륵사지석탑 석인상에 대한 현장 공개

설명회 때문이었다.

익산 미륵사지석탑 1층부를 해체하는 과정에서 1층부 남.서측면 및 기단부 우측 아래에 석인상 1점이 발견됐다. 원래 미륵사탑 네 귀퉁이에는 석인상이 모두 네 분이 모셔져 있었다. 그런데 한 분은 없어졌고 두 분은 마모됐고 오직 동남쪽 모퉁이 석인상만이 오롯이 남아 있다. 그나마도 얼굴의 형체는 비바람에 거의 분간되지 않으나 아담하고 공손한 느낌을 주는 몸덩어리와 가슴 앞에 간종그려 모은 두 손으로 1,400여년 전에 부여받은 자신의 소임을 지금까지 충직하게 지키고 있는 듯 하다.

이 석인상은 장승의 원조로 볼 수 있다. 훗날 경주 분황사나 다보탑에서 보이듯 석탑의 둘레에는 네 마리 사자를 모시는 것이 불교미술의 원리로, 불교가 아직 토속 신앙을 흡수해 가던 단계에서는 민간의 수호신앙을 그렇게 끌어 들였던 것이다.

이런 것을 흡합(吸合)현상이라고 한다. 이 석인상은 온화한 미소와 동글동글한 얼굴은 돌하루방과 돌장승을 닮았으며 두 손을 가슴에 다소곳하게 얹은 자세이다. 석탑 기단 남서쪽 귀퉁이 석축 안에서 두상과 몸체가 거의 훼손되지 않은 상태로 발견됐으며, 크기는 폭 595mm, 높이 920mm이다. 이에 국립문화재연구소는 이 석인상이 형태나 발견 위치로 보아 사방에서 석탑을 수호하는 수호신상의 하나로 만든 것으로 추정했다.

발견된 석인상은 석탑 건립 후 오랜 세월이 지난 고려 말에서 조선 초에 새로 제작해 보충한 것으로 보인다. 하지만 미륵사지석탑 1층 기단 주위(남동, 북동, 북서측 모서리)에 노출돼 있었던 기존의 석인상 3기는 풍화와 훼손이 심해 정확한 제작 시기와 양식을 알기 어렵다.

한국의 석인과 석인상 문화재여수석인(전라남도 유형문화재 제33호)은 여

수진남관(국보 제304호) 뜰안에 서 있는 것으로, 돌로 만든 사람의 모습이다. 임진왜란 때 이순신장군이 거북선을 만드느라 한창일 때 왜구의 공격이 심하자 이를 막기 위해 7개의 석인(돌사람)을 만들어 사람처럼 세워 놓았는데, 이로써 적의 눈을 속이어 결국 전쟁을 승리로 이끌게 됐다고 한다. 원래의 7기 중에서 지금은 이것 하나만 남아 있다. 머리에는 두건을 쓰고, 손은 팔짱을 꼈으며 그위로 도포자락이 늘어져 있는 모습으로, 시선은 유유히 적을 바라다 보는 듯하다.

서울특별시 구영릉 석물 문관석인상1은 큼직하면서도 사실적이고 섬세한 조각 수법을 보여 주고 있다. 같은 시기의 석인상들보다 머리 부분이 매우 큰 편이며, 특히 부피감이 풍부하게 묘사된 얼굴과 큰 귀, 세밀한 수염의 표현이 인상적이다. 왼손에는 신하가 왕 앞에 나아갈 때 손에 쥐던 홀(笏)을 쥐고 오른손으로 감싸고 있다.

서울특별시 구영릉 석물 문관석인상2는 다른 하나의 문관석인상에 비해 눈, 코, 입 등이 더 또렷하게 표현되어 서역인의 인상을 풍기고 있다. 서울특별시 유형문화재 제42-4호 무관석인상1은 세종과 그의 왕비인 소헌왕후 심씨가 묻혔던 옛 영릉의 무관석인상으로 화강암으로 만들어졌다. 2기 가운데 키가 약간 작은 무관석인상이다. 문관석인상에 비해 무관석인상은 전체적으로 몸의 굴곡이 더 살아 있고 얼굴의 표현도 생동감 있다. 서울특별시 유형문화재 제42-5호 무관석인상2는 2기 가운데 키가 약간 큰 무관석인상이다.

무관석인상답게 칼집에서 칼을 빼 손으로 짚고 있는 모습을 나타냈는데, 손 모양은 다른 무관석인상과는 반대로 왼손이 겉에서 오른손을 감싸고 있다. 능동석인상 및 상석(경상남도 유형문화재 제71호)은 머리에 쓴 관모와 차리고 입은 관복, 홀을 쥐고 있는 손모양 등으로 보아 조선시대에 만들어진 것으로 보인다. 목과 허리의 표현이 없고 턱이 볼록하며 귀가 커서 친근함을 가져다 준다. 천변리석인상(전라남도 문화재자료 제21호)은 마을 입구의 마련된 보호각 안에 서 있는 2구의 장승(할아버지와 할머니)이다.

지극히 희화적인 이 석인상은 1838년(헌종 4년) 담양부사 홍기섭이 제작한 것이라고. 마을의 입구에 세워 마을 수호신 구실을 하는 장승의 형태이지만 담양의 땅 모양이 배 모양이기 때문에 뱃사공이 있어야 한다는 풍수지리설에 따라 이 장승을 세운 것으로 전하고 있다. 이밖에 양민공 손소 및 정부인 류씨의 묘비, 석인상(경상북도 유형문화재 제390호, 제391호, 제391-2호)도 있다.

남궁찬석상

신라 38대 원성왕(元聖王), 김경신. 그의 생년일은 알지 못한다. 재위 14년인 798년 12월 29일에 사망했다고 전해진다. 몹시 추운 어느 날, 토함산 남서쪽으로 마주 보이는 산 아래 낮고 평평한 구릉에 묻혔다. 왕릉이 만들어지기 전에 원래는 작은 연못이 있었다. 그 모습을 변경하지 않고 왕의 시체를 수면 위에 걸어 장례하였다는 속설에 따라 괘릉이라는 이름이 붙여졌다.

'능을 걸다'라는 의미의 괘릉(掛陵)은 그렇게 생겨났다. 아 당시 무덤제도는 당나라의 영향을 받은 것이지만 둘레돌에 배치된 12지신상과 같은 세부적인 수법은 신라의 독창적이고도 예술적 경지를 잘 나타내고 있다.

괘릉은 경주시 외동읍 괘릉리에 있는 통일신라 원성왕릉(사적 제26호)

을 말한다. 원성왕은 내물왕의 12대 후손으로 독서삼품과를 새로 설치하고 벽골제를 늘려쌓는 등 많은 업적을 남겼다. 흙으로 덮은 둥근 모양의 무덤 아래에는 무덤의 보호를 위한 둘레석이 있는며, 이 돌에 12지신상이 조각되어 있다. 봉분 바로 앞에는 4각 석상이 놓였고 그 앞으로 약 80m 떨어진 지점부터 양 옆으로 돌사자 한쌍·문인석 한쌍·무인석 한쌍과 무덤을 표시해주는 화표석(華表石) 한쌍이 마주보고 서 있다.

이 석조물들의 조각 수법은 매우 당당하고 치밀하여 신라 조각품 중 가장 우수한 것으로 꼽히고 있는데, 특히 힘이 넘치는 모습의 무인석은 서역인의 얼굴을 하고 있어 페르시아인이라는 주장도 있다.

익산도 이색적인 석상이 있다. 전북 유형문화재 제176호 남궁찬묘석상(南宮璨墓石像)은 조선 전기의 문신인 남궁찬 선생의 묘 앞에 자리하고 있는 2기의 석상이다. 이는 문신의 형상으로, 남쪽과 북쪽에 각각 놓여 있다. 일반 묘석상처럼 묘 앞에 시위하듯, 좌우로 벌려 서 있다.

두 석상이 같은 형식의 관복을 입고 있으며 모습도 머리에 둥근 모자를 쓰고 있고 광대뼈가 나온 긴 얼굴에 뚝 튀어나온 눈, 얼굴에 비해 작은 코 등 서로 비슷하다. 이같은 형식은 여느 문·무인석상과 다른 특이한 것으로서 국내에서는 좀처럼 보이지 않는다.

양손을 배 앞에서 소매 속에 감춘 모습만 일반 석상들과 같을 뿐 전체적인 모습도 이국적이다. 전하는 바에 의하면 이 석상은 중국에서 가져온 것이라고 주장하기도 한다.

그러나 장승이나 돌하르방 등에서 그 기원을 찾을 수도 있을 것으로 판단된다. 익산은 이같은 사례를 통해서도 돌의 고장이다. 백제 시대 석재 문화의 근원지로 석산이 많다. 익산 황등석재 하면 그 명성은 가히 세계적이다. 자타가 공인하는 돌의 고장이라는 말이 무색하지 않은 까

닮이다. 말 없고 무뚝뚝한 이들 묘지기들이 오랜 시간 한 가지 직업을 고수할 수 있는 것은 돌의 문화가 지닌 유구함이 아닐까.

삼례 호산서원 꽃담과 호산청파(湖山淸波)

완주군 삼례읍 비비정(飛飛亭) 마을 앞, 바람에 잔 물결이 이는 한내 주변에도 꽃들은 피어나고 꽃들 너머로 보이는 호수의 모습이 참 아름다운 선경입니다.

시나브로 매말랐던 숲에 여름 기운이 완연합니다. 꽃은 흔들리면서 피지만 질 때는 흔들거림이 없습니다. 지금 숲에선 무수한 꽃잎이 지고 또 지천으로 꽃이 피어나고 있습니다.

지거라 한 잎 남김없이 다 지거라. 지다보면 다시 피어날 날이 가까이 오고, 피다 보면 질 날이 더 가까워지는 것. 어디까지가 지는 꽃이고, 어디까지가 피는 꽃인가요?

한국의 정원을 거닐면서 쾌랑쾌랑한 선비들의 목소리를 듣습니다. 소쇄원에서는 맑고 깨끗한 기운을, 운증고택 정원에서는 누마루에 앉아 산중 정취에 젖어들곤 하지요. 명옥헌 정원은 배롱나무 꽃사이로 무릉도원이 그윽히 펼쳐집니다.

월궁 용궁 선계가 모두 펼쳐진 광한루에서는 지구촌 사람들의 무병장수를 빕니다. 오늘 비비정에서 또다른 '나'를 만납니다. 한내는 오랜 세월 말없이 유유히 흐르며 민족의 애환을 지켜보고 있으며, 바로 그 언덕에 자리한 비비정은 그 유래와 더불어 많은 사람들에게 인상 깊었던 정자였습니다.

비비정마을은 조선 1573년(선조 6년)에 최영길이 창건한 정자를 관찰사 서명구가 훗날 중건, 관정이 된 정자 이름입니다. 우암 송시열이 지은 '비비정기'를 보면, 우암이 무인으로서의 최씨 집안을 찬양하기 위해 장비나 악비 등 중국 명장의 이름을 끌어다 붙인 기지에 불과한 것이지 원래는 지명을 취한 것으로 보입니다.

비비정 가까이 한내 위에 소금배, 젓거리배, 돗단배가 오르내리면 눈부신 모래빛 반짝반짝 빛났으며, 모래찜을 하면서 한 잔의 술과 함께 얼큰해지면 노래 한 소절을 불렀던 여유. 바로 그윽한 정취를 느낀 우리 선조들은 이구동성으로 입을 모아 비비낙안(완산팔경)이라 불렀습니다.

비비정 바로 뒤의 호산서원(湖山書院)이 언제 누구에 의해 이곳에 세워지게 되었는지 자세한 기록이 없어 알 수 없지만 1868년 대원군의 전국 서원철폐령에 의해 헐리어지고 없어졌던 것을 일제시대에 다시 세웠다고 합니다.

그러나 6.25사변으로 말미암아 서원 안의 산앙재와 강당이 불에 타 없어진 뒤 1958년 이 지방 유지와 유림들의 노력으로 중건돼 오늘에 이르고 있습니다.

그렇다면 호산(湖山)은 무슨 의미일까요.

풍초연(馮超然)은 '호산편주(湖山扁舟)'에서

"생계는 촌뜨기로 족하고(生計野人足) 뜬 이름 깨달은 사람에겐 가볍지(浮名達者輕) 조각배는 그렇게 또 오고가겠거니(扁舟往來慣) 갈매기와 물새는 서로 가여워하지 않네(鷗鳥不相憐)"

라고 적었습니다.

새삼스런 자각은 미루거나 게을리 하는 사이 생각만으로 끝낼 때가 많지만, 속절없고 부질없다는 느낌입니다. 속아 줄줄도 아는 것이 인생의 지혜라고 생각합니다. 살다 보면 남이 나를, 때로는 내가 나 자신을 실망시키기도 합니다.

'호산객잔(湖山客棧)'은 아름다운 풍광을 둘러싼 동정호 일대를 나타내며, 소동파의 '초연대기(超然臺記)'는 '호산의 아름다운 풍경을 버려두고(背湖山之觀) 뽕나무와 삼이 자라는 들을 거닐게 됐다(而適桑麻之野)'로 나옵니다. 우리나라에서는 영남루가 자리한 곳이 '제일호산(第一湖山)'이며, 이삼만의 제자 서홍순의 호가 호산으로, 바로 그것입니다.

보통 신선이 사는 곳을 호산(湖山)으로 부릅니다. 그래서 호산(湖山)이란 뜻은 고전에서는 신선이 살 정도로 경치 좋은 곳을 이르기도 합니다. 직역으로 하면 '호수를 끼고 있는 산'입니다.

비비정 아래 길 옆 바위에 '호산청파(湖山淸波)'라고 새겼으니 응당 푸른 파도가 비비낙안(飛飛落雁)을 만들었겠지요. 호산서원의 '산앙재(山仰齋)'가 모습을 드러냅니다. 만경강의 일부를 전망할 수 있어 막혔던 가슴이 툭 트임은 물론 바위틈에서 난 무성한 나무들이 숲을 이루는 등 경치가 아름다워 그 이름도 '산앙(山仰)'입니다.

'산앙(山仰)'은 바로 높은 산처럼 우러러본다는 뜻이며, '고산앙지(高山仰止)'의 줄임말입니다.

시경 거할(車舝)편에 "높은 산을 우러러보며 큰길을 가도다.(高山仰止, 景行行止)"

라고 나오는 만큼 존경할 만한 선현(先賢)을 사모할 때 쓰는 표현입니다.

산앙재는 특히 암키와와 숫키와 여러 장이 조화로움을 뽐내는 꽃담(합각)은 삼례 사람들의 넉넉한 마음과 빼어난 조형성에 입이 다 다물어지지 않습니다. 서원의 누렇게 변한 나무의 속살이 고색창연함을 더해 줍니다.
　반드시 코로만 향기를 맡을 수 있는 것은 아니지요. 이제라도 나비가 내려앉을 듯 생생한 그 꽃송이 하나하나에선 당신닮은 향기가 묻어납니다.
　세월이 많이 지났어도 나무의 화려함은 변화가 없는 것처럼, 은은하게 향기를 우려내는 호산서원의 꽃담(합각)처럼, 아름다운 마음 고이고이 간직한 채 곱디곱게 늙었으면 참 좋겠습니다. 사계절의 순환을 잘 따르는 당신이 진정한 멋쟁이가 아닐까 하고 생각이 나는 오늘에서는.
　'호산청파(湖山淸波)'란 글귀의 속뜻을 음미하면서 당신이 지금, 내 주름을 넓은 마음으로 헤아려주기를 간곡히 부탁하면서 정치를 잘해 국민들이 이같은 풍경을 맘껏 느낄 수 있기를 바랍니다.

다리군수 유범수

 김제 고은교는 백구면에서 시작되어 평고를 거쳐 김제~이서~전주선에 이어지는 역사적으로 중요한 역할을 해왔었다. 교통수단에 문제가 있어 조선시대 세조 때 순수한 화강석으로만 교량을 축조하였는데 축조된 다리는 국내에서도 보기 드문 희귀한 무지개식 돌다리였다.
 고은교는 고은 안지공으로 인해 놓여지게 되었다고 전 한다. 공은 세조가 어린 조카인 단종을 축출하고 왕위에 오르자 영월파천을 비분개탄하고 조정에서 은퇴하고 친형의 은거지인 김제시(김제군) 용지면 평교리 안촌마을을 찾아 은둔생활에 들어갔다.
 이때 공은 평고라는 마을이름 끝자를 따고 아래에 숨을 은자를 붙여 고은이라는 아호를 갖게 되었다고 한다. 세조는 고은선생의 인물을 아끼어 누차 소명을 했지만 응하지 않았다. 세조는 생각다 못해 고은 공의 옛 제자를 기용, 김제군수로 임명하고 군수로 하여금 선생을 모시도록 했다.
 군수는 고은선생의 성품과 지조를 잘 아는지라 매일 문안을 드렸다. 사정이 이같이 되자 고은도 사랑하는 제자인 군수를 한번은 방문하기 위해서 김제동헌을 나왔으며. 용지천에 이르러 냇물을 다리를 걷고 건넜다.

이 말을 전해들은 군수는 민망하게 여기고 그 용지천에 군비를 투입, 영구적인 훌륭한 무지개 돌다리를 놓아 군민의 불편을 덜어 주었고, 다리 이름을 '고은교'로 지었다고 전해지고 있다.

고은교는 화강석 순석조물로 네 개의 무지개문으로 되어 있는데, 다리의 길이는 30척이요, 넓이는 9척3치, 높이는 10척으로 되었다고 전해진다. 그러나 71년도에 현대식 시멘트 콘크리트 교량 확장 공사로 말미암아 철거돼 그 잔영조차 볼 수 없게 되면서 고은교 옆에 유허비를 세워 보호하기에 이르렀다.

완주출신 다리군수 유범수(柳凡秀)를 알고 있나. 과거 선거때마다 다리군수로 통했던 유범수. 완주군에 이어 고창군에서도 유군수가 만든 다리 기념비가 처음으로 발견됐다.

필자가 2017년 10월 13일 취재 결과, 고창군 아산면 번암리 영모교 옆에 세워진 '아산초등학교 통학의 다리 준공 기념비'는 1966년 전북일보사가 세운 것으로 확인됐다. 한타깝게도 비석엔 날짜가 보이지 않았다.

유범수씨는 완주군수로 재직하며 다리를 세운데 이어 고창군수로 자리를 옮긴 후에도 이를 세운 것으로 보인다. 그는 1965년 3월 26일부터 1966년 12월 3일까지 제19대 고창군수로 일했다. 앞서 그는 완주군 상관에 다리를 세웠다.

완주군 상관면 산정리 입구 '유범수공적비'엔 다리군수 유범수와 지역 사람들이 협심해 1964년 6월 5일 산정교를 세웠다는 기록이 보인다.

그는 제14대 완주군수로 1964년 2월 1일부터 1965년 3월 25일까지 일했다. 이어 그는 제16대 정읍군수로 1962년 9월 21부터 1964년 2월 1일까지 봉직했다.

이어 제7대 국회의원에 당선된 그는 완주군 소양면에도 다리를 세웠다. 소양면 황운리 소양초등학교 옆 '국회의원유범수건교기공비'는 1969년 가을에 세워졌다.

유범수씨는 완주군 이서면 남계리 98번지에서 살았다. 오늘날 천주교인들이 많이 찾고 있는 초남이성지가 그가 살았던 곳이라고 이승철(국사편찬위사료조사위원)선생이 증언했다.

1967년 6월 8일에 치러진 제7대 국회의원 선거에서 완주군(전북 제4선거구)에서 민주공화당으로 출마, 3만5,329표를 얻어 당선이 됐다.

이성노 자유당 6,944표(10.55%), 임희영 정의당 2,579표(3.92%), 배성기 신민당 1만9,445표(29.55%), 유범수 민주공화당 3만5,329표(53.68%), 김택주 독립당 1,512표(2.3%)의 득표율을 보였다. 그는 1만5,884표차로 당선됐으며, 선거인수는 9만294명으로 6만5,809명이 참여, 투표율 80.61%의 투표율을 나타났다.

그 당시 국정감사장에서 국방부장관을 향해 "별을 단 장성들이 골프에 미쳐 나라의 국방을 책임질 수 있냐"는 주장을 했다.

서슬퍼런 국부통치시대에서 현역 군인들이 벌때처럼 들고일어나자 결국 사과를 하면서 사태가 일단락 된 것은 지금도 잊혀지지 않는 일화의 하나다.

그러나 그후 2번에 걸쳐 국회의원(9대 무소속, 11대 한국국민당)으로 출마했지만 고배를 마신 후 1984년 7월 30일 57세로 별세했다.

11대 국회의원으로 출마했을 때 자신이 군수 시절에 지방 일을 많이 해「多利郡守(다리군수)」란 닉네임을 과시하며 유세했다는 경향신문의 기사가 보인다.

또 다른 경향신문 기사를 보면, 국민당 당무위원으로 병원에서 숙환으로 사했다는 사실이 확인된다. 국민당 전북도당을 역임 오전 8시 신촌

원불교교당에서 별세했으며, 장지는 익산 월불교공원 묘지였다. 유족으로는 부인 이복임과 2남 1녀를 두었다.

"사적인 일이지만 파일을 펼쳐보니 편지 29통이 나온다. 당시 초등학교 교원인 나에게 스물아홉 통 적은 수가 아니며 군민 여러 분에게도 보냈을 것이니 가히 편지 왕이라 할 수 있다. 다리군수로 유명했고 처음 호는 남계(南溪)이더니 글씨를 쓰면서 승당(丞堂)이라고 했다"

그와 주고받은 편지를 지금도 고이 간직하고 있는 이승철선생은 여자선거운동은 유범수 부인이 처음으로 기억한다면서 얼굴이 미남형인데다가 친근한 성격의 소유자로 기억되고 있지만 시간이 흐르면서 잊혀져 가는 인물이 돼 참으로 안타깝다고 말했다.
2018년 6월 13일에 열린 제7회 전국동시지방선거 출마자 가운데 다리를 놓겠다는 공약을 내놓은 사람이 있었는가, 없었는가.

전주향교 계성사(啓聖祠)

 전주향교 강학 공간의 서쪽에는 다른 향교들에서는 많이 볼 수 없는 목적의 건물들이 주위를 담으로 둘러 별도의 공간으로 구성되어 자리하고 있다. 계성사(啓聖祠)는 5성위(聖位) 공자(孔子), 안자(顔子), 증자(曾子), 자사(子思), 맹자(孟子)의 아버지 위패를 모신 사당이다.

 '계성(啓聖)'은 성인을 나오게 했다는 뜻으로, 계성묘(啓聖廟)다. 공자의 아버지 제국공 공숙량흘(齊國公 孔叔梁紇)을 정위로 하고 안자의 아버지 곡부후 안무유(曲阜侯 顔無繇), 증자의 아버지 래무후 증점(萊蕪侯 曾點), 자사의 아버지 사수후 공리(泗水侯 孔鯉), 맹자의 아버지 주국공 맹격(邾國公 孟激)을 좌우에 배향하고 있다.

 계성사를 따로 두게 된 것은 안자, 증자, 자사는 정전에 배향되어 있는 바, 그들의 아버지인 안무유, 증점, 공리는 동.서무에 종사됐기 때문이다. 아들이 어버지 위에 있는 것이 합당하지 않다는 이유 때문이다. 다시 말해, 아들과 아버지의 위패가 함께 있어 아들이 아버지보다 먼저 제사를 받는 일이 발생하니 예절에 어긋난다고 해서 5성의 아버지만을 모시는 별도의 건물을 건립하고 제사를 지내게 한 것이다.

 이는 바로 그 소종출(所從出)을 추존하는 뜻으로 중국에서는 이미 명나라 세종 연간에 계성사를 건립했다. 우리나라는 1701년에 성균관에 이를 설립했고, 이후 주요 향교에도 건립, 공자의 석전일에 함께 제사를 지내왔으나 해방 후 거의 다 없어졌고 지금은 전주향교와 제주향교에만 남아있다.

'여지도서'에 따르면 '전주향교 계성사는 대성전 동쪽에 있으며, 영조 신유년(辛酉年, 1741년)에 처음 세웠다'라고 되어 있다. 이 건물은 전면 3칸 건평 11.6평으로 1741년(영조 17년)에 판관 송달보(宋達輔)가 창건하고, 정랑 이기경(李基敬)이 상량문을 썼다고 '완산지'에 기록됐다.

이 상량문은 '교궁향사의 예절에 실로 어그러짐이 있음을 한탄하니, 아버지의 위거(位居)가 아들보다 아래에 있어 법도를 헤아려 볼 때 제사 받아 흠향함이 아버지가 먼저라서 여러 사람이 힘을 모아 땅을 새로 마련해 건립한 것이다'고 했다. 그러나 1929년 철도가 건설되며 계성사 곁을 지나게 됨에 따라 현재의 명륜당 서쪽으로 옮기게 됐다고 한다.

가장 멋진 아버지 유형은 '프랜디(Frendy)'다. 친구(Friend)와 아빠(Daddy)의 합성어로, 아이와 함께 놀아주고, 함께 대화하고, 필요할 때 곁에 있어주는 자상한 아버지를 가리키는 말이다.

아버지의 술잔에는 항상 눈물이 절반 정도 고여 있다. 때론 펑펑 울고 싶지만 울 장소가 마땅히 없기에 슬픈 눈을 갖고 있는 것은 아닐까.

하지만 성공한 아버지만이 아버지가 아니라, 아버지는 있는 그대로의 아버지일 뿐이다. 시골 마을의 느티나무처럼 무더 위에 그늘의 덕을 베푸는 존재, 끝없이 강한 불길 같으면서도 자욱한 안개와도 같은 그리움의 존재가 바로 아버지가 아닐까.

전북의 이팝나무

전주 백제로에 이팝나무 꽃이 활짝 피었다. 눈이 내렸나 싶을 정도로 새하얀 꽃이 수북하게 내려앉았다. 팝콘을 튀겨 놓은 것 같기도 하다. 이 하얀 꽃 덕분에 거리가 밝아졌다. 하늘빛까지도 환해진 것 같다. 꽃을 바라보는 행인들의 마음까지도 밝혀준다. 발걸음마저 가볍게 해준다.

이팝나무는 '쌀나무'로 통한다. '이(李)씨의 밥'이란 의미로 조선왕조 시대에 는 벼슬을 해야 비로소 이씨인 임금이 내리는 흰쌀밥을 먹을 수 있다고 해서 쌀밥을 '이밥'이라 했다. 쌀밥처럼 하얀 꽃을 피우는 이팝나무가 올해는 오래도록 환했다.

이팝나무의 학명 Chionthus(치오난투스)는 Snow flowering(눈꽃 같은 나무)로, 여름에 눈이 온 것처럼 하얀 꽃으로 수관을 뒤덮는다는 의미다. 이 나무는 흰 꽃이 많이 피는 해는 풍년이, 꽃이 많이 피지 않는 해는 흉년이 든다는 풍년을 점치는 나무로 알려져 있다. 늦은 봄, 입하가 지나고 모내기가 한참일 즈음에 이팝나무 꽃송이는 온 나무를 온통 덮도록 달려서 멀리서 바라보면 때 아닌 흰 눈이 온 듯 하다.

때문에 입하목(入夏木)이라 불렀고, 입하가 연음이 되어 이파, 이팝으로 되었다. 전북 일부지방에서는 입하목이라고도 하며, 그밖에 이암나무라 부르기도 한다. 한자로는 육도목(六道木), 유소수(流蘇樹)라 하며 중국이나 일본에서는 잎을 차를 대용해서 쓰므로 다엽수(茶葉樹)라고도 부른다.

천연기념물 제183호 고창 중산리 이팝나무는 나이가 약 250살 정도로 보인다.

중산리 마을 앞의 낮은 지대에 홀로 자라고 있으며, 천연기념물로 지정된 이팝나무들 가운데 작은 편에 속한다. 매우 크고 오래된 나무로서 생물학적 보존 가치가 클 뿐만 아니라 오랜 세월동안 조상들의 관심과 보살핌 가운데 살아온 나무로 문화적 가치도 있어 천연기념물이 됐다.

천연기념물 제214호 진안 평지리 이팝나무군은 약 280살 정도이고, 마령초등학교 운동장 좌우담장 옆에 7그루가 모여 자란다. 이 지역 사람들은 이팝나무를 이암나무 또는 뻣나무라고 부르기도 한다. 어린 아이의 시체를 묻었던 곳이라 하여 '아기사리'라고 부르며 마을 안에서 보호하고 있었으나 초등학교가 생기면서 학교 안으로 들어가게 됐다.

오래전 한 농촌마을, 흉년 들면 하릴없이 굶어 죽는 아이들이 생겼다. 아이의 시체를 지게에 짊어지고 아비는 뒷동산을 올랐다. 아이를 고이 묻은 아비는 죽은 넋에게라도 쌀밥 한번 실컷 먹이고 싶었다. 그래서 이팝나무를 심었다. 아이의 넋을 위로하는 나무가 하나 둘 늘어 뒷동산은 이팝나무 숲이 됐다.

세월이 흘러 이팝나무 동산을 갈아엎고 학교를 세웠다. 아이들의 웃음소리가 슬픈 추억을 가만히 덮는다. 나뭇가지 사이를 감도는 개구쟁이들의 환한 미소가 그래서 더 소중하다.

맑고 시원한 시냇물이 흐르는 곳에서 흐드러지게 핀 하얀 꽃을 보며 올해의 풍년을 기원하면 어떨까. '흰 쌀밥이 가득하니 올해도 풍년들겠네'

임실 구로정(九老亭)

'춘야원도리원서(春夜宴桃李園序)'는 이태백시인 이 봄 밤에 복숭아꽃 오 얏꽃 만발한 동산에 형제들 친족들을 초대해 주연을 베풀고, 각기 시를 짓고서 그 시의 편 머리에 싣고자 그 때의 일의 경위를 서술한 글이다.

'(중략)옛사람이, 백년도 못 사는 인생이 천년의 근심을 안고서, 낮은 짧고 밤은 길어 놀아볼 겨를이 없음을 한 하다가 밤에 촛불을 켜고 밤을 낮 삼아 놀았다고 하더니만, 아! 참말로 이제야 그 까닭이 있음을 알겠구나.(중략)즐거운 밤놀이, 이렇게 좋은 봄밤을 시 한 수 없을수 있을까 보냐! 썩 좋은 작품이 없고서야 내 이 풍아한 생각들을 무엇으로 풀어를 보랴! 만일에 좋은 시 한 마리씩을 읊어내지 못한다면 무엇으로 벌을 줄까? 그렇지! 진나라 석숭의 금곡의 별장 금곡원에서 손님들을 초대하여 주연을 베풀고, 시를 짓지 못하는 사람에게 벌주로 술 서말을 마시게 했다던데, 우리는 금곡의 예를 따르리라'

임실 구로정(九老亭)은 임실군 오수면 둔덕리 방축마을 끝자락 적성산 아래에 위치하고 있다.

둔덕지역은 당시 남원부 45방 중 한 곳으로 남원문화의 중심지 역할을 했다는 근거가 남원 용성지에서 찾을 수 있다.

1663년 당시에 60세 이상의 노인들이 남은 삶을 즐기기 위해 계를 조직하고 도덕을 바탕으로 효행을 실천하도록 했다. 풍류를 즐기는 과정에 많은 시문(詩文)을 남겨 지금까지 이어오고 있는 모임은 구로계(九老契) 한 곳 뿐이리라. 이 모두는 아름답고 미더운 풍속의 결정체다.

구로정은 1663년에 최휘지가 지은 단구창설사적기(丹丘創設事蹟記) 등 구로회 서문, 각종 시문이 많이 전한다. 구로정 회원은 장제(張晭), 한빈(韓賓), 하득도(河得道), 한유(韓瑜), 장서(張曙), 장선(張曔), 하만리(河萬里), 최휘지(崔徽之), 최유지(崔攸之)이로되, 특히 젊은 이문규(李文規)도 같이 담론하며 교유한 곳이다.

구로 회원은 당시 인근 마을에 사는 나이 60세 이상의 노인 9명으로 모임을 만들었던 바, 이들은 생신이나 가절이 되면 술잔과 소반을 제공했다. 특히 술을 마시면서 자연의 경관을 읊은 시가 전하고 있다. 이때 지은 대표적인 작품으로, 오주 최휘지의 시를 옮겨본다.

만고삼계동(萬古三磎洞) 태고적 부터 삼계동 있어
천교석작문(天敎石作門) 하늘이 가르쳐 돌로 문을 지었네.
고운사대자(孤雲四大字) 고운 최치원의 네 큰 글자있어
유여호선원(留與護仙源) 머물러 신선의 무릉도원 얻었네.

오늘날도 4성(四姓)의 구로(九老)의 후손 등이 매년 음력 4월 9일이면 시를 짓고 한 잔의 술을 하고 있다. 구로정 주변은 정상에 적성산성을 비롯, 단구대의 단구(丹丘), 구로장이소(九老杖履所), 회원명단과 삼계석문(三磎石門) 등의 암각서가 산재되어 있다.

노석(老石) 한중석(韓重錫)의 '구로정(九老亭)' 시에는,

'산은 겹문(門)을 짓고 돌은 대(臺)를 이루었으니 삼계(三溪)의 물이 합쳐 한 개의 물굽이 되어 돌아가네. 구로(九老)의 당년(當年)의 자취를 보고자하면 밝은 날 올라와서 푸른 이끼를 쓸어보오. 구로(九老)의 천년에 오히려 대(臺)가 있었으나 푸른 산(山)은 임자 없으니 흰 구름만 오고 가네. 희미한 네 글자는 문창(文昌)의 글씨인데 오랜 세월 바람 서리에 반(半)은 이끼가 물들었네'

임실 구로정, 자타가 인정하는 무릉도원이 예 있는가.

상욕속빈(喪欲速貧)과 임실 양요정

 창덕궁 기오헌(寄傲軒)은 '궁궐지'에 의두합(倚斗閤)이라고 나오는 건물이다. 의두합은 수많은 책을 비치하고 독서하던 곳이다.

 '궁궐지에 따르면 '영화당 북쪽에 있으며 예전에 독서처가 있던 자리인데 1827(순조 27)년에 익종이 춘저(春邸)에 있을 때 고쳐 지었다'고 했다.

 '기오(寄傲)'는 '거침없이 호방한 마음을 기탁한다'는 뜻이다. 원래 동진의 시인 도연명(陶淵明)의 '귀거래사(歸去來辭)'중 '남쪽 창에 기대어 호방함을 부려 보니(寄傲), 좁아터진 집이지만 편안함을 알겠노라'는 구절에서 따온 말이다. 원래 이름이었던 의두합과 기상(氣像)이 서로 통하는 명칭이다.

 도연명은 태어나고 살아온 부패와 모순투성이의 세상을 피해 숨기보다는, 한 걸음 빗겨나 맑은 아침, 홀로 산책을 하거나 밭가에 지팡이를 꽂아 두고 잡초를 뽑으며 살다가 자연으로 돌아갔다. 팽택현령으로 재직하던 중, 감독관에게 굽실거려야 할 상황이 되자 "내 어찌 쌀 5말을 위해 어린 아이에게 허리를 굽히겠는가"라는 말을 남기고 부임 80일 만에 관직을 벗어던졌다.

 이태백은 스스로 술의 신이라 자처하며 천자가 불러도 곁에 가지 않았다고 한다. 예로부터 벼슬에 연연하지 않고 적당한 때 그만두고 낙향하는 귀거래는 벼슬한 사람의 관행이었다.

고 노무현 대통령과 워싱턴이 귀거래했고, 제퍼슨이 고향의 오크나무 밑에 하얀 집을 짓고 본래의 자리로 돌아갔다.

누구에게나 삶은 힘겹기만 하지만 도시에서의 삶은 더 고달프기만 하다. 입시전쟁을 넘으면 취업전쟁이고, 한숨 돌리는 듯싶으면 생활전쟁이다. 산골마을로 돌아간다는 것은 모든 것을 버리는 것이 아니라, 삶의 속도를 늦추어 새로움을 채우는 것은 아닐까.

그래서 현장에서 은퇴한 선배와의 자리에서 일어서기는 참 힘들기만 하다. 하시는 말씀 다 듣고, 따라주시는 술잔 다 받는 것 말고는 해드릴 게 마땅히 없으니, 도연명의 '귀거래사'를 읊조리다 보면 밤은 왜 그토록 시리도록 차갑기만 하며, 어찌 짧기만 한가.

임실 양요정(兩樂亭, 임실군 운암면 입석리, 전북 문화재자료 제137호)은 도연명의 '귀거래사'를 연상케 하는 벽화가 여러 점 있다. 도연명이 지금까지의 관리 생활이 마음의 형역(形役, 육체의 노예)으로 있었던 것을 반성하고 자연과 일체가 되는 생활 속에서만이 진정한 인생의 기쁨이 있다고 주장한 것 같은 메시지를 담은 셈이다.

'양요정' 편액 맨 앞에는 벼슬을 그만두고 가마에서 내려 고향에 오는 내용의 그림을 비롯, 세 명의 노인이 바둑을 두는 장면, 산보를 하는 그림, 자연에 푹빠진 장면 등 4-5점의 그림이 있다. 특히 화조도는 활짝 핀 백색의 모란에 나비와 새가 날아드는 그림으로, 창녕 관룡사의 약사전에도 고스란히 남아 있다.

'상욕속빈'(喪欲速貧)이란 말은 유자가 공자의 제자 증자에게 벼슬을 그만뒀을 때의 처신에 대해 묻자 증자가 '공직을 떠나면 빨리 가난해지 것을 바라는 것이 옳다'고 답했다는 고사에서 나왔다.

예기단궁(禮器檀弓)엔 '有子問於曾子曰(유자문어증자왈) : 유자가 증자에게 물었다.

問喪於夫子乎(문상어부자호) : "벼슬하다가 지위를 잃어버린 일에 대하여 선생님에게 들은 것이 있는가?"

曰聞之矣(왈문지의) : 대답하여 말하기를 "들었다. 喪欲速貧(상욕속빈) : 벼슬하다가 지위를 잃으면 속히 가난해지는 것이 좋고, 死欲速朽(사욕속후) : 사람이 죽으면 속히 썩게 하는 것이 좋다고 하셨다."

有子曰(유자왈) : 유자가 말했다. 是非君子之言也(시비군자지언야) : "그것은 군자의 말씀이 아니다."

녹을 잃고서도 가난하지 않는 것은 관직에 있을 때 축재를 한 까닭이며 그 재물은 부정한 재물인 일이 적지 않기 때문에 남에게 이런 저런 의심을 받는 것 보다는 가난한 것이 훨씬 좋다. 또 매장한 시체는 속히 썩어 땅으로 돌아가게 하는 것이 좋다

예컨대 '상욕속빈'(喪欲速貧 · 잃으면 빨리 가난해지길 바란다)을 설명하며 고위 법관이 로펌으로 가는, 혹은 로펌에 있다가 다시 공직에 나서는 세태를 비판하기도 한다.

벼슬하다가 지위를 잃으면 속히 가난해지는 것이 좋고, 사람이 죽으면 속히 썩게 하는 것이 좋다고 하는데 여러분들은 이 말에 공감을 하는가.

전주 인봉제(麟峰堤)

후백제는 후삼국 시대 이후 유일하게 왕궁 터를 찾지 못하고 있는 나라다. 개발을 계속하고 있지만 지금도 확실치 않다. 학자마다 설이 분분하다. 전주 동고산성이라고도 하고, 물왕멀 일대라고도 한다.

또, 중노송동 인봉리와 문화촌 일대라고도 한다. 최근들어 전주국립박물관은 노송동 지역을 궁성 일대로 상정하고 도성의 형태나 방어체계를 새롭게 설정, 발표했다.

곽장근 군산대 교수는 기존에 왕궁터로 거론되어온 '전주 동고산성설' 노송동설(무랑물) '전주 감영지설' 등에 문제가 있다는 데서 출발한다. 그가 왕궁터로 주장하는 인봉리 일대는 본래 방죽이 있었던 곳으로, 일제강점기에 방죽을 메워 공설운동장으로 활용했으며, 현재는 대규모 주택단지들이 들어서 있다.

송화섭 중앙대 교수도 "동국여지승람의 전주의 고토성(古土城)이 후백제의 도성일 가능성이 크고, 무랑물에서 발견되는 초석은 궁성이 파괴되면서 나온 돌일 가능성이 있다"고 '인봉리설'을 뒷받침했다. 현재도 (후백제) 당시의 토성벽으로 보이는 흔적들이 부분 부분 많이 남아 있어 후백제의 왕궁터로 보고 있다.

인봉리(麟峰里)는 기린봉(麒麟峰)의 인봉에서 비롯됐다. 말 그대로 기린봉 마을 즉 기린봉의 산자락으로 감싸 안긴 동네이다. 조선시대 전주부성과 인봉리 사리에는 인봉지 즉 인봉리방죽이 있었다.

이 방죽은 전주부성의 동문과 북문 사이의 담에서부터 인봉리에 이르는 지대가 모두 논과 밭이었기 때문이다.

인봉리방죽 가운데에는 '일육정(一六亭)'이라는 정자가 있어 실용적인 기능은 물론 유원지로서도 기능을 다했다고 전하고 있다. '완산지(完山誌)'에는 인봉제(燐峰堤, 麟자가 아닌 燐)는 전주부의 동쪽 5리 기린봉 아래에 있다. 전주부의 동북성 밖에는 물의 근원이 없어 능히 물을 댈 수가 없었던 바, 관찰사 서정수가 바로소 제를 만들었다. 둘레는 1,742자, 수심은 5자이다'고 기록됐다.

서유구의 '완영일록(完營日錄)' 1834년(순조 34) 5월 10일의 기록을 보면,

'인봉제의 채정(彩亭)은 제언(堤堰)을 파내어 소통시키는 일을 마친 뒤에 연못 가운데에 작은 섬을 쌓아 그 위에 조그만 '육모정(六茅亭)을 지었다.(육모정은 여섯 개의 기둥을 세워 지붕 처마가 여섯 모가 되게 지은 정자를 말한다.) 육모정을 짓고는 기와를 덮어 지붕을 만들었다. 전돌을 깔아 마루를 만들며 계단 둘레에 잔디를 입히고 섬을 빙 둘러서 나무을 심어 한가한 날 구경하는 장소로 삼았다. 또 작은 배 한 척을 만들어 난간을 채색하고 베돛을 달아 정자 아래에 매어두고서 고기를 낚거나 연꽃을 감상하는 도구로 삼았다. 남고별장(南固別將) 김기중(金基中) 공사를 돌보게 했다.

오늘날 문화촌(文化村)이라고 불리는 중노송동 옛날 공설운동장 자리가 방죽이었다. 1940년대까지만 해도 기린봉 기슭을 타고 흘러내린 계곡물과 빗물이 흥건하게 고였으며 주변에는 오래된 정자나무들이 듬성듬성 서 있어 여름철 피서객들이 모여드는 도시 중심변의 유일한 유원

지였다.

6.25사변 이후까지도 그 아름다운 정취가 시민들의 눈길을 자주 끌어들였는데 그 자리를 메우고 1949년 전주 공설운동장을 만들었다. 상단은 경마장, 하단은 공설운동장이 되었는데 주로 하단을 인봉리 방죽이라고 했다.

이후 전주종합경기장은 설립 당시 시민들의 성금으로 건설비가 충당되고 지난 1963년 제44회 전국체전시에는 임원과 선수들을 수용할 숙박시설과 음식점이 턱없이 부족하자 시민들이 나서 민박으로 해결해 '인정 체전'으로 불린 시민의식 발현지로, 전주 정신을 이어갈 인문학적 자산으로 의미가 크다.

온돌문화(진안 칠성대와 전주 행치마을)

 문화재청이 우리나라 갯벌을 이용해 소금을 얻는 '제염(製鹽)'을 국가무형문화재 제134호로, 주생활의 기본이 되는 '온돌문화'를 국가무형문화재 제135호로 지정했다.

 문화재청은 서양 벽난로와 달리 연기를 굴뚝으로 바로 내보내지 않고 열기가 바닥 아래에 머물도록 하는 온돌은 한반도의 혹한 기후에 지혜롭게 대응하는 창의적 문화다.

 특히 한반도가 처했던 혹한의 기후환경에 지혜롭게 적응하고 대처해 온 한국인의 창의성이 발현된 문화라는 점, 중국 만주지방의 바닥 난방 방식과는 분명히 구별되는 한민족의 고유한 주거기술과 주(宙)생활을 보여주는 문화유산이라는 점에서 국가무형문화재로서의 가치가 높은 것으로 평가받았다.

 불교의 선(禪)문화와 주거온돌문화가 결합된 건축물로, 한 번 불을 지피면 온기가 100일 동안 지속된다는 하동 칠불사 '아자방(亞字房, 경남 유형문화재 제144호)'. 가락국의 시조 김수로왕의 일곱 왕자가 외삼촌인 장유보옥선사를 따라 이곳에 와서 수도한지 2년만에 모두 부처가 되었으므로 칠불사(七佛寺)라 이름지었다.

 그 후 신라 효공왕 때 담공선사가 이중 온돌방을 지었는데 그 방 모양이 亞(아)자와 같아 아자방이라고 한다. 1951년 화재로 불에 타 초가로 복원하였다가 지금과 같이 새로 지었다. 아자방은 길이가 약 8m이고, 네 모서리의 높은 곳은 스님들이 좌선하는 곳이며 중앙의 낮은 곳은 불경을 읽는 곳으로 100여 명을 수용할 수 있다.

이 온돌은 만든 이래 1000년을 지내는 동안 한번도 고친 일이 없다고 하는데, 불만 넣으면 상하온돌과 벽면까지 한달 동안이나 따뜻하다고 한다. 100년마다 한번씩 아궁이를 막고 물로 청소를 한다.

진안군 부귀면 방곡리에 있는 남학(南學) 관련 유적으로 칠성대가 있다. 암벽에는 「칠성대(七星臺)」, 「산왕단(山王壇)」 암각서와 「칠성대 영유기」, 「우당 김처사 병서」란 2점의 글씨를 얇은 돌에 새겨 바위를 파고 끼워 넣은 것이 있다.

「칠성대 영유기」의 내용은 정 3품 규장각 직각 정인욱(鄭寅昱)의 기문(記文)과 수당 이덕응, 자동 시옹 이송암, 명암 처사 김명봉, 덕산 처사 박성암 등 네 사람의 글이 새겨져 있다.

칠성대는 운장산 서봉에서부터 남쪽 계곡에 깎아 놓은 듯한 반듯한 바위 위로 물이 흘러내리는 장소로, 예부터 기도터로 알려져 왔고 바위 밑에는 사람이 살던 방 구들장이 남아 있다.

전주시 덕진구 산정동 행치마을은 전주에서 유일한 구들장 채취장이 있다. 행치마을 상당수 가옥 담장이 구들장과 돌로 쌓여있어 이색적인 모습을 연출하고 있다.

특히 3면이 산으로 둘러쌓여 예사롭지 않은 분위기가 방문객들의 시선을 붙잡기에 충분하다. 행치마을은 행정구역상 전주시 산정동이지만 산간 오지나 다름없었다.

마을 입구 3.2m폭의 통로가 유일해 소방차도 제대로 드나들 수 없을 정도로 환경이 열악한 탓에 한때 90가구 400명에 달했던 거주민이 불편을 참지 못하고 떠났다.

과거 구들장(온돌) 생산지였던 행치마을은 온돌의 과거 채취 현장과 구들을 켜켜이 쌓아 만든 오래된 우물, 담장 등을 둘러보며 당시의 생활상을 엿볼 수 있는 미래유산으로서의 보존 및 활용에 대한 가치를 조사해야 한다.

또 돌로 만든 꽃병의 예술적 · 조형적 의미도 연구의 대상이 되어야 한다.

전주한옥생활체험관 세화관 뒤에 굴뚝이 존재하며 장작으로 불을 지피우는 온돌방(구들방)이 2개가 자리하며, 2인 기준 10만원-12만원을 내면 이용할 수 있다.

세화관(世化館)이란 이름처럼 세상의 조화로움을 꿈꾸어본다. 잘 마른 소나무 장작 두어 개를 아궁이에 던져 넣자 금세 불이 옮겨 붙더니 장작 타는 정겨운 냄새가 좁은 마당을 가득 채운다. 굴뚝 연기를 보면 가슴 한구석이 따뜻해지고, 또한 그리워진다.

전주 한옥마을에 겨울 스산한 바람이 불어오고, 굴뚝에서 피어오르는 흰 연기 타고 퍼져오는 구수한 밥 냄새와 장작 타들어가는 냄새는 가슴속 깊이 숨어있던 어린 시절 그리움을 흔들어 깨운다.

남원 석돈(南原 石墩)

남원 석돈(南原石墩)은 남원시 하정동 남원우체국 내에 자리한 단 모양의 당산(堂山)을 말한다.

무엇보다도 남원 지역의 오랜 역사와 문화를 증거하는 자료로서 가치가 있다. 남원 석돈은 화강석을 이용해 기단(基壇)을 쌓고 그 위에 직사각형의 돌로 쌓아 올린 모습이다. 1992년 6월 20일 전북 민속 문화재 제28호로 지정됐다.

조선 시대 남원의 객사인 용성관(龍城館) 뒤쪽에 거대한 돌무덤이 있어 이를 석돈(石墩)이라 했다. 조성 연대는 알 수 없으며, 1986년 우체국을 신축할 때 일부가 파괴되었는데 이만기, 양창현, 노상준 등 지역 원로들이 법원에 우체국 신축 공사 중지 가처분 신청을 하고 정보통신부에 당산 보존의 당위성을 진정해 지금과 같은 모습으로 복구됐다.

'용성지'에는 당산신(성을 지키는 신)을 섬기는 장소로 사용됐다고 기록되어 있다. 전하는 말에 의하면 옛날 용성관 뒤에 석돈이라는 커다란 돌무덤이 있었다고 한다.

석돈은 특히 북문을 지키는 당산이라고 한다. 전하는 바에 의하면 용성관 후면, 지금의 남원역 관사 부근에 어마어마하게 큰 돌무덤이 있어 이를 석돈(石墩)이라고 했다.

석돈 위에는 온갖 수풀이 무성하고 고목이 우거져 때로는 두견새가 날아와 깃들이고 철따라 두루미도 찾아오곤 하였다고 한다.

수풀이 무성하고 나무가 우거져 새들이 찾아오기도 했다. 그 뒤 이곳에 관공서를 지으면서 석돈을 헐어 돌은 석재로 사용하고 흙은 평지를 만드는 데 사용했다.

그런데 관공서를 신축할 때 이를 헐어 돌은 석재로 사용하고 흙은 골라 평지를 만들었는데 이로부터 시내가 위축되고 성 안에 인재가 나오지 않았다고 한다.

석돈 당산제는 1991년부터 1996년까지 6회 실시하다가 중단되었던 것을 2006년에 다시 복원해 치르고 있다.

현재 석돈은 받침부에 80×40cm 크기의 돌을, 중간부와 상부에 30×20cm 크기의 자연석을 쌓아서 네모난 단을 이루고 있다.

제작 연도는 알 수 없으며, 1986년 우체국을 신축할 때 일부 파괴되었던 것을 복구해 놓은 것이 현재의 모습이다. 해마다 남원문화원에서는 남원의 평안과 발전을 기원하는 당산제를 지내고 있다.

석돈 당산제는 남원의 평화 번영과 주민의 화합, 그리고 지역 문화, 경제의 활성화를 위한 목적으로 축원의식이 주가 된다. 당산제례의 순서는 첫 번째 들당산굿을 실시해 조상신을 맞이하고 다음에는 당산제례가 실시된다.

당산제례는 분향례, 강신례, 참신례, 초헌례, 독축례, 아헌례, 종헌례, 유식례 순으로 실시한다. 세 번째로 당산굿으로 액막이굿과 해원굿을 한다. 네 번째는 날당산굿을 실시해 신을 보내는 의식을 한다.

석돈 당산제는 성격상으로는 당산제의 명목이지만 내용상으로는 성황신이나 다름없다. 다만 변질돼 당산굿의 형태로 복원, 내용 자체는 유교식으로 전개하고 있는 만큼 원형에 대한 구체적 연구가 필요하다.

전북의 꽃담

일반적인 담은 구분이다. 때론 나와 너를 나누며, 때론 인간과 자연을 가른다. 하지만 우리에게는 상식을 뛰어넘는 담이 있다. 꽃담, 말부터 참 예쁘다. 꽃담은 높거나 위협적이지 않은 소통의 담이다. 집주인의 성품을 드러내고, 지나가는 사람들을 기꺼이 초청한다. 인간과 자연의 공존도 소망한다.

'여기는 내 땅이야' '타인 출입금지' 식의 엄포가 없다. 질박하면 질박한 대로, 화려하면 화려한 대로 여유와 만족을 안다. 우리네 조상들의 마음씨를 꼭 빼닮았으며, 안보다 밖을 먼저 생각한 꽃담은 삶의 여유이며 타인을 위한 배려의 소산물이다. 이처럼 꽃담은 안과 밖을 구분 짓지 않고 모두에게 열려 있는 무한 경계의 환경예술이다. 스쳐 지나가면 그저 벽과 담일 뿐이지만 자세히 들여다보면 그곳에는 미처 몰랐던 우리 문화의 멋과 흥이 숨어 있다.

꽃담은 선조들의 질박한 삶과 다양한 계층이 지닌 문화의 차이를 읽어낼 수 있는 즐거움이 가장 큰 매력이다. '흙이나 전돌, 기와'로 만든 꽃담의 수명은 길어야 100-300년이며, 흙으로 만든 토담의 경우엔 더 짧다. 수명이 기껏해야 수십 년에 불과한 꽃담은 담장 앞에 피어난 들꽃처럼 순박한 아름다움을 지니고 있다.

선조들은 토담을 쌓되, 흙이 주저앉지 않도록 중간 중간에 돌을 박거나, 때론 깨진 기와를 섞고 무늬를 넣어 꽃담을 만들기도 했다. 여기에 금상첨화로, 길상적인 의미를 지닌 글자 또는 꽃과 식물, 동물 등의 무늬를 넣어 주변의 건축이나 자연과의 조화된 삶을 염원했다.

삶과 염원이 담긴 꽃담은 세계적으로도 일반 백성, 사찰, 궁궐에 이르기까지 그 스펙트럼을 볼 수 있는 드문 소재인 만큼 세계에 널리 알려도 손색이 없는 흙으로 만든 대한민국의 마지막 문화유산이다. 현재 경복궁 아미산 굴뚝(보물 제811호), 십장생 굴뚝(보물 제810호), 도동서원 강당사당부 장원(보물 제350호), 낙산사 원장(강원도 유형문화재 제34호) 등 단 4종의 꽃담이 문화재로 지정돼 보존되고 있다.

궁궐의 꽃담은 왕비나 후궁들의 후원을 아름답게 장식하던 설치예술이며 행위예술이다. 화려한 무늬로 꾸며진 꽃담은 직선과 곡선을 치밀하게 구성하고, 질서 있게 무늬와 문양을 배열하며 미감을 높이는가 하면 왕실을 상징하는 용과 봉황 등으로 위엄을 갖추기도 했다. 특히 임금의 무병장수를 비는 만수무강(萬壽無彊), 수복강녕(壽福康寧) 등의 문자를 직접 나타내면서 단순한 장식이나 미적 표현보다 그 뜻에 더 의미를 두기도 했다. 일례로, 경복궁의 자경전 서쪽 꽃담을 보면 윗부분은 기와로 마무리하고 담장에는 만(萬), 수(壽), 복(福), 강(康), 녕(寧) 등의 의미를 가진 길상문자와 함께 귀신을 쫓는다는 의미로 가운데 액자 그림처럼 틀어 박힌 꽃무늬를 담아냈다.

또, 그 외벽에는 사군자, 모란, 연꽃, 태극무늬, 석쇠(귀갑)무늬, 문자무늬 등 각종 무늬가 장식되어 있다. 경복궁 교태전 뒤편 아미산 동산을 연결시킨 꽃담은 우아하면서도 단아한 국모의 성품을 느끼게 하기에 충분하고, 창덕궁 낙선재 후원의 꽃담은 흥선대원군의 묵란도를 고스란히 전달하는 듯 정갈한 예술성을 뽐낸다.

운강고택 화방벽은 '길(吉)'자와 꽃잎 모양의 아기자기한 무늬가 서로 만나면서 상생의 기쁨을 노래하고 있으며, 여주 해평윤씨 동강공파 종택 화방벽의 '부(富)'자와 '귀(貴)'자는 고요한 마음으로 부딪침을 다스리되, 유물적인 부귀와 공명을 멀리하는 자타일체의 경지를 추구한 것이 아닌가 싶다. 흙으로 쌓아 올린 담장에 깨진 사기 그릇 파편과 조각난 기왓장을 꾹꾹 눌러 박은 소탈한 치장은 서민들의 5욕7정의 소용돌이와 함께 자유로운 추상미마저 느끼게 한다. 뿐만 아니라 시간의 흐름 속에 사라지고 있는 꽃담과 흙돌담길은 현란하지 않게 주변 경관과 어울리도록 은은한 멋을 풍기게 하기에 안성맞춤이다.

하지만 봄이 오면 담쟁이 넝쿨이 휘감고 가을이 오면 빨간 홍시와 낙엽으로 수를 놓았던 꽃담이 시멘트 담장과 아파트 스카이라인에 밀려 하나둘씩 사라지고 있다. 꽃담은 향토직인 서정이 고스란히 담긴 한 편의 서정시요, 종합예술로 오랜 세월 풍파를 견뎌낸 소중한 문화유산이다. 향기로운 삶을 닮은 한국의 꽃담. 바로 그 안에서 오늘도 소통과 나눔의 삶을, 그리고 긍정의 철학을 배운다.

시나브로, 꽃담의 아름다움을 살펴보는 재미가 쏠쏠하고, 조용함과 단아함 속에 젖어보는 고택과 궁궐 명상의 시간은 오매불망, 그대 반짝이는 별빛이 되고, 이에 내 소망은 교교한 달빛이 된다. 우리의 삶이 더 추락하고 황폐하기 전, 꽃담 닮은 향기로운 삶이고 싶다.

나그네(필자)는 항상 꽃담으로 향하는 길목에서 반 박자 쉬어가는 여유를 배우며, 한 박자 건너가는 마음을 통해 가슴에 쌓인 원한과 저린 기억마저도 저 멀리 몰아낼 수 있는 자신감을 충전하곤 한다. 애써 서두르지 않고 한 뼘의 여유를 지닌 채 세상의 파고를 무사히 뛰어넘을 수 있도록 님 오시는 길목에 나지막한 화초담 하나 쌓으며 앙증맞은 굴뚝 하나, 바자울 살창 하나 곁에 두고 천년만년 님과 함께 살고 싶은 마음 간절하다.

올해로 전국의 꽃담을 찾아 나선지 20년이 넘었다.

서울(11곳), 경기도(7곳), 강원도(2곳), 충청도(10곳), 전북(36곳), 전남(5곳), 경상도(15곳)로 확인돼 전북이 대한민국에 가장 많은 꽃담을 간직한 꽃담 1번지임을 직접 확인했다.(궁,능, 흙돌담길, 사고석담 흔하기 때문에 제외)

이처럼 전북에 전통 꽃담이 많이 남아있는 것은 그만큼 개발의 손길이 미치지 않은 지역때문으로 분석된다.

하지만 문화재(등록문화재 등)로 지정된 것은 단 한 곳도 없는 상황으로, 체계적인 실태 조사가 절실한 시점이다. 자칫 우리의 소중한 문화유산(문화재)가 흔적도 없이 사라져버릴 수있기 때문이다.

전국의 상황도 이와 크게 다르지 않다. 단 4종의 꽃담이 문화재로 지정돼 보존되고 있을 뿐 나머지는 세상 사람들의 관심밖으로 서서히 밀려나면서 자취를 잃어가고 있다.

세계적으로도 천민과 백성, 양반, 그리고 황실에 이르기까지 다양한 5천년의 스펙트럼을 한눈에 볼 수 있는 드문 소재인 꽃담이, 대한민국의 흙으로 만든 마지막 문화유산(문화재)인 꽃담이 건물의 일부로 판단돼 그 가치를 충분히 인정받지 못하고 있는 현실이다.

임실군 삼계면 녹천재 꽃담은 '용(龍)'자, '청(靑)'자, '아(亞)'자 4개, 태극 문양, '부(富)'자, 또 다른 태극 문양, 그리고 다시 '아(亞)'자 4개가 리듬감 있게 자리하고 있으면서 널찍한 문자도와 상상도, 그리고 희망도를 잔뜩 그려 놓은 한국의 대표 꽃담으로 보인다.

전주 전동성당 사제관에는 '십(十)'자 꽃담, 정읍 진산동 영모재는 솟을대문 좌우로 '쌍희(囍)'자, 임실 이강수가옥의 '갑자(甲子)글귀', 군산 이돈희가옥과 김제 정성주씨댁에는 상(上)가 각각 한자가 시문됐다.

고창 선운사 김성수별장엔 담장의 좌측에 '아(亞)'자를, 우측에 '쌍(囍)'자를 사이에 두고, 좌우로 꽃술을 2개씩을 거느리고 있다. 문양은 임실 영모재와 전주 한옥마을 최부잣집의 꽃담이 아름다우며, 선운사 김성수 별장의 앙증맞은 굴뚝이 볼품이며, 고창 보정 김정회고가에서는 맞담을 만날 수 있다.

세부적으로 분석하면, 익산 김안균가옥의 벽화형 꽃담은 우리나라에서 경기도 남양주 백씨댁과 2곳만이 보고되는 가치를 지녔으며, 전주 전동성당사제관의 '십(十)'자 꽃담 역시 수원 방화수류정과 함께 단 2곳에 존재하고 있었다.

순수회화와 실용회화 모두를 한꺼번에 볼 수 있는 사당은 국내에서 정읍 진산동 영모재는 솟을대문 좌우로 '쌍희(囍)'자가 자리하고 있으며, 권번의 역사까지 알 수 있게 하는 꽃담이다. 임실 녹천재의 꽃담은 우리나라 캘리그라피의 상징으로 다양한 글씨가 재실 담에 남아 있는 유일한 장소이며, 임실 영모재의 꽃담은 살아있는 효자도처럼 느껴진다.

임실 이강수가옥의 '갑자(甲子)글귀'는 꽃담에 건축 연대가 새겨진 곳으로 우리나라에서 유일하지만 최근들어 공사를 해 원형이 훼손됐다. 합각에 쓰인 '갑자(甲子)'는 고 이기원씨(1924년-2005년)가 출생하던 해가 '갑자년(1924년)'으로, 이때 지은 집이기 때문에 글귀로 상징성을 담보하고 있다는 집주인 이강수씨의 설명. 그러나 이곳의 합각은 최근에 보수공수 공사를 하면서 원형을 잃어버린 것.

전주 한옥마을 최부잣집 꽃담은 전동성장과 함께 전주 한옥마을을 지키는 수호신으로, 고창 보정 김정회고가의 맞담은 선생의 예술혼을 느낄 정도로 많지 않은 맞담이다.

고창 선운사 옆 동백군락지 부근 김성수별장(또는 재실로 부름)은 투박한 모양의 꽃담이 그대로 남아 있다.

담장의 좌측에 '아(亞)'자를, 우측에 '쌍(囍)'자를 사이에 두고, 좌우로 꽃술을 2개씩을 거느린 꽃 한송이 정중앙에 소담스럽게 피어있으며, 특히 키작은 굴뚝엔 쌍희(囍)'자가 그 조형성을 더욱 뽐내고 있다.

하지만 관계 당국의 무관심으로 인해 다양한 선의 굵기와 모양 등을 비교해 살펴볼 수 있는 임실 사선대의 꽃담은 와편을 활용한 대표적인 사례로 유명하지만 최근 들어 자취를 감추어 아쉬움을 주고 있다.

임실 영모재(신평면 대리마을)의 꽃담도 사라질 위기에 봉착해 있다.

'정부인여산송씨' 여각은 온데간데 없고 달랑 '묘갈명 병서'란 비 1기와 함께 흙담의 4곳(담장 입구 좌측 2곳, 오른쪽 1곳, 옆 담장 1곳 등)에 꽃담이 존재하고 있지만 건물이 모두 헐리고 담장만 덩그렇게 남아 있어 얼마나 더 버틸수 있을 지 존재가 의심스럽다.

이들 꽃담은 걷고 싶은 길의 새로운 테마가 되며, 건축, 디자인, 인테리어, 전북 소개 달력으로 활용됨은 물론 다큐멘터리, 간행물, 소설, 영화, 드라마, 음악, 게임의 부재료 및 주재료의 소재등 OSMU(One Source Multi Use, 하나의 콘텐츠를 영화, 게임, 책 등의 다양한 방식으로 개발하여 판매하는 전략)로 널리 활용될 수 있다.

따라서 전북의 꽃담은 분명히 세계 시장에 내놓을만한 콘텐츠로 충분히 각광을 받을 수 있는 만큼 이에 따른 보존 대책 마련이 절실해 보인다.

이처럼 전북에 전통 꽃담이 많이 남아있는 것은 그만큼 개발의 손길이 미치지 않은 지역때문으로 분석된다.

　전북의 꽃담은 요즘 바람이 불고 있는 '걷고 싶은 길'의 새로운 테마가 될 것이 분명한 만큼 보다 적극적인 자세가 필요하다.

　전주 태평문화공원같은 꽃담이 주위에 보다 더 많이 세워져 우리들의 6감이 풍성히 넘쳐 흘렀으면 한다.

　전북은 높은 조형미를 갖고 있는 독특하고 아름다운 전통 담장을 가지고 있다. 전통이란 민족의 생활 양식이 역사적 발전 과정을 거쳐 형성된 정신을 통하여 형식의 표현, 조형성 및 기법을 토대로 계승 발전되어 온 것이라 할 수 있다.

　끊임없는 외세의 침략으로 시련을 겪는 역사 속에서도 주변 국가의 영향을 받지 않고 독특한 조형성을 오늘날까지 이어온 전북의 전통 담을 오늘날 서구화된 생활 양식과 조화되는 독창적인 방법으로 계승 발전시켜 나가야 할 시점이다.

잊혀져가는 전주 유곽; 다가동의 돌기둥

[I]

"오빠, 어디가? 잠깐 놀다가~."

야릇한 불빛 속에서 윙크와 함께 달콤한 말을 꺼내며 남자들의 발길을 잡아끄는 그녀들이 있는 거리. 우리는 그곳을 '집창촌'이라고 불렀다.

지역마다 집창골목으로 유명한 거리가 하나씩 있다. 우리 사회 깊숙이 자리 잡고 있는 집창촌이지만 도대체 그곳이 언제부터 어떻게 생겨났는지에 대해서는 아무도 알지 못한다. 아니 아무도 알려 하지 않았다는 것이 옳은 말일 것이다.

일제강점기 이전의 조선에도 성을 판매하는 여성들이 있기는 했지만 요새와 같이 '전업형' 성매매를 하지는 않았으며 그들이 모여 영업을 하는 공간이 따로 존재하지는 않았다.

그러다가 일본이 조선을 점거하면서 자국민을 위해 자국의 독특한 문화인 유곽을 들여다 앉혔다. 그렇게 일본의 도입으로부터 시작된 우리의 집창촌 문화는 굴곡진 한국사의 흐름과 함께 시기마다 변모해가며 그 역사를 유지해왔다.

그러나 사회는 집창촌을 이용하는 동시에 부정하고, 비난함과 동시에 요구하는 이중적인 모습을 보이며 타자화된 '그들의' 역사를 철저하게 무시하고 모른 척 하는 데 여념이 없었다.

100년간의 끊임없는 변태(變態)기간 동안, 아무도 알아주지 않는 스스로의 역사를 써온 집창촌의 숨겨진 이야기는 2004년 성매매특별법이라는 폭탄을 견뎌낸 현재까지 이어지고 있다.

우리나라 집창촌의 역사는 한때 아시아 최대의 매춘거리로 유명세를 탔던 부산 완월동 집창촌의 전신인 아미산하 유곽부터 시작된다.

개항지를 중심으로 우후죽순처럼 생긴 성매매 업소들이 성병 예방과 풍기문란 예방이라는 명목 하에 실시된 일본의 정책을 빌미로 점차 한 장소에 집중되어 발전하게 되었는데 그 첫 타자가 바로 아미산하 유곽이었다.

한때 일본인만을 위해 운영되었던 이들 유곽은 철도의 발달과 함께 점차 조선 전국에 뿌리를 내리며 식민지 착취로 인한 빈곤에 시달리던 여성들과 자본주의적 성매매에 눈뜬 남성들을 빨아들였다.

이는 성매매의 번성이 유교적 전통을 갖고 있는 조선 사회에 커다란 문화적 충격을 주며 적지 않은 부작용을 낳았다.

애인의 돈 때문에 팔려간 여자들의 사연과 포주에게 학대당하는 성매매 여성들, 등굣길에 있는 집창촌으로 인한 아동 교육 문제, 곤궁한 사회에서 비정상적인 호황을 누리는 유곽에 대한 개탄 등이 게재되어 있는 당시의 신문은 그 주장의 근거가 된다.

이러한 문제점에도 불구하고 일본이 인정한 공창과 불법업체인 사창은 성구매 남성과 성판매 여성 수 증가와 함께 날로 번성해가며 사회문화의 하나로 정착하기에 이른다. 일본에서 유입된 집창촌 문화가 한국인들에 의해 환락의 날개를 펼친 것이다.

[Ⅱ]

　우리나라 집창촌의 역사가 일본이 조선을 점거하면서 자국민을 위해 들여 온 유곽에서 시작됐다. 일본인만을 위해 운영되던 유곽은 철도의 발달과 함께 점차 조선 전국에 뿌리를 내리며 식민지 착취로 인한 빈곤에 시달리던 여성들과 성매매에 눈뜬 남성들을 끌어들였다.
　일제강점기가 끝나고 공창제가 폐지된 이후를 '사창전국시대'라 명명하며, 조국근대화라는 명목으로 경제성장의 음지이자 파생상품으로 성장하다가 결국 2004년 '성매매특별법'의 강력한 시행에 힘입어 논란만 남긴 채 해체되고 있다.
　전주 유연대에서 어은골산으로 이어지는 산자락은 가운데 산등성이 하나를 두고 두 갈래로 에워싸는 산세를 형성한다.
　그 산 아래 전주천변 쪽으로 자리잡은 동네가 도토릿골과 어은골이다. 도토릿골은 산의 지형이 마치 배의 돛대와 닮았다고 하여 '돛대골'로도 불렸다.
　다가교를 지나면 도토릿골교(1999년), 구 진북교(1975년), 쌍다리(어은1교, 1962년) 어은교(어은2교, 1990년), 진북교(1996년), 서신교(1996년), 백제교(1991년), 사평교(2007년), 가련교(1997년), 추천교(2000년)가 잇따라 모습을 드러낸다.
　다가교를 지나면 첫번째 만나는 다리가 도토릿골교다. 도토릿골과 마주한 부성쪽으로 석보가 하나 있었다.
　그 석보에서 지금의 태평동쪽, 이전 시기에는 장재뜰에 생활용수를 대는 물길이 하나 있었다. 그 물길을 따라 비석거리와 물방앗골이 형성된다.
　일제시대 비석거리 뒤쪽에 유곽 골목이 있었던 바, 이 골목에서 전주천을 넘어 맞은편에 도토릿골이란 마을이 있었다.

도토릿골은 돛대골, 주동, 진송마을 등으로 불렸으나 가호 수는 대여섯에 불과한 조그마한 동네였다. 도토릿골과 어은교 사이에 길게 뻗어내린 산자락 부근에 일본인 작부들이 기거하는 유곽이 들어섰다는 김남규 선생의 기록이다.

당시를 기억하는 사람들 말로는 도토릿골 쪽 유곽에 가려면 배를 타고 건너야 했으며 그래서 이곳에 드나드는 사람들은 당시 방귀 꽤나 뀌는 사람들이었다고 한다.

이곳에 유곽이 생긴 것은 왜인들이 전주부성의 서문과 부근의 성벽들을 허물고 형성한 근대적 도시 공간의 끝부분에 자신들을 위한 욕망의 배설 창구를 만든 까닭이다.

학날 끝 즉 왜인 유곽이 있던 그 자리에 예전에 '잉어바우'가 있었는데 일제시대에 금을 채취하기 위해 파괴됐다고 한다.

또, 그 때 나온 돌을 가지고 전주천 제방을 쌓았다고 한다. 그리고 '잉어바우' 자리에 도토릿골교가 세워졌다.

이 다리는 1936년 홍수로 유실되었던 것을 1938년 태평동의 일제시대 명칭 상생정의 이름을 따서 상생교라 했다가 해방 후 진북교라 불렸다. 사람들은 이 다리를 도토릿골 다리라고 불렀으며, 지금 그 자리에 도토릿골교가 다시 세워졌다.

전주시청에서 전주초등학교를 지나 도토리골로 진입하는 이 다리는 동네 지명인 도토리골의 이름을 따서 붙인 이름이다. 다람쥐가 도토리를 들고 있는 모습의 다리 난간의 문양이 매우 정겹다.

구 진북교는 1936년 홍수로 유실되었다가 1938년에 다시 가설해 당시 태평동의 구 명칭인 상생정의 이름을 따서 상생교라 했다고 한다.

해방 후에는 상생교를 진북교라 부르게 됐다. 최근에 서살미자락에 진북터널이 뚫리면서 전주천에 놓인 다리가 진북교가 되고, 원래의 진북교는 구 진북교가 됐다.

1950년대 말, 살인교라는 이름이 붙여졌다. 이는 난간이 썩어 없어진 채 방치되어 숱한 인명피해를 보아왔다고 1960년 말 보수공사가 진행되면서 다시 주민들의 통로로 사용됐다고 한다.

도토리골 진입로로 쓰였던 이 다리는 어은골 쌍다리와 함께 전주천의 오래된 명물다리로 남아있다. 편도가 불가능한 차가 겨우 한 대 지나갈 수 있는 다리다.

최근 들어 구도심과 신도심 지역을 이어주는 진북교에는 해바라기꽃 무늬로 새롭게 단장한 교량 측면에 야간 경관 조명이 설치됐다.

[Ⅲ]

'유곽(遊廓)'은 본래 일본어로서 유카쿠가 원 발음이다.

예전에, 관의 허가를 받아 일하는 창녀들을 두고 손님을 맞아 매음 행위를 하게 하는 집이나 그 집들이 모여 있는 구역을 이르던 말이다.

그 주위를 도랑이나 울타리로 에워싸고 출입구를 한 곳으로 제한해 외부와의 관계를 차단한 경우가 많았던 것에서 비롯한다.

1930년대 군산에는 신흥동(군산역) 인근에 유곽이 6곳이 자리한 가운데 60여 명의 성매매여성이 활동했다고 한다.

전주에 성매매업소 집결지가 들어선 것은 1930년대 전주부 상생정(소세이초, 전주역이 자리함 현재의 태평동)에 들어섰던 '유곽'이 시초였다고 한다.

물론 집결지가 아닌 영업장은 1916년 경부터 있었다는 기록이 '전주부사'에 보인다.

이곳에 유곽이 들어선 것은 호남권 최대의 재래시장이었던 중앙시장과 전주역이 인근에 있었던 때문 같다.

조선인과 일본인 접대부가 절반 정도씩 50명 정도가 5곳의 유곽에서 영업했던 상생정 유곽에 가기 위해서는 배를 타고 건너야 했다.

전주 유곽은 제법 돈이 있는 사람들만 드나들었던 곳이었다.

소세이초 외에 전북도에도 유곽이 있었다고 한다. 진북동은 일제시대에 소화정으로 현대 동국해성아파트 자리 인근에 자리했다는 기록이 보인다. 또 그 앞 전매청 자리에도 소규모의 유곽이 자리했다고 한다.

"진북동 동국아파트 자리와 태평동 SK아파트자리에도 소규모 유곽이 들어섰다"는 고로들의 증언이 바로 그것이다.

일제시대의 유곽은 해방 이후 미 주군둔을 위한 위안소로 잠시 변모를 했다. 그리고 한국전쟁 이후 성매매 여성들은 전주기차역(현 전주시청 자리)너머 서노송동 선미촌으로, 일부는 다가동 선화촌으로 옮긴 것으로 보인다.

전주시 다가동 3가 중앙길 174번지와 156번지 사이 골목 앞에 2m 간격을 두고 쌍으로 돌기둥이 서 있다. 도로명으로는 전라감영1길 17-14로, 선명인쇄사 바로 옆이다.

직사각형의 화강석에 자연스런 결을 내 다듬었다. 왼쪽 기둥은 멀쩡한데 오른쪽 기둥은 아래쪽이 가로로 동강나 다시 붙인 게 확실하다.

두 기둥 모두 윗 부분 같은 높이에 구멍이 나 있다. 그 사이로 무엇을 끼웠을 것이다. 무엇을 끼워 걸치면 사찰의 당간지주, 일본 신사의 도리이처럼 출입구 역할을 했을 법하다. 어딜 표시하던 돌기둥이었을까.

살아 생전, 서예가 작촌 조병희(1910~2005)선생은 필자에게 이곳이 일제 강점기 시절 유곽이었고 돌기둥은 그 표시라고 설명했다. 밤이면 때론 청사초롱이 걸려 있어 지나가는 남성들을 유혹했다고 했다.

그의 증언대로라면 이 돌기둥은 옮기기 전의 다가동 유곽을 표시하는 '물건'이니 그 내력이 적게 잡아도 90~100년이다.

어느 누구는 애시당초 중앙동, 다가동 근방에 유곽이 있었고, 후에 그것이 현재 전주초등학교 근방으로 옮겼다고 한다.

일제시대에 유곽은 풍기상 좋지 않기 때문에 자발적으로 당시의 이동면 주동리(1930년 7월 전주면에 편입) 방면으로 이전한 곳도 있었지만 후에 상생정(태평동)의 한 구획을 한정해 유곽지로 삼았다.

1938년 말 현재의 영업자는 다음의 10호이며, 1939년 4월 말 현재 창기 수는 74명(일본인 1명, 한국인 73명)으로 기록됐다.

개업년	가게명	영업자
1916년	동루	노리마츠 나미
1916년	일락루	나가오 리요시
1927년	일관정	김복동
1930년	제21락루	스가 리요
1930년	제31락루	아베 리요
1930년	영락정	미야지마 호우타로
1926년	동제2지점	노리마츠 나미
1937년	수루	사사기와 보쿠마
1937년	욱루	오에다 츠츠코
1937년	한성관	신수문

성매매나 집창촌 문제는 늘 현재진행형이기 때문에 성매매 선악 논란에 앞서 근본적인 대책을 세워야 한다.

행정당국의 막무가내식 단속으로 그나마 양성화돼 관리가 가능했던 집창촌이 없어지고 그곳에서 일하던 여성종사자들은 재활은커녕 단속이 어려운 주택가 등에 위치한 성매매 업소로 내몰려 결국 인터넷과 SNS를 통해 성행하는 음성적 성매매를 더욱 부추겼다는 비난을 피하기 어려울 것으로 보인다.

우리 삶의 한 터전이자 문화의 소비 공간이었던 집창촌.

이젠 성매매 특별법으로 인해 찬바람이 불고 있지만 옛 영욕으로서 전주 유곽의 역사는 쉽게 잊히지 않을 터이다.

충격적인, 외면하고픈, 그러나 우리의 역사인 사창가! 그곳에도 전주 100년 역사가 도도히 흐르고 있다.

군산 꽁당보리

한소끔 불어오는 봄바람에 출렁이는 녹색 물결을 따라 이리저리 눈길을 옮기자면 삶에 찌든 마음속에도 어느덧 초록의 바다가 펼쳐진다. 봄철 국내에서 장대한 스케일의 푸르른 경관을 대할 수 있기로는 김제와 고창, 군산의 보리밭을 꼽을 수 있을 터.

2018년 4월 4일부터 7일까지 군산시 미성동 등에서 열린 '제13회군산꽁당보리축제'는 어른들은 어릴 적 옛 향수를 되새기고, 아이들은 미래에 기억될 새로운 추억을 쌓으며 생기 넘치는 활력을 충전하는 시간이 됐다.

보리밭 연날리기, 페이스페인팅&네일아트, 도자기체험, 식물심기체험, 곤충체험, 당나귀·말타기 체험, 보리맥주체험 등이 바로 그것이다.

이는 군산 지역의 흰찰쌀 보리를 홍보하기 위한 축제이다. 군산 흰찰쌀 보리는 대한민국 지리적 표시 등록 제49호가 됐다.

예로부터 땅이 비옥했던 군산·옥구 지역은 전국에서 손꼽히는 보리 주산지였다. 옥구현에서 재배되는 보리는 조선 시대 임금님 진상품이었다. 군산시 옥구읍에서 1995년 처음 재배되기 시작, 최고 품질로 호평을 받으며 시장을 넓혀가고 있는 지역 특산품 '흰찰쌀 보리' 홍보를 위해 2006년부터 해마마 축제가 열린다.

'보리밥'이라 하면 보리에 쌀을 얼마간 섞어 지은 밥을 가리킨다.

그러나 쌀이 귀하디 귀했던 시절에는 그 약간의 쌀조차 섞어 먹을 수 없었다. 쌀 한 톨 섞지 않고 보리로만 지은 밥을 우리는 '꽁보리밥'이라 했다. 여기서 '꽁'은 '오로지 그것으로만 되었다'는 뜻을 가진 접두어다. 때문에 이 '꽁보리밥'을 지역에 따라 '강보리밥', '깡보리밥', '꽁당보리밥' 등으로 불렀다.

군산 지역에서는 이를 '꽁당보리'라 불렀다. 한국전쟁 무렵부터 1960년대 후반까지 '꽁당보리밥'은 서민들의 주식 아닌 주식이었다. 그러다가 1970년대에 '통일벼'가 처음 등장한다. 이로 인해 쌀 수확량이 급증하면서 '꽁당보리밥'도 그렇게 추억 속으로 사라지게 된다.

시나브로, 들판에 초록빛 물결이 넘실댄다. 화창한 봄날 저멀리에서 바라본 보리밭은 새파란 잎사귀가 광활하게 펼쳐져 있어 상춘객들이 보리밭 사이 길을 걸으면서 싱그러운 추억을 남기는 모양이다. 양탄자를 깔아 놓은 듯 온통 푸른 빛으로 뒤덮여 있는 오늘에서는. 겨우내 웅크렸던 보리가 따사로운 햇살을 머금고 어느 새 한뼘 넘게 자라 가는 바람에 일렁인다.

오랜만에 탁트인 들판에 나와 온몸으로 싱그러운 봄을 반기면서 보리피리를 힘차게 불어본다. 이내, 반짝반짝 보리밭 사잇길로 산산이 부서지는 아침 햇살을 맞는다. 톱니바퀴처럼 쉼 없이 이어지는 갑갑한 일상 삶 속에 대하는 보리밭은 꽃구경과는 또 다른 차원의 감동으로 다가올 때란.

보리밭이 부려대는 신통력은 더욱 대단하다. 아니, 대단하다 못해 파노라마로 널따란 초록 바다를 이룬다. 출렁이는 군산의 푸른 물결 속에 잠시 마음을 풀어놓고 있노라면 잔뜩 흐려진 마음도 어느 새 맑게 갠 하늘처럼 밝고 환해진다

심포항과 망해사

봄을 맞아 서해의 풍광과 낙조가 아름다운 심포항과 망해사를 찾아보라 하고 싶다. 김제 진봉면 심포리 심포항(深浦港)과 망해사(望海寺)는 드넓은 서해의 풍광과 아름다운 낙조를 볼 수 있는 곳으로 유명하다.

옛 문헌에서 심포라는 지명을 찾아볼 수 없지만, 조선시대 지방 지도 등에는 이 지역이 하일도(下一道)로 표기되어 있다. 심포라는 지명이 처음 등장하는 문헌은 '신천강씨대동보(信川康氏大同譜)'로, 만경파 시조 강원기(康元紀)의 묘가 만경 하일도 심포에 있다'고 기록되어 있다. 문헌에 나오는 대로 강원기의 묘는 심포리 뒷산인 진봉산(進鳳山) 기슭에 잘 보존되어 있으며 후손들이 매년 시제를 지낸다.

강원기는 1398년(태조 7) 이방원이 왕위 계승 문제로 왕자의 난을 일으켜 신덕왕후 소생인 이방번과 이방석이 화를 입었을 때 화를 면하기 위해 만경현 심포에 정착해 은거했으며, 현재 심포마을에는 신천강씨들이 살고 있다.

조선시대 만경현 현령으로 재직했던 김현(1593~1653)이 남긴 '만경일기(萬頃日記)'와 일제강점기 동진농업주식회사에서 발간한 동진농조 70년사를 통해 간척 사업 이전 심포의 자연환경을 살펴볼 수 있다.

지금의 심포 모습은 모두 인공적으로 조성된 간척 사업의 결과이다.

그 전에는 벼농사를 지을 수 있는 논은 거의 존재하지 않았고, 다만 진봉산 자락에 약간의 밭을 일구었을 것이고 마을 안쪽 오목한 부분은 빗물만으로 물을 대는 천수답이었을 것으로 추정된다.

김제의 서쪽 서해와 접한 진봉반도 끝머리에 있는 심포항은 부안까지 망망대해로 이어지는 흑갈색의 바다 들판이 펼쳐지고, '징게맹개 외배미들'의 누런 들판이 뭍을 덮는다. 심포항 곳곳에 닻을 내린 고깃배, 한가한 횟집 등은 언뜻 보기에 한물간 어촌처럼 보이기도 한다.

그러나 썰물 때면 심포항의 진면목을 드러내며 새로운 세상이 열린다. 많은 사람들이 심포항의 짭짤한 갯내와 부서지는 파도, 타는 듯 붉은빛으로 바다와 하늘을 물들이는 석양이 비낀 포구의 저녁 풍경을 잊지 못해 다시 찾아온다. 심포항 서남쪽으로 끝없이 펼쳐진 갯벌에는 대나무처럼 생긴 죽합과 왕의 수라상에 올렸다는 자연산 대합이 지천이어서 이 조개 맛을 즐기려는 식도락가들의 발길도 줄을 잇는다.

심포항은 전국에서 유일한 특산품인 심포백합을 맛볼 수 있는 곳으로 유명하다. 천혜의 양식장에서 3~5㎝ 크기의 자연산 백합이 다량으로 생산되어 심포항 주변 횟집 어느 곳에서든 뛰어난 맛을 즐길 수 있다.

진봉산 기슭에 자리잡은 망해사는 낙조가 아름다운 절이다. 절이 서해의 섬들을 바라볼 수 있는 곳에 있고, 서해의 일몰을 한눈에 볼 수 있는 경승지이므로 망해사라 했다고 한다.

망해사 뒷산 전망대에 오르면 서쪽과 서남쪽으로는 일망무제한 푸른 바다가, 동쪽으로는 전국 제일의 곡창인 호남평야가 아련하게 펼쳐진다.

임실 말천방 들노래

임실군이 '임실의 소리, 말천방 들노래'란 책자를 발간했다. 이는 두월리 뒷골 사람들과 이곳의 어제와 오늘, 말천방 들노래의 학술적 가치와 보존 대책으로 구성됐다. 김성식박사는 두월리 마을주민들을 일일이 찾아다니면서 주민들의 다양한 이야기를 수록했다.

그렇다면 말천방이란 무슨 의미일까. 1906년 행정구역 개편 시 남원의 48방 가운데 아산방(阿山坊)·오지방(梧枝坊)·말천방(末川坊)·석현방(石峴坊) 등 4개의 방이 임실군으로 편입되면서 오늘날의 삼계면이 됐으며, 1914년 말천방의 명칭이 두월리라 바뀌게 된다. 또, 말천방에서 불렀던 들노래라 해서 두월리의 '말천방 들노래'라고 한다. 방(坊)은 조선시대 행정구역 중 하나다.

'말천방 들노래'는 지난 2016년 임실군 향토문화유산 무형 제1호로 지정됐고, 임실군 삼계면 두월리 지역에서 전해오는 노동요(勞動謠)다.

'말천방 들노래'는 전체 8곡으로 구성됐다. 문열가와 물품기노래, 모심기노래, 방아타령, 연계타령, 사랑가, 어휘싸호, 경기산타령 등 주로 천수답이었던 두월리의 논농사 민요라고 할 수 있다.

'말천방 들노래'는 지난 1973년(제14회), 1976년(제17회), 1979년(제20회)에 각각 전국민속예술경연대회에 참가한 이후 농촌마을의 도시이농과 고령화 현상으로 제대로 전승이 이루어지지 않았다.

제1장 '말문 터진 두월리 뒷골 사람들'에서는 전국민속예술경연대회에 출전했다가 좌절하고 돌아와야만 했던 이야기 등이, 제2장 '두월리의 어제와 오늘'은 두월리에 전하고 있는 마을 주민들의 활동 사진을 토대로 사진 속에 나타난 두월리 명인명창들의 이야기를 후손들의 증언으로 설명했다. 3장에서는 두월리 '말천방 들노래'에 대한 해설과 악보를 덧붙여 학술적으로 조명하는 것을 잊지 않았다.

'말천방 들노래'는 지난 2012년 자발적으로 조직된 '말천방들노래한마당축제위원회'는 전통문화를 마을을 재생하는 원동력으로 삼고자 들노래 복원에 대한 논의를 시작했다. 이어 전국민속경연대회에 어린 나이로 참여한 김준성 어르신을 모시고 들노래 연습을 하며 지난 2014년 '말천방들노래전승보존위원회'를 결성했다. 이어 지난 2015년 농림축산식품부가 지원하는 마을축제 공모사업에 선정돼 2회째 '말천방들노래축제'를 성공적으로 마쳤다.

'저산 넘어 소첩을 두고 밤길걷기 난감 허다 에헤 얼싸 아하 좋다 내 사랑아(사랑가 중)', '져기~ 져기~ 져기도 꽂고 얼싸 좋다. 쿵자쿵 지화자 좋구나~ 여~ 여~ 여~ 여어루 사헤 상사뒤여(상사소리 중)'

모내기를 하며 김매기를 하는 등 힘들고 고된 농사일의 어려움을 노래로 풀었던 우리네 선조들. 이를 통해 힘들게 농사일을 하던 선조들의 마음을 조금은 느낄 수 있다. 설령 현실은 전혀 그렇지 못하더라도 농자천하지대본(農者天下之大本), 농업은 천하의 사람들이 살아가는 근본이라는 의미가 퇴색하지 않기를 바란다.

전북의 농기(農旗)를 휘날려라

농기(農旗)는 농악대들이 들고 다니는 큰 기로 용기(龍旗), 용둣기, 용당기, 대기, 덕석기, 두레기, 서낭기 등으로도 불린다. 동제를 지내거나 두레때 마을의 상징으로 농기를 세워 두며, 이웃 마을과 화합 또는 싸울 때에도 농기를 내세운다. 그리고 기능으로 보아 동제에서 신간(神竿)이나 신기(神旗)와 같은 기능을 지녔지만 지금은 민간 신앙으로서의 기능이 퇴색됐다.

농기는 흰색의 천에 먹 글씨로 '신농유업(神農遺業)' 또는 '황제신농씨유업(皇帝神農氏遺業)', '농자천하지대본(農者天下之大本)' 등을 쓰거나 용을 기폭에 가득히 그리기도 한다.

동네가 크고 오래된 부촌에는 글자로 된 농기와 용을 그린 농기 두 개가 있을 수 있다. 기의 크기는 마을에 따라 다르다. 남쪽의 농기가 크고 북쪽의 농기는 작다.

또 걸립패들은 서낭기라 하여 기를 작게 만들며, 전라도 걸립패는 영기(令旗)로 농기를 대신한다. 농기의 수명은 대체로 15년 내외인데, 낡아서 새로 기를 만들 때는 묵은 기의 일부를 떼어서 새로 만든 기에 붙인다.

농업박물관이 소장하고 있는 농기는 문화재자료 제43호 '농기일괄(農

旗 一括)'이다. 논산 주곡농기, 강진 용소농기, 서산 덕지천 농기, 김제 신풍농기가 바로 그것이다. 신풍농기는 김제시 신풍동에서 사용하던 두레기로, 마을에서 1995년에 농업박물관에 기증했다.

'農者天下之大本也 三日一雨 夜雨畫晴 興雲霧吐
變化莫測 寄贈 郭安栒
戊午八月十二日生 所願成就 里長 徐貴煥 座上
金在福 公員 梁玟植
畵士 廣州居 蘭谷 丁酉年七月十五日製作'

즉 무오(戊午) 8월 12일생(1918년 추정)인 곽안순이 정유년 7월 15일(1957년 추정) 제작했고, 그림을 그린 화사(畵士)는 광주에 거주하는 난곡(蘭谷)임을 알 수 있다. 이 농기는 용그림이 전문가(畵員)의 솜씨로 매우 훌륭하게 그려져 있고, 기증자와 두레패의 중심 인물, 제작년도 등이 묵서(墨書)로 적혀 있다.

많은 농기들이 '농자천하지대본(農者天下之大本)' 식의 동일한 형식과 내용인데 비해, 이 농기들은 용이 그려진 '용기(龍旗)'의 전통과 '신농유업(神農遺業)' 등의 고제(古制)를 따르고 있고, 지네발을 사용하는 등 형식과 내용면에서도 매우 우수하다. 또, 두레가 일찍이 분화되면서 소멸의 길을 걷게 되자, 농기도 두레와 더불어 점차 사라져 유물이 매우 희소한 상황이다.

전북엔 진안군 마령면 강정리 용대기와 실명기, 백운면 평장리 용대기, 임실군 삼계면 두월리 농기, 필봉리의 용기와 영기, 익산시 금마면 도천마을의 농기, 금마면 용순마을 농기, 김제시 서정동 서중마을 농기 등이 전하고 있다.

　진안군 마령면 원강정 마을에는 180여 년 전에 제작된 것으로 기록되어 있는 용대기와 실명기, 그리고 50년 전에 제작된 농기가 잘 보존되어 있다. 용대기 깃발에는 '창시 도광 십오년 삼월 일 갑자 칠월 일 수보 전북 진안 마령 강정리 용대기(創始 道光 十五年 三月 日 甲子 七月 日 修補 全北 鎭安 馬靈 江亭里 龍大旗)'라 기록되어 있어 1835년에 제작했음을 알 수 있다. 중앙에 용, 좌측 상단에 거북, 우측 상단에 잉어가 그려져 있다. 용대기는 농경에 필요한 물을 얻기 위한 기우제와 만두레 때 사용됐다.

　용이나 거북, 잉어는 모두 물과 관련이 되거나, 알을 대량으로 방사하는 동물이다. 물은 농사에 없어서는 안될 가장 중요한 요소여서 물을 관장해 주기를 바라는 기원이 담긴 신성물이다. 또 이들 동물은 알을 많이 낳는 것으로도 알려져 있어서 풍요와 다산에 대한 염원까지 담겨 있다.

　만두레 때는 마을 앞에 용대기를 내걸어 마을에 두레가 났음을 주위에 알렸으며 기우제를 지낼 때 내동산에 직접 용대기를 가지고가서 세운 뒤 제사를 지냈다고 한다. 실명기도 용대기와 같은 연대에 제작됐으며 두레 날에 영기와 함께 일하는 논에 가지고 가서 꽂아 놓으며, 농악놀이 할 때는 실명기로 기놀이를 펼친다. 농기는 1963년 마령면 체육대회에서 농악 부문 1등을 수상하여 받은 바 중앙에 '농사(農事)는 천하지대본(天下之大本)'이라고 쓰여 있다. 마을 앞에 용대기를 세운 깃대가 현재도 남아 있다.

　강정리의 용대기는 규모나 채색 면에서도 뛰어난 농경 유물이지만 무엇보다 제작 연도가 명확히 기록되어 있다는 점이 더 큰 가치와 의의를 지닌다고 할 수 있다. 백운면 평장리 용대기의 크기는 가로 450㎝, 세로 317㎝로 가로가 긴 직사각형 형태이다. 기폭의 양쪽은 지네발을 달았으며, 앞뒷면에 그림이 그려져 있다.

　일반적으로 타 지역의 농기는 한쪽 면에만 그림이 그려져 있지만 하평장 마을 용대기는 양쪽 면에 각각 다른 그림이 그려져 있는 것이 특징이다. 용의 얼굴 부분은 일부 훼손됐으나 얼굴 아래쪽으로 노란색 여의주가 선명하다. 용의 몸통은 청색 빛이 돌고, 발톱은 4개이다. 하지만 강정리 마을의 용대기와 실명기에 대한 보존 대책과 활용 방법에 대한 연구가 시급해 보인다. 백운면 평장리 하평장 마을에 보존되어 있는 용대기는 매우 낡아 원형 훼손이 심한 상태이다.

　깃발을 스토리를 주제로한 연구서 등을 발간, 전북에 농기(農旗)를 신나게 휘날리기 바란다.

정읍 피향정

정읍 '피향정(披香亭)'은 연꽃으로 유명한 정자다.

'피향(披香)'이란 한자를 직역하면 '향기를 펼친다'라는 의미다. 또 피향이란, 향국(香國)을 둘로 나누었다는 의미로, 본래 이 누정의 상하에는 상연지제(上蓮池堤)와 하연지제(下蓮池堤)의 두 연지(蓮池)가 있어 여름에는 연꽃이 만발하여 향기가 누정의 주위에 가득차므로, 이를 뜻해 부르게 되었다고 한다.

피향정은 이곳을 찾는 사람들이 저마다의 사연을 갖고 있는 것처럼 연지(蓮池), 흡향정(吸香亭), 피향각(披香閣), 피향당(披香堂) 등 불리는 이름이 많았던 정자이다. 하지만 건립 연대는 정확하지 않다.

다만 연지가 정자 앞뒤로 있었고 연꽃이 피면 그 향이 주변에 그윽하게 퍼져 피향정이란 이름이 붙여졌다. 신라시대 최치원이 정읍시 칠보·태인·산내면 일대를 돌보는 태산군수로 재임하면서 이곳 연지 주변을 거닐며 풍월을 읊었다는 말이 전해진다.

피향정은 호남에서 손꼽히는 정자로 보물 제289호로 지정돼 가치를 인정받고 있다. 상연지가 있던 앞쪽에는 피향정이라 쓰인 현판이 있고 하연지 쪽에는 '호남제일정(湖南第一亭)'이라는 현판이 걸려있다. 피향정의 편액 낙관을 살펴보니 풍성(豊城) 조항진(趙恒鎭)으로 되어 있다. 그는

태인현감을 지낸 바, 1799년(기미)에 이를 썼음을 알 수 있다

이는 아름다운 겹처마 팔작지붕의 건물로 28개의 화강암을 기초석으로 삼았다. 천문을 나누는 기준이었던 우주의 28숙(宿, 별자리)을 따른 것으로 선조들의 깊은 뜻을 엿볼 수 있다. 28숙은 오행과 길흉화복이 내포되어 있으며, 동방에 각항저방심미기, 북방에 두우여허위실벽, 서방에 규누위묘필자삼, 남방에 정귀류성장익진 등 28개가 자리하고 있다.

동양 최고(最古)의 돌다리인 '진천농교(진천농다리, 충북 진천군 문백면 구곡리, 충북 유형문화재 제28호)'는 고려 고종때 임연장군이 28숙에 따라 수문 28칸으로 축조하고 각 칸마다 1개의 돌로 이어 하나의 활이 뻗쳐 있는 것 같다.

'조선환여승람'에는 28숙에 따라 수문 28칸으로 축조하고 각 칸마다 1개의 돌로 이어 하나의 활이 뻗쳐 있는 것 같다고 나온다. 피향정은 이름 의미 속에 담겨 있는 연지(蓮池)만 특별한 것은 아니다. 이곳엔 농민들의 수탈로 만들어져 원망을 샀던 고부군수 조병갑의 부친 조규순의 영세불망비도 함께 있어 역사 속의 허물을 되돌아보게 한다.

윤동주시인의 '별헤는 밤'이란 시를 보면 별 하나에 추억과 사랑과 쓸쓸함과 동경과 어머니를 담고 있지만 구체적인 별이름은 나오질 않는다. 그는 별과 별자리의 이름을 알고 있었던 것일까. 사실 요즘은 도심의 아파트숲과 안개 등 기후 이상으로 별을 보기란 참으로 '하늘의 별 따기'처럼 힘이 들곤 하다. 모두가 별 볼 일이 없는 사람이 아닌, 별 볼이 있는 사람이 되었으면 참 좋겠다. 오늘은 아무리 시간이 없더라도 자신의 별과 별자리 개수와 밝기를 한번 체크해 봄은 어떨는지.

한국 태권도의 본고장 무주

덕유산의 본래 이름은 광여산(匡廬山)이다. 이성계가 태자를 얻으려고 지리산에서 기도했지만 지리산 산신이 들어주지 않았으나 광여산으로 와서 기도를 하고 태자를 얻었기 때문에 '덕유산'으로 이름을 바꾸었다는 이야기가 있다.

또, 이성계가 덕유산에서 수도를 했을 때 산에 사나운 짐승들이 많았으나 한 번도 해를 입지 않아 '덕이 많은 산'이라고 한 데서 '덕유산'이라고 불렀다는 지명 유래 전설도 있다. 이런 이성계 관련 이야기가 지명 유래와 관련, 덕유산 곳곳에 지명으로 남아 있다. 이성계가 산신제를 올리기 위해 머물렀던 자리는 '제자동', 이성계가 밥을 짓던 곳은 '밥진골', 제사를 올린 곳은 '유점등', 산신제를 올릴 때 동비(銅碑)를 묻었던 곳은 '동비날' 혹은 '동비현', 태자가 태어나 태를 묻은 곳은 '태봉'이라고 하는 것 등이 그 예이다.

무주 지역의 설화는 일반적으로 민중적 욕망을 반영하고 있다는 점에서 다른 지역 전설과 비슷하다고 할 수 있다. 그러나 덕유산과 적상산, 구천동이라는 천혜 자연, 지리적 조건이 전설에 강력하게 반영되어 '신성', '호국', '이상향'의 이미지를 더하고 있는 것이 특징적이다.

또, 설화를 전승시키는 주체들은 이야기의 사실성을 강조하기 위해서 최영 장군이나 이성계 같은 역사적 인물들을 적극적으로 활용하고 있는 점도 확인할 수 있다. 한편 구원자적인 성격을 띠고 있는 어사 박문수 이야기를 통해 구천동과 같이 지역적, 지리적으로 외부와 차단된 곳에서의 문제 해결 방식을 엿볼 수도 있다. 최영, 이성계, 박문수 등의 인물이 무주라는 장소와 결합되면서 무주 지역 설화는 지역민들의 삶의 터전과 삶의 양태를 적극적으로 이해해 주고 그에 의미 부여를 해 주는 기능을 하고 있다.

태권도진흥재단이 2018년 봄 여행주간을 맞아 4월 28일부터 5월 13일까지 태권도원에서 '여섯가지 설렘'을 주제로 다채로운 프로그램을 운영했다. 왜 태권도 하면 무주인가. 백련사를 둘러싸고 빼어난 절경이 있다는 소문이 나자 전국의 수도승들이 몰려들기 시작, 그 수가 9,000명에 이르렀다고 한다.

구천동의 지명은 불교가 전래되기 이전인 삼한시대 때부터 9천명의 호국무사들이 무술을 연마하기 위해 주둔했던 곳 즉, 구천인(九千人)의 둔지(屯地)라는 의미의 '구천둔(九千屯)'이라고 했는데, 이것이 변해 '구천동(九千洞)'이 됐다는 유래담이다.

조선시대 임훈(林薰)이 1552년 덕유산을 오르고 쓴 '등덕유산향적봉기'에 따르면, '구천동은 삼한시대부터 9,000명의 호국무사가 수련을 하며 살았다' 해서 그들의 '둔지'라는 뜻에서 '구천둔(九千屯)'이라는 기록이 있다.

구천둔(九千屯)'에서 둔(屯)이라는 글자의 '진칠 둔'은 이곳에 주둔했던 군대가 사병이 아닌 국가가 인정한 군대였다는 증거로, 무주군 설천면 무주구천동(茂朱九千洞)의 원래 지명이었다고 한다.

9,000명의 호국무사가 아침에 밥을 짓기 위해서 쌀을 씻은 물이 눈같

이 하얀 내(川)를 이뤘다고 해서 붙여진 이름이 설천(雪川)면이다.

또, 홍만종의 '해동이적'은 조선시대 '수박'의 달인 권진인(權眞人)이 적상산에서, 또 다른 문헌에 따르면 박치원선생이 백운산에서 심신수련과 무예인을 배출한 기록이 있다고 한다.

'조선왕조실록'을 지킨 호국의 땅 무주다. 1645년 이조판서겸 대제학 이식(李植)의 건의로 호국사(護國寺)를 창건하여 많은 군병과 승병들이 무술을 연마하며 『조선왕조실록』을 지켜 적상산내에 있는 적상산 사고에서 300여년간 보관·관리했다.

태권도 시범공연 'The-춘향'은 격파와 품새 등을 중심으로 연극적 요소를 결합한 작품으로, 남녀의 사랑이야기를 담는 등 남녀노소 누구나 태권도의 멋진 매력에 빠져들 것으로 기대된다. 이번 봄 여행주간에 태권도원을 찾으면 더욱 뜻 깊고 즐거운 봄 나들이가 될 것 같다.

70만평의 태권도원 자연 속에서 태권도를 테마로 모두가 행복한 여행이 예상되며, 태권도원 전통정원 맞은편에 조성된 3천여평의 유채꽃밭에는 봄 여행주간을 맞아 태권도원 순환버스가 정차하는 등 가족·연인 등의 추억을 담을 수 있는 장소로 각광받고 있다. 그럼에도 불구하고 무주와 태권도 관련 연구가 많지 않은 현실이 개탄스럽다.

고창 도깨비

고창군 성송면엔 '도깨비의 도움' 이야기가 전하고 있다. 이는 과거를 보러 가던 선비가 도깨비 방망이를 얻고, 도깨비의 도움으로 진사 교지장을 가지고 나오게 하여 벼슬을 한 후, 도깨비가 좋아하는 음식을 해주고 부자로 살게 되었다는 행복담이다. 옛날에 윤씨가 살았는데 과거에 들지 못한 것을 한탄하고 있었다. 글을 잘 하는데 과거시험을 보러 가면 항상 낙방을 했다. 한 번은 과거를 보러 가는 길에 두 사람이 방망이를 가지고 서로 자기의 것이라고 싸우는 것을 보았다. 이것을 가만히 지켜보던 윤생원이 도깨비인 것을 알아채고 그 방망이가 자신의 것이라고 했다. 그러자 두 명의 도깨비가 방망이를 주었다.

윤생원은 방망이를 받았지만 그것을 어떻게 쓰는지를 몰라 도깨비에게 물으니, 돈 나와라 하면 돈이 나오고 밥 나와라 하면 밥이 나온다고 가르쳐 주었다. 방망이를 들고 과거를 보러간 윤생원이 도깨비를 시켜 진사 교지장을 가져오면 방망이를 돌려주겠다고 했다. 이에 도깨비가 진사 교지장을 가져와서 윤생원은 진사가 되었다. 도깨비가 방망이를 돌려달라고 하자, 윤생원은 도깨비에게 잘 먹는 것이 무엇인지를 물었다.

도깨비가 메밀범벅과 개대구리라고 하자, 윤생원은 이튿날 도깨비와 만날 약속을 했다. 윤생원이 메밀범벅과 개대구리를 가지고 도깨비를 만나자, 이것을 본 도깨비가 자신의 동지들과 나누어 먹겠다고 도깨비들을 불렀다. 그리고 윤생원에게 맛있는 음식을 준비해 준 것에 대해 인사를 하고 음식을 먹은 후 방망이를 가지고 돌아갔다.

고창의 '칠석'이면 도깨비의 해코지를 막기 위해 농신제를 지낸다. 농신제를 지낼 때는 많이 먹게 해달라고 말하지 않는다. 고창 청보리밭 일원엔 도깨비숲 등 이야기가 전해온다. 도깨비가 동산의 주인 행세를 하며 사람까지 놀래키고 두렵게하자 이곳에 정착해 학원농장을 처음으로 일군 이학여사와 주민들이 종학사를 세워 도깨비를 대숲으로 쫓아내고 밖으로 나오지 못하도록 사천왕상을 그 앞에 세웠다는 이야기가 전해온다.

이학(1922-2004)여사가 국무총리를 지낸 남편 진의종(1921-1995)씨를 기념해 만든 종각이 있다. 종각 아래는 종학사라는 절이 있었고 그 절의 부속시설이다. 하지만 종학사는 없어지고 종각만 남아있다. 종각 건립 후 10년 이상 매일 아침 6시에 종을 쳐 선동리 사람들이 시계를 맞출 정도였다.

착시현상으로 내리막길에서 차가 올라가는 것처럼 보이는 이른바 '도깨비 도로'가 고창에 있다. 고창읍 석정리 석정온천 앞 100여m 구간. 한 주민이 이곳에 차를 잠시 세워 놓고 볼 일을 보고 돌아선 순간 차가 내리막길에서 후진으로 오르막길을 올라가는 것처럼 보여 깜짝 놀라 군청에 신고하면서 알려지게 됐다. 도깨비를 테마로 한 축제 개발 등 문화관광자원화 할 수 있는 소재가 많은 곳이 바로 고창의 진짜 매력이 아닐까.

보리의 고장 고창

고창의 '高'자는 높을 고, 창 자는 높을 '敞'이다. 옛 이름 모양현(牟陽縣)엔 '보리 모(牟)'자가 들어 있고, 고창고등학교 교가에도 한겨울의 추위를 잘 이겨낸 보리를 통해 고창정신을 노래하고 있다.

방장산은 그림으로 치면 고창의 배경이 된다. 한없이 높고 드넓은 방장산을 굽어보는 바, 고창 동쪽으로 꼬막등 같은 집들과 명매기샘의 물줄기가 주진천으로 흘러가고 있다. 그래서 '고(go)'창으로 불러도 좋을 이름이다.

주진천은 고수면 은사리 칠성마을 수량동의 명매기골에서 발원하고, 증산제를 통과한 뒤, 고창군 심원면 용기리 곰소만으로 흘러들어가는 하천이다.

고창천과 합류한 이후의 구간은 인천강(仁川江) 또는 태천(苔川)으로 부르고 있다. 명매기샘골(명막골)은 고창을 남북으로 관류하는 인천강의 시원지다. 천년고찰 문수사의 원시림으로 꽉메운 취령산 북쪽 건너 등성이 장무재의 동쪽 진등자락 남녘 골에 자리잡은 이 샘은 아무리 눈이 많이 내린 혹독한 겨울에도 결코 얼지 않아 고창 사람들과 꼭 맞닿아 있다.

저 멀리로 불어난 문수사의 계곡물은 가람을 에두르고 물이끼는 돌의 이마에서 한층 짙푸르다. 시나브로 계곡의 청량한 바람은 맑고 청아해서 꿈길을 걷는 듯 행복한 새벽길을 펼쳐놓는다.

그대여! 행여 시린 마음 달래려거든 '하늘닮은' 사람들의 희망, '하늘담은' 고창에 눈길 한 번만 주시기를. 엄동의 서해 바다로 물줄기가 향할지라도 윤슬은 더 찬란하고 이내 삶은 뜨거워진다. 보리 피리를 잘라 고창에서 하룻밤만 묵어도 천년의 세월이다.

공음면 선동리의 학원농장은 울퉁불퉁 기묘한 산을 뒷그림으로 보리밭의 파란색과 농부가 갈아놓은 황톳빛 땅이 교차하면서 미묘한 5미6감의 하모니를 이룬다. 반짝반짝 보리밭 사잇길로 산산이 부서지는 아침 햇살을 맞는다.

고흐의 '종달새가 있는 보리밭'이 현실로 다가오는 징표인가. 종달새 몇 마리가 하늘 높이 떠 '파르르', '뽀르르' 목놓아 울부짓고 있다. 고개를 내밀고 내려다보면 오금이 저릴 만큼 아찔하기만 하다. 아니, 푸르다 못해 눈이 다 시릴 지경이다. 이곳의 마을의 형체가 부채 모양과 같다고 하여 '부채울'이라고 한 바, 그 바람이 지금 웰빙으로 불고 있는 것은 아닐는지?

2018 고창 '청보리밭 축제'가 4월 21일부터 5월 13일까지 학원관광농원 일원에서 열렸다. 25만여 평의 들판에 식재된 청보리가 봄기운을 가득 머금은 채 하루가 다르게 푸르름을 쑥쑥 채워가고 있으며, 원활한 교통과 주차환경 제공을 위해 신규로 주차장을 조성했다.

보리 물결이 출렁이면서 상념에 찌든 마음도 어느 새 맑아진다. 파란 꿈으로 수를 놓고 있는 희망도 종달새 지저귐과 더불어 여물어만 가는 여기는 고창이다. 비바람에 찢겨져 흩어지느니 차라리 목을 꺾는 고창 사람들의 비장함에 이내 맘도 푸르게 푸르게 언제나 떨리며 흘러가는 오늘이다.

전북 기독교 선교 유적

　전북 기독교 선교 유적의 유네스코 세계유산 등재가 추진중이어서 눈길을 끌고 있다.
　2018년 4월 6일 전북기독교총연합회와 한국선교유적회가 전북도청 4층 대회의실에서 시민 등 200여 명이 참석한 가운데 '전북 선교문화 유적 유네스코 세계유산 추진을 위한 포럼, 전라북도의 선교 역사와 유산'을 가졌다.
　예원예술대 문화재보존학과 전경미 교수는 '전라북도 선교유적의 보존 현황과 향후 대책'을 통해 전북의 선교유적지로 옛 예수병원(엠마오사랑병원), 예수병원 선교묘역과 선교사촌, 전주 신흥고 본관 포치와 강당, 김제 금산교회를 들었다. 전교수는 전북 기독교 선교유적지의 사적 지정을 위해 옛 예수병원(엠마오사랑병원)과 너싱홈이라 알려진 건물의 문화재 지정이 선행돼야 한다고 했다. 이어 선교사 가옥 등에 대한 개개의 문화재 지정, 기전학교에 대한 역사적 자료 수집, 전통한옥과 벽돌 조적식 건물 축조라는 전통과 외래문화의 수용 등에 대한 학술적 가치를 더해야 한다고 제안했다.
　고요한 아침의 나라 한국에 언더우드, 아펜젤러가 첫 발을 디뎠다. 미국장로교와 감리교 선교사인 이들은 서울을 중심으로 한국에 개신교인

장로교회와 감리교회를 세웠고 예수 그리스도의 복음을 전하면서 학교와 병원을 세웠다.

한국 선교 7년 후 안식년을 맞이한 언더우드는 1891년 안식년으로 귀국하여 시카고 맥코믹 신학교에서 한국 유학생 윤치호와 함께 강연을 하였다. 당시 미국 시카고 맥코믹 신학생 테이트와 유니온 신학생 레이놀즈, 전킨 등이 테이트의 강연에 감동을 받은 것이 계기가 되어 일곱명의 젊은 선교 지망생이 미국남장로교 선교사로 임명되어 한국에 파송됐다.

테이트, 레이놀즈, 볼링, 전킨, 레이번, 데이비스, 마티 테이트 등 일곱 명의 선교 개척자들은 1892년 말 한국에 도착, 복음의 불모지인 전주에 호남선교 거점센터인 전주선교부를 개설하고 서문교회를 세우며, 호남지역 선교를 시작했다. 이어 개척자들은 군산선교부, 목포선교부, 광주선교부, 순천선교부를 세웠고 각 지역에 교회와 병원, 학교를 설립했다는 김천식박사의 설명이다.

당시 선교사들은 복음선교와 함께 교육선교, 의료선교를 병행했다. 특히 여성들에게도 교육을 실시한 것은, 당시 교육 받을 기회가 없음은 물론 자신의 이름도 가지지 못한 여성의 정체성을 찾는 획기적인 일이었다. 또한 질병으로부터 벗어나도록 하기 위해 병원을 세우고 치료에 정성을 기울였다. 의료선 교사들은 일반인 치료뿐만 아니라 사회적으로 버림받은 한센씨병 환자들을 돌본 일은 예수의 이웃사랑 정신이 아니면 할 수 없는 일이었다. 선교사들은 자신의 몸을 돌보지 않고 선교에 온 힘을 기울였다. 이로 인해 수 많은 선교사들이 이 땅에 묻혔다. 전주에는 7인의 선발대 일원인 전킨과 리니 데이비스, 랭킨, 핏츠가 예수병원 건너편 선교사묘역에서 영면하고 있다.

전주는 조선 말 개화기 기독교가 우리나라에 전래될 시기에 선교 활동이 활발했던 미국 남장로교의 선교 중심지였다. 전주시는 기독교 인구 비중과 교회, 목회자 수가 타 지역에 비해 월등히 많은 것으로도 알려져 있다. 이같은 역사적 배경 아래 기독교 유산을 정비하고 이를 관광자원화하기 위해 성지화 사업이 한때 추진됐지만 결과가 흐지부지하게 돼 아쉽다. 전북에 국가 또는 지방 문화재로 지정된 개신교 유적이 전주신흥고등학교 강당과 포치(등록문화재 제172호)와 금산교회(문화재자료 제136호) 등 단 2점뿐 이라는 사실에 놀라울 따름이다.

전북도가 올 한해 '서문교회 종각' 등 전북에 산재한 종교관련 근대문화유산들을 찾아내는 발굴하는 작업을 본격화하기로해 그 결과에 관심이 쏠리고 있다.

2018년 상반기에 근대문화유산 중 종교관련 유산에 대한 전수조사 진행하고, 등록문화재 혹은 문화재자료로 지정을 확대 추진한다. 근대문화유산은 건설·제작·형성된 후 50년 이상 지난 것으로 역사와 문화, 예술, 종교 등 각 분야에서 기념이 되거나 상징적 가치가 있어 지역의 역사·문화적 배경이 되고 있다. 전북도는 등록문화재와 문화재자료로 지정된 근대문화유산에 대해서는 도시화와 산업화로 인해 훼손·소멸되는 것을 예방하기 위해 지속적으로 국비와 도비 등의 예산을 투입해 철저하게 관리와 보존, 계승해 나갈 계획이다.

전남도는 기독교 선교유적 9곳을 세계유산으로 등재하는 사업을 추진 중이고, 충남도 천주교 유적지 등 전국 광역 및 기초지자체가 앞다퉈 세계유산 등재를 목표로 준비에 착수한 상태다. 현재 전주 시내는 물론 호남 지역에 산재한 기독교 문화 유산은 방치되다시피 해, 지금까지 교계 일각에서 문화 유산 보존의 필요성이 꾸준히 제기됐다.

선교부가 있던 곳은 잡초가 무성하거나 아예 집터만 남은 곳도 있다.

구 예수병원 뒷편의 너싱홈, 그리고 기전대학교 인사례관을 아는 사람들을 몇이나 될까. 전주 선교기지의 초기 선교사 주택은 현존하는 것이 없어 아쉽기만 하다. 전주선교 기지는 기독교 유적으로서 가치뿐 아니라 근현대 역사에서 중요한 의미를 갖고 있는 장소다. 때문에 심도있는 연구는 물론 사적 지적 등 서둘러 문화재로 지정해야 한다.

진안고원

선사 시대 이래로 줄곧 교통의 중심지를 이룬 곳이 진안고원이다. 하지만 진안군에 언제부터 사람들이 살기 시작했는가를 추정하기는 그리 쉬운 일이 아니다.

용담댐 수몰 지구인 정천면 진그늘마을에서 후기 구석기 시대 유적이 발견되어, 후기 구석기 시대로 상한을 올릴 수 있게 됐다.

진그늘유적은 전북 최초로 정식 발굴 조사를 통해 그 성격이 밝혀진 후기 구석기 시대 유적이다. 모두 20여 개소의 석기 제작소와 화덕 자리, 여러 가지 석기와 함께 몸돌과 격지·돌날·좀돌날·부스러기·조각돌 등 구석기 유물이 출토됐다.

특히 슴베찌르개가 주종을 이루고 있는 점을 근거로 특정 철마다 찾아와 주로 사냥용 연장을 만들고, 잡은 짐승을 처리하던 사냥 캠프로 추정됐다. 또, 정천면 갈머리를 비롯한 신석기 시대의 유적과 유물은 영남의 내륙 지역과 밀접한 관련성을 보이고 있다.

백제는 금강과 섬진강 유역을 곧장 연결해 주던 간선 교통로를 일찍 장악함으로써 섬진강 유역을 백제의 영향권으로 편입시켰다. 이를 위해 진안고원을 종단하던 간선 교통로를 관할할 목적으로 교통의 중심지에 토성과 산성을 많이 쌓았다.

반면에 백두대간의 육십령을 장악했던 장수 가야는 교통의 중심지라는 지정학적인 이점을 살려 가야계 왕국으로 발전했다.

그러다가 백제의 웅진 천도와 그에 따른 백제의 정치적인 혼란기를 틈타 용담댐 일대로 진출하여 한동안 백제의 간선 교통로를 차단했다. 6세기 전반기에는 신라가 백두대간의 덕산령을 넘어 전라북도 무주군과 금산군 등 진안고원의 동북부를 신라의 수중으로 포함시켰다.

장수 가야의 진출로 폐성된 와정토성에서 서쪽으로 350m가량 떨어진 곳에 진안 황산리 고분군이 있다. 금강의 본류와 주자천이 합쳐지는 지점에서 북서쪽으로 500m가량 떨어진 곳으로 행정 구역상으로는 진안군 용담면 월계리에 속한다.

백제의 웅진기 이후 백제와 신라의 간선 교통로는 나제 통문과 백두대간 덕산령을 넘어 경주까지 이어졌다. 삼국시대 때 진안고원을 차지하려고 삼국이 치열하게 각축전을 펼쳐 백제와 가야, 신라의 유적과 유물이 공존한다.

최근들어 전북에서 온전한 형태로 보존된 삼국시대의 봉수가 발견됐다. 가야지역에 존재했던 봉수의 실체를 명확하게 규명할 단초가 마련됐다는 기대가 나온다. 그 동안 전북가야에 분포된 봉수는 주춧돌 정도만 확인됐었다.

가야문화연구소 등에 따르면 이 봉수는 완주군 고당리 탄현(숯고개)의 서쪽 산줄기 정상부에 있어 '탄현봉수'라는 이름이 붙여졌다.

봉수의 평면 형태는 (장)방형이며, 납작한 돌을 수직으로 쌓아서 축조됐다. 봉수의 규모는 길이 7m, 높이 2m내외에 이른다. 학계에서는 봉수의 축조시기를 삼국시대로, 탄현봉수를 완주-진안(금산)-장수를 잇는 봉수로 각각 추정하고 있다.

처음으로 온전한 형태의 봉수가 발굴돼 가야 시기에 전북에 존재한 봉수의 실체 규명이 그만큼 용이해진 셈이다.

남원 권번

조갑녀(1923~2015) 명인이 살던 '금난관'을 복원한 '조갑녀 살풀이 명무관'이 2018년 3월 31일 남원에 들어섰다.

고인의 3주기를 맞아 광한루원 뒤 남원예촌에 들어섰다. 그녀는 남원시 금동에서 부친 조기환과 모친 방성녀의 다섯 자매 중 맏딸로 태어났다. 부친은 기생조합인 남원 권번(券番)의 선생으로 유명했다. 고모인 조기화도 남원 권번의 제일가는 예기였다. 이후 1928년부터는 조선의 5대 권번에 속하는 남원 권번(모두 3채의 가옥으로 구성됐다고 함)에서 비싼 학사금을 치르며 등하교를 하면서 제대로 예기의 배움을 시작했다.

남원 권번의 역사를 아는 사람들이 몇 명이나 될까. 춘향사는 광한루원 동쪽 모퉁이에 있는 '춘향전'에 나오는 절개의 여인 성춘향의 영정을 모신 사당이다. 절개를 상징하는 대나무 숲으로 쌓여 있다.

일제강점기에 남원 사람 이현순이 발의해 권번선생이었던 이백삼과 퇴기 최봉선 등이 뜻을 모아 기금을 모았다. 진주·평양·개성·동래 등 전국 권번을 찾아가 성금을 모금하여 1931년 사당을 건립하고 그 해 6월 단오절에 준공식과 함께 제사를 지냈다.

그렇다. 1931년 노계소·이현순의 발기로 춘향사당 건립이 추진됐다. 유지 강봉기, 남원권번의 이백삼, 퇴기 최봉선(부산관 경영), 유지 정광옥 등이 의기투합해 관내 1읍 18개 면을 돌며 춘향사당의 건립 취지를 설명하고 기금을 모았다. 또, 권번에서도 기생들을 앞세워 진주, 한양, 개성 등지의 유명한 권번을 방문, 춘향사당 건립의 필요성을 역설, 기금을 모았다고 한다.

남원시립국악단은 1921년 이현순에 의해 남원권번(남원국악원 전신)이 창립됐다고 한다. 당시 남원 권번은 광한루 경내에 설치됐으며, 이백삼이 초대 조합장직을 맡았다. 이는 조선시대 남원 교방청(敎坊廳)에서 비롯됐으며, 여기서 춤과 음악 등을 가르치면서 국악 전승의 몫을 담당하게 됐다. 바로 이같은 예술적 환경 속에서 송흥록-송광록-송만갑(宋萬甲)-김정문(金正文)-강도근(姜道根)으로 이어지는 동편제 계보가 전승되어 오고 있으며, 오늘날 안숙선 명창을 비롯, 강정숙·오갑순·강정렬·전인삼·김명자 명창 등을 배출해 냈다. 그 뒤 남원 권번은 전국 권번의 중심부 역할을 했으며 권위 있는 국악인을 많이 배출했다.

이화중선(李花中仙)의 출생지는 호적상 목포로 되어 있다. 13살 때 남원으로 이사했으며, 남원 권번에 기적을 두고 판소리를 배웠으며, 김정문(金正文)은 남원 권번에서 소리 선생을 했으며, 창극도 잘했다. 남원 권번은 일제강점기에서 45명이나 숨진 남원의 3.1운동에도 적극 가담했고 또 독립투사에게 후원금을 내면서도 일본헌병대의 부름에는 일절 응하지 않는 등 강렬한 항일의식을 지녔다고 한다.

그래서인지 한성, 진주, 평양, 동래 등 전국의 4대 권번이 번창할 때에서 남원 권번은 크게 성장하지 못했다고 한다. 하지만 남원 권번이 한 시대를 풍미했지만 현재 제대로 연구된 바가 없다니 참으로 안타깝다.

콩조시 팥조시

'콩쥐팥쥐' 이야기는 계모와 팥쥐의 구박을 받고 죽임을 당하는 콩쥐가 신이한 존재의 도움으로 고난을 극복하고 변신을 거듭한 후 결국 살아나 계모와 팥쥐를 처벌한다는 내용의 설화다. 전국적 분포를 보이는 구전 설화 '콩쥐팥쥐'의 형성 시기를 추정하기는 힘들다.

지방도 716호는 전주에서 완주를 거쳐 김제를 가는 도로다. 이 도로가 한국판 신데렐라 콩쥐팥쥐 원조열풍을 몰고 왔다. 전주시와 완주군, 김제시가 2012년 새 주소를 부여하면서 일제히 도로명을 '콩쥐팥쥐로'로 부르기 시작하면서 부터다.

그 발단은 1919년 출간된 박건회의 소설 '대서두서' 등에 콩쥐팥쥐의 고향이 '전주 서문 밖 30리'로 묘사돼 있는 데서 출발했다. 김제시는 콩쥐팥쥐 배경지로 716호 도로변인 김제 용지면을 꼽았다. 완주군 역시 716호 도로변인 관할지역 이서면이 콩쥐팥쥐 고향이라고 추정했다. 전주시는 716호 도로 출발지점을 콩쥐팥쥐로로 지정했다.

콩쥐팥쥐전은 전주권을 배경으로 한 조선중엽 가정소설이라고 하지만 남원에도 엇비슷한 이야기가 전하고 있다. 이른 바, '콩조시(콩쥐) 팥조시(팥쥐)' 이야기는 남원시 송동면 세전리에서 전해 내려오는, 계모한테 핍박받던 콩조시가 나랏님과 혼인해 잘 살았다는 응보담(應報譚)이다.

'옛날에 콩조시와 팥조시가 살았다. 팥조시는 데리고 들어온 딸이었고, 콩조시는 전처의 딸이었다. 콩조시는 예쁘게 생겼고 팥조시는 얼굴이 얽고 못생겼다. 어느 날 마을에 공진이굿이 들어오자 의붓어미는 팥조시만 데리고 구경하러 갔다. 콩조시도 구경하고 싶다고 하자 의붓어미는 콩조시에게 삼 한 꽈리를 내놓으며 그 삼을 다 삼고 나서 밑 없는 가마솥에 물을 채워 놓고 조 한 가마를 다 찧어 놓은 뒤에 오라고 했다.(…)콩조시가 울고 있는데 하늘에서 검은소가 내려와 솥 밑에 엎드렸다. 콩조시가 다시 물을 길어다 붓자 가마솥에 물이 가득 찼다. 이제 삼을 삼으려고 하니까 검은소가, "큰아가, 내 똥구멍에 광주리를 갖다 대라." 하더니 삼을 다 먹어버렸다. (…)검은 소는 죽은 콩조시 어미의 넋이었다.

콩조시가 빠진 연못에서는 함박꽃이 피었는데, 나랏님이 세수를 하러 가면 함박꽃이 피어서 나랏님을 보고 웃고, 나랏님이 들어가면 싹 오므리고 하였다. 나랏님은 이 꽃을 꺾어 농 위에 얹어 놓았다. 그런데 그 꽃 속에 콩조시가 있었다. 콩조시가 인도환생한 것이다. 사실을 알게 된 나랏님은 팥조시에게 벌을 내리고 콩조시와 행복하게 살았다'

우리나라의 콩쥐팥쥐 설화는 서양의 '신데렐라' 이야기와 그 유형이 유사하다. '잃어버린 신발' 모티브도 동서양에 공통으로 존재한다. 어찌됐든 신발을 잃어버린 것은 사또(또는 원님, 왕자, 나랏님 등)를 다시 만나 혼인을 하게 되는 계기를 만든다. 콩쥐팥쥐 등 전북의 잊혀져 가는 전설을 되찾아 관광문화상품으로 활용했으면 얼마나 좋을까.

유애사와 유애묘

우리나라 문화재 가운데 '유애(遺愛)'라는 말이 들어가는 것은 단 3가지 뿐이다. 경북 유형문화재 제367호 합천군수 이증영 유애비(李增榮 遺愛碑), 전북 기념물 제18호 유애사(遺愛祠, 정읍), 전북 문화재자료 제57호 유애묘(遺愛廟) 등이 바로 그것이다.

유애(遺愛)는 '백성들에게 사랑을 베푼다'는 '유애재민(遺愛在民)'에서 유래한 이름이 아닌가 싶다. 합천군수 이증영 유애비(李增榮 遺愛碑)는 이증영(?~1563)의 공적을 기리기 위하여 세웠다. 이 비석은 조선 명종 14년(1559)에 세워진 것으로, 비문을 지은 이는 남명 조식이고, 글씨는 고산 황기로가 썼다. 비문에는 1554년에서 1558년까지 합천군수를 지냈던 이증영이 1554년의 극심한 흉년에 백성을 자식처럼 사랑하여 구휼하고, 청렴하게 관직생활을 했던 내용이 기록되어 있다.

유애사는 충무공 이순신(1545~1611)의 위패를 모시고 제사지내는 곳이다. 이순신은 1589년(선조 22년)에 정읍현감으로 부임해 1년 반 정도 근무하다가, 전라좌수사로 벼슬을 옮겨갔다. 유애사는 이 지역 선비들이 이순신의 덕을 추모하여 세운 것으로, 백성들에게 사랑을 베푼다는 '유애재민(遺愛在民)'에서 유래한 이름이다.

이후 임진왜란 때 나라를 위해 목숨을 바친 이 지역 출신 의병 유희진과 유춘필의 위패를 추가로 모시고 함께 제사지냈다.

　이 유애사는 1968년(고종 5년) 대원군의 서원철폐령에 따라 헐린 것을 근래 다시 복원했으며, 한때 〈충렬사〉라 부르던 이름도 '유애사'로 고쳤다.

　이곳을 찾는 참배객들은 나라와 민족을 위한 이순신 등의 숭고한 희생정신의 참뜻을 되새기고 있다.

　유애묘는 조선시대 남원부사 김희(金凞)를 추모하기 위해 세운 사당이다. 김희는 백성을 다스리되 지극히 인자하였고 송사(訟事)를 처리할 때면 그 판결이 명백했다. 공평무사하므로 김부사의 재임기간동안 주민들은 태평가를 부르며 그의 덕을 찬양하였는데 불행하게도 김희가 중병에 걸려 죽자, 이를 안타깝게 여긴 백성들이 뜻을 모아 이 사당을 세웠다. 김희의 덕을 기리는 제사는 지금도 계속되고 있다.

　1597년(선조 30년)정유재란 때 불에 타 없어진 것을 영조 때 남원부사로 부임한 이석(李奭)이 다시 지었다. 제사는 4월에는 사당에서, 10월에는 남원 송정리 무덤에서 지낸다. 남원 용정마을에는 사직단(社稷壇)과 남원부사 김희 묘가 있다.

　제7회 전국동시지방선거가 2018년 6월 13일에 열리면서 시간이 흐를수록 점점 더 열기기 뜨겁다. 출마자 모두가 '유애재민(遺愛在民)'의 진정한 의미를 되새겨보기를 바란다.

익산 쌍릉, 무왕과 선화공주의 무덤일까?

익산에 나란히 조성된 백제 고분 쌍릉(사적 제97호)에는 과연 누가 묻혔을까? 예로부터 전해오는 이야기처럼 향가 '서동요'에 등장하는 백제 무왕과 선화공주가 무덤의 주인일까?

쌍릉 피장자는 부여에서 익산으로 천도를 추진한 무왕(재위 600~641)과 그의 부인인 선화공주가 묻혀 있다는 것이다.

고려사, 세종지리지, 동국여지승람에는 쌍릉이 무강왕과 비의 무덤이라고 기록돼 있다. 쌍릉 중 대왕묘는 무왕, 소왕묘는 선화공주의 무덤으로 알려졌다.

하지만 국립전주박물관은 2016년 1월 '익산쌍릉 일제강점기 자료조사 보고서'에 대왕릉에서 출토된 치아가 여성의 것이고, 토기도 신라 것이라고 발표했다. 이에 일각에서 대왕릉의 피장자가 무왕이 아닌 무왕의 아내인 신라 선화공주라는 주장이 제기됐다.

익산 쌍릉에서 왕실급 규모의 무덤이 발견되면서 그 실체에 대한 궁금증이 커지고 있다. 쌍릉 중 대왕릉에 대한 발굴 조사과정에서 드러난 것으로 왕릉급 규모의 돌 축조 방식과 규모 및 판축기법이 확인됐다.

쌍릉에서 전형적인 백제 사비기식 방식의 굴식돌방무덤이 발견됐다. 또 무덤의 현실 안에서는 인골을 담은 나무상자가 발견됐다. 현재 익산

쌍릉은 문화재청과 익산시가 '백제왕도 핵심유적 보존·관리 사업'을 추진 중으로 지난해부터는 원광대 마한·백제문화연구소가 대왕릉 발굴조사가 진행되고 있다.

2018년 4월 조사 결과, 쌍릉의 대왕릉은 입구가 중앙에 위치하며 단면육각형의 현실(관이 안치된 방)로 전형적인 백제 사비기 굴식돌방무덤(횡혈식 석실분)으로 확인됐다.

대형 화강석을 정연하게 다듬은 돌을 이용해 축조하고, 부여 능산리 왕릉군 보다 규모가 컸다. 특히 건축물 지반 다짐을 위해 흙 등을 여러 겹으로 단단히 다지는 기법인 판축(版築)기법을 무덤 축조과정에 적용, 현재까지 조사된 사비기 백제 왕릉급 무덤 중 유일한 것으로 확인됐다.

조사에서는 또 현실 내부 중앙에 있는 화강암 재질의 관대(관을 얹어놓던 평상과 같은 낮은 대) 맨 위쪽에서 인골이 담긴 나무상자도 발견됐다.

1917년 일제강점기 조사 시 발견된 피장자의 인골을 수습 봉안한 것으로 추정된다. 당초 쌍릉은 1917년 일본인 야쓰이세이치(谷井濟一)에 의해 약식 발굴이 이루어진 가운데 석실의 규모와 금송제(金松製) 목관을 통해 부여 능산리고분군의 왕릉에 견주는 무덤으로 보고된 바 있다.

이에 따라 일제강점기 당시 대왕릉 모습을 지형복원하고, 발굴된 고분의 정밀실측 등을 통해 봉분의 축조 방법과 석실의 규모와 형태를 밝히는데 주안점을 두어야 한다.

이번 발굴조사를 통해 그동안 알려지지 않았던 정보가 새롭게 밝혀진 만큼 향후 쌍릉과 백제왕도 익산은 물론 고대 문화의 정체성을 확립하는데 일조할 것으로 기대된다.

전북가야 유적 호남 첫 국가사적 1호 지정

문화재청은 2018년 3월, 남원시 인월면 유곡리와 아영면 두락리 일원에 있는 '남원 유곡리와 두락리 고분군'을 사적 제542호로 지정했다.

'남원 유곡리와 두락리 고분군'은 지리산의 한줄기인 연비산(鳶飛山)에서 서쪽으로 내려오는 완만한 언덕의 능선을 따라 성내마을 북쪽에 무리 지어 있는 40여 기의 봉토분(封土墳)으로, 이 중에는 지름이 무려 20m가 넘는 대형 무덤 12기도 포함되어 있다. 지난 1989년과 2013년 두 차례에 걸쳐 시행된 발굴조사 결과, 이곳에서는 가야계 수혈식 석곽묘(구덩식 돌덧널무덤)와 일부 백제계 횡혈식 석실분(굴식 돌방무덤)이 같이 확인되면서 가야와 백제 두 시대의 고분축조 방식이 다 나타난 바 있다.

32호분에서는 길이 7.3m의 대형 수혈식 석곽묘가 확인된 바. 과거 백제 왕릉급 무덤에서나 나왔던 청동거울과 금동신발 조각 등 최고급 유물이 출토되면서 학계의 큰 주목을 받았다. 이밖에 210여 점의 철기류와 110여 점의 토기류 등 유물도 다수 나왔다.

또, 판축기법을 사용한 봉토 조성, 주구(周溝) 조성, 나무 기둥(목주, 木柱)을 이용한 석곽 축조 등으로 미루어 보아 당시 무덤 축조 기술이 우수했다는 것도 알 수 있다.

'남원 유곡리와 두락리 고분군'은 가야와 백제의 고분 축조 특징을 모두 지니고 있고, 발견된 유물도 현지 세력은 물론, 백제와 가야의 특징을 보여주는 유물이 함께 나와 5~6세기 남원 운봉고원 지역의 고대 역사와 문화 연구에 중요한 유적으로 가치가 높다는 점이 인정되어 사적으로 지정됐다.

이번 '남원 유곡리와 두락리 고분군'의 사적 지정은 호남지역에서 가야유적으로는 첫 국가지정문화재 지정 사례로, 정비를 위한 국가예산 지원에 탄력을 받게 됐다. 무엇보다도 국정과제인 가야문화권 조사·연구와 정비의 마중물인 동시에, 앞으로 영남지역에 비해 저조했던 호남지역 가야 유적에 대한 학술조사, 연구에 중요한 계기가 될 것으로 기대된다.

이에 전북 가야 유적에 대해 우선 주요 유적에 대한 집중발굴을 통한 고증을 통해 실체규명을 하고 국가사적 지정에 중점을 두고 지원해 나가고, 가야문화권 특별법 제정으로 국가 사적이 아닌 문화재도 국비지원을 받을 수 있도록 추진해야 함이 마땅함은 물론 정치권 및 시군과 공조, 국가 예산 확보에도 최선을 다하기를 바란다. 전북도, 남원시가 서로 공조해 국가사적 두락리·유곡리 고분군에 대해 영남과 함께 세계유산 공동 등재를 도모할 만하다.

하지만 아직 발굴조사가 미진한 상황으로 정확한 규명에는 어려움이 많다. 전북 가야의 제철유적과 봉수의 실체를 규명하기 위해서는 정부의 균형있는 지원이 절실하다. 또 전북 가야문화유산을 영호남 화합의 무대로 활용하기 위한 보존 대책과 정비 방안도 조속히 마련됐으면 한다

남학(南學)

진안군에서 포교 활동을 한 '남학(南學)'은 1860년 '동학'의 발생을 전후로 주로 충남과 전북도의 경계 지역을 중심으로 연담(蓮潭) 이운규(李雲圭)가 유·불·선 사상을 삼합해 창시한 종교로 알려져 있다.

이능화는 이운규의 유·불·선 사상을 '남학'이라고 규정하고, 남학을 영가무도교(詠歌舞蹈敎) 또는 대종교(大宗敎)로도 불렀다. 대략 동학(東學)과 동시에 호서(湖西)에서 시작, 이운규가 제1세 교주가 되었다고 했다. 이후 이강오는 "남학은 유·불·선을 혼합한 종교이지만, 일부계(一夫系)는 유교를 중심으로 불·선을 흡수했고, 광화계(光華系)는 불교를 중심으로 유·선을 흡수하였는데 이들을 모두 남학이라고 부르기도 하지만 특히 광화계를 남학이라 부른다"고 했다.

남학의 교조로 받들어지는 연담 이운규는 58세 때인 1862년 이후 서울을 떠나 연산 띠울(현 충남 논산시 양촌면 모촌리)로 낙향해 은거했다고 한다. 그곳에 은거하면서 수운 최제우에게는 선교를 새롭게 탐구, '동학'을 창도하게 하고, 일부(一夫) 김항(金恒)에게는 유교를 새롭게 탐구해 '정역(正易)'을 창도하게 됐다.

1879년 이전에는 진안 용담(현 진안군 주천면 대불리)으로 옮겨 광화 김치인의 '남학(처사교, 오방 불교)'을 창도케 한 것으로 알려져 있다. 이운규의 제자 가운데 광화(光華) 김치인(1855~1895)은 1855년 7월 19일 학주공(鶴洲公) 홍욱(弘郁)의 후예로 진안군 이서면 장등리(현 진안군 주천면)에서 태어났다.

그의 호 광화는 "하늘에 해·달·성신(星辰)이 있어 그 빛이 화려한데 그 빛의 화려함에 부합한다."는 말에서 따온 것이라 한다. 도를 깨우친 뒤에는 "널리 창생(蒼生)을 구제한다."는 의미에서 광제(廣濟)로 개명했다.

그는 13세에 부친을 여의었으며, 16세 무렵 용담 대불리 중리 마을(현 진안군 주천면 대불리)에 있는 외가 김재영의 집에서 거주했다. 1893년 봄 39세 때 진안군 대불리(大佛里) 중리(中里)로 돌아와 많은 후학을 양성하다가 1894년 동학농민혁명이 일어났을 때 보국을 위해 5만 명에 달하는 남학군을 조직했다.

그는 남학에 의한 처사교(오방 불교)를 만들어 사회운동을 전개했다. 잘못된 국시(國是)를 바로잡고자 했지만 거사 이전에 관군의 습격을 받아 자신을 포함, 간부들이 체포되어 1895년에 전주 서문 밖에서 교수형에 처해졌으니 당시 나이 41세였다고 한다.

이때 김치인은 시대 상황을 반추해 유·불·선 삼교를 합일(合一)해 민생의 삶과 시련을 위무하고 국가의 태평성대를 도모함과 동시에 새로운 시대를 열고자 했다.

이는 종교적 관점에서 보면 신흥 종교 운동이라고 할 수 있지만 사상적 관점에서 보면 민중을 대상으로 한 사상운동이라고 할 수 있다. 따라서 앞으로 남학은 민중의 사상 운동이라는 점에서도 많은 조명이 필요해보인다.

정읍 무성서원

문화재청은 정읍 무성서원(사적 제166호) 등 '한국의 서원'과 고창 등 '한국의 갯벌'을 유네스코 세계유산에 등재하기 위한 신청서를 제출했다.

이 서원은 신라후기의 학자 최치원과 조선 중종때 관리 신잠 등을 제사 지내는 곳으로, 교육 기능과 제사 기능을 모두 갖고 있다. 동아시아에서 성리학이 가장 발달한 사회였던 조선 시대에 각 지역에서 활성화된 서원들이 성리학의 사회적 전파를 이끌었다는 점과 서원의 건축이 높은 정형성을 갖췄다는 점이 세계유산 등재에 필요한 '탁월한 보편적 기준'으로 제시됐다.

정읍시 칠보면 무성리에 자리한 무성서원은 최치원과 신잠 등을 모시고 제사지내고 있다. 원래는 태산서원이라 하던 것을 1696년에 임금으로부터 이름을 받아 무성서원이라 하게 됐다. 앞에는 공부하는 공간을 두고, 뒤에는 제사 지내는 사당을 배치한 전학후묘의 형식이다. 현재 남아있는 건물은 현가루, 동·서재, 명륜당 등이 있으며, 대원군의 서원철폐령에도 남아있던 47개 서원 중 하나이다.

문루인 현가루(絃歌樓, 3칸 2층 건물)는 곱게 단청이 돼 있다. 이는 '논어' 양화편(陽貨篇)에 나오는 '공자가 무성에 가 현악에 맞추어 부르는 노랫소리를 들었다〈子之武城 聞絃假之聲〉'라는 구절에서 따온 것이다. 그래서 현가루이고, 그래서 무성서원이 된 것이다.

현가루는 '거문고를 타며 노래를 그치지 않는다'는 의미를 담고 있다. 천자문의 '현가주연 접배거상(絃歌酒讌 接杯擧觴: 현악기로 노래하고 술로 잔치하고 잔을 잡고 권함)'이란 문장과 일맥상통하고 있다.

'거문고를 타서 노래하고 술로 잔치하고, 잔을 공손히 쥐고 두 손으로 들어 권한다'

비파를 타며 노래 부르고 술을 마시는 잔치에서 술잔을 얌전하게 쥐고 두 손으로 들어 올려 권한다. 귀족들은 잔치할 때 당비파를 잡히고 이에 어울려 노래하면서 계속하여 술잔을 주고받았다.

공자의 제자 자유(子游)가 노나라 무성(武城)의 현감이 되었던 바, 예악(禮樂)으로서 백성들을 잘 다스렸다고 한다. 공자가 이 고을을 찾아가니 마침 현가지성(絃歌之聲)이 들려와 탄복했다는 일화와 연관되는 명칭이며, 글씨는 손병호(孫秉浩)가 썼다고 한다.

다른 서원의 문루가 신유학의 천인합일(天人合一)의 의미를 함축하는 내용인 것과 달리, 현가루(絃歌樓)는 원시 유학의 현실 참여의 의미를 갖고 있는 것이 아니던가.

구한말 격동기 순국지사 면암 최익현 주도하에 1905년 을사조약 체결 후 이곳에서 각지의 유생 및 의병들을 집결시켜 격문을 열읍에 보내 호응을 촉구하는 무성서원 창의와 일제시대, 6.25를 거치면서 100년 이상의 세월을 지켜온 바 참으로 대견하다. 지금도 종종 주위 사람들로부터 왜 무성서원이라고 부르는지 질문을 받곤 한다.

전주 희현당

신흥고등학교에 자리한 희현당(希顯堂)은 전라감사 김시걸(金時傑)이 창건한 누정(樓亭)으로 유생들의 학당으로 사용된 곳이다.

희현당사적비는 신흥학교 뒤 황학대 기슭에 묻혀 있던 것을 다시 신흥학교 교정에 세웠다. 희현당은 1701년 김시걸이 옛 사마재가 있던 터에 건립한 것으로 성인이 되고 현인이 되기를 바란다는 '희(希)'자와 입신양명해 부모의 이름을 드러낸다는 '현(顯)'자를 했다.

'희현(希賢)'은 주돈이의 통서(通書) 지학(志學)에 '성인은 하늘처럼 되기를 희망하고, 현인은 성인처럼 되기를 희망하고, 선비는 현인처럼 되기를 희망한다.〔聖希天 賢希聖 士希賢〕'는 구절에서 유래한다.

'학교가 완성되매 공은 선비들에게 바램(希)이 없으면 과녁이 없이 활을 쏘는 것 같아 마음을 둘 곳이 없고, 그것을 나타낸다(顯)는 욕구가 없으면 갑자가 부지런하였다가도 게을러져 학업을 이어나갈 수 없다고 여겨 특별히 희현(希顯) 두 글자로 당명(堂名)을 삼았다. 희(希)는 무슨 뜻인가! 희현(希賢, 어진 사람이 되기를 바란다는 뜻)과 희성(希聖, 聖人이 되기를 바란다는 뜻)에서 나온 것이다. 현(顯)은 무슨 뜻인가. 입신양명해 그 부모를 나타낸다는 뜻이다. 아아! 선비들이 뜻을 희현에 두고 공부하며, 마음을 부모의 현창(顯彰)에 둔다면 지향(指向)하는 바가 바르고 학습하는 태도가 아름답지 않겠는가! 또한 근본을 찾아내어 근면하다면 성공하지 못할 이유가 없으니 무릇 책을 옆에 끼고 배우러 오는 사람이 모두 바른 학문에 젖어들어 큰 과업에 분발한다면 위로는 성현처럼 될 것이요, 아래로는 부모와 더불어 영광스럽게 될 것이니 이른바 희현(希顯)의 공과 현친(顯親)의 일이 여기에 있는 것이 아니겠는가'

  이 비는 김시걸의 업적을 기록한 것으로 1707년에 세워졌다. 희현당 중수사적비 비문에 의하면 1715년 관찰사 이집이 중수하려다 교체돼 이루지 못하였다가 이주진이 1738년 관찰사로 부임해 와서 건물을 넓히는 한편 학생 선발 등 학칙 40여 조목을 마련했다. 이 중수사적비는 1743년 세워졌다.

  희현당에서는 '希顯堂藏板(희현당장판)'이라고 해서 18세기말에 여러 책이 출판됐다. 특히 이 책을 출판하면서 만들었던 무쇠 활자는 '希顯堂鐵活字(희현당 정활자)'로 불리는데 무쇠를 녹여 만든 활자다. 이 활자를 이용해 많은 책이 발간됐다.

  '朴公贈吏曹參判忠節錄(박공증이조참판충절록)'을 보면 보면 '崇禎紀元後癸未(1823년)孟夏希顯堂開刊(숭정기원후계미맹하희현당개간)'이라는 간기가 붙어 있다. 신흥고등학교 강당과 본관 포치는 2005년 6월 18일 등록문화재 제172호로 지정됐다. 1982년 화재로 소실된 본관 건물은 가운데 정면 포치만 남아 있지만 '희현(希賢, 어진 사람이 되기를 바란다는 뜻)'과 '희성(希聖, 聖人이 되기를 바란다는 뜻)'의 의미는 예나 지금이나 변함이 없다.

나루터

'원(院)'이란 공무를 수행하기 위해 이동하는 관원들이 도중에 휴식을 하거나 숙식을 할 수 있도록 마련된 시설이다.

진안에서 전주로 가는 길에는 곰티재 부근의 덕봉 마을 앞에 요광원(要光院)이 있었고, 장수로 가는 길에는 율현원(栗峴院)이 있었다. 진안에서 용담으로 가는 길에는 대목재 너머의 초천원(草川院)과 정천 지역의 이전원(里田院)이 있었고, 용담에서 금산으로 가는 길에는 솔치재 아래에 송현원(松峴院)이 있었다.

용담에서 전주로 가는 길에는 원월평 서쪽에 강유원(康乳院)이 있었고, 진안에서 임실로 가는 길에는 지금의 마령면에 영천원(潁川院)과 삼기원(三岐院), 백운면에 백암원(白岩院), 성수면 좌산리에 좌산원(左山院), 주천면 대불리에는 대벌원(大伐院)이 있었고, 동향면에는 구라원(九羅院) 또는 행원(行院)이, 진안읍에는 남원(南院)이 있었다.

그러나 원의 폐해가 심해지면서 점차 사라지고 주막 또는 주점이 그 기능을 대신하게 됐다.

길을 가다 하천을 만나면 얕은 하천은 발을 걷고 건너거나 징검다리를 놓아 건넜고, 통행이 빈번한 하천에는 주민들이 협력해 섶다리를 놓기도 했다. 그러나 깊고 넓은 하천을 건너기 위해서는 배를 이용해야 했으며, 이로 인해 나루터가 형성됐다.

진안에는 월포강 나루터·반룡강 나루터·구곡진 나루터·성남강 나루터 등이 있었다. 월포강 나루터는 상전면 월포리에 있었던 나루터이다. 장수군과 진안군에서 발원한 금강이 월포리에서 제법 큰 물길을 이루고 있어 월포강이라 이름했다. 진안군의 상전면 쪽에서 안천면 또는 무주군 방향으로 가려는 길손은 반드시 이 강을 건너야 했으므로 나룻배와 나루터가 필요했다.

성남강 나루터는 용담면 월계리 성남 마을에서 안천면 삼락리 승금 마을 사이에는 장수군과 진안군에서 발원한 금강이 큰 물길을 이루고 있었다. 성남 마을에서 승금 마을로 가려는 길손은 반드시 이 강을 건너야 했으므로 나룻배와 나루터가 있게 됐다.

반룡강 나루터는 성수면 용포리 반룡 마을 앞에 있었다. 이 지역에는 백운면·마령면·성수면에서 발원한 물이 합류해 제법 큰 물길을 이루고 있었다. 반룡 마을 쪽에서 포동 마을·송촌 마을이나 임실군 관촌면 쪽으로 가려는 길손은 반드시 이 강을 건너야 했으므로 나룻배가 필요했고 자연히 나루터가 형성됐다. 1970년대 초까지 그중 일부가 존재하였다고 하지만 다리가 가설되면서 모두 사라졌다.

경북 예천의 삼강주막(경북민속문화재 제134호)을 아는 사람은 적지 않다. 낙동강과 그 지류인 내성천, 금천이 만나는 나루터에 1900년 무렵 지은 삼강주막은 낙동강 700리에 남은 하나뿐인 주막이다. 마지막 주모가 세상을 떠난 뒤 허물어져 가던 것을 2006년 복원했다. 진안 등 전북의 나루터를 복원, 문화관광자원으로 활용할 수 있는 방법은 없을까.

전주 덕진공원 연화교, 랜드마크로 태어나야

전주시가 시설 노후화로 안전사고 위험이 높은 덕진공원 연화교를 철거하고 재가설키로 했다. 덕진공원 연화교는 지난 38년 동안 시민들의 추억이 담긴 장소로 널리 사랑받았지만, 시민들의 안전을 위해 철거가 불가피하다.

덕진 연못에 자리한 연화교는 덕진호수를 가로지르는 교량으로, 그동안 수많은 시민들과 관광객들이 만개한 연꽃과 연잎 사이를 걸으면서 연꽃 체험 등 덕진호수의 매력적인 경관의 요소들을 다른 눈높이로 감상할 수 있어 사랑을 받아왔다.

연화교는 1980년 준공 양쪽에 교대 2개, 교각 10개에 폭 1m20cm, 길이 261m의 다리를 각각 철선케이블로 끌어당긴 형태로 지어져 독특한 구조물이어서 관광객과 시민들이 찾는 대표적인 명소이다. 하지만, 올해로 연화교가 개설된 지 38년이 경과하면서 시설이 노후화되고 탈색돼 시민들에게 아름다운 경관을 제공하지 못하고 지난 2015년 실시한 정밀 안전진단에서도 보수·보강이 필요한 D등급으로 판정됨에 따라 연화교를 신축키로 결정했다.

이에 시는 전주와 덕진공원을 상징하는 요소를 발굴해 새로 개설되는 연화교 디자인에 접목, 전주시의 새로운 랜드마크로 개발할 계획이다.

시는 덕진공원을 전북 대표 관광지로 조성하기 위해 덕진공원 관광브랜드 개발사업도 함께 추진한다. 앞서 전주를 대표하는 지역 명소인 만큼, 보존해야 한다는 의견과, 안전 등을 위해서 철거해야 한다는 주장이 팽팽히 맞섰지만 이제는 철거가 기정사실화됐다.

덕진공원이 아름다운 것은 공원의 호수를 가득 채우고 있는 연꽃이 큰 몫을 차지한다. 공원을 찾는 사람마다 호수 위의 연꽃을 보면서 감탄을 금치 못한다. 현수교인 연화교를 천천히 건너가노라면 마치 몸이 연꽃 위로 둥둥 떠가는 듯한 환상적인 느낌까지 든다.

덕진공원의 연못에는 매년 7~8월이면 연꽃과 함께 연화정과 현수교가 어우러져 전주팔경의 하나인 덕진채련을 연출, 한해 약 50만 명 이상의 관광객이 즐겨 찾는 전주의 대표 관광지로 자리잡고 있다.

'덕진채련(德津採蓮)'은 완산8경의 하나로, 풍월정에 앉아 저녁 노을과 달빛을 끼고 뜸부기 우는 호면(湖面)의 피리 소리 실은 어화에 젖은 채 맞은 편 승금정을 내다보는 덕진연못의 풍경을 이름하고 있다.

연화교 재가설을 기점으로 역사성과 대표성, 정체성 등을 대변할 수 있는 관광자원으로 전주덕진공원을 전 국민이 찾는 대표 생태문화공원으로 명소화가 더욱 시급하다. 이를 위해 △천년카페 정자(3동) 신축 △삼태극 은하수길 조성 △연못 주변에 야간경관 조명사업 등도 함께 추진된다고 한다.

전주 덕진공원을 상징하는 연화교가 재가설되면 덕진공원의 명물로 자리잡아 관광객이 크게 증가할 것으로 기대한다는 시의 생각에 기대가 큰 만큼 서두르지 않은 가운데 차분한 공정으로 사업을 진행하기 바란다.

어전(漁箭)

과거엔 군산시 옥도면 고군산군도는 우리 민족의 전통 어로 방법인 어전(漁箭) 어법의 중심지였다.

어전(漁箭)이란 일명 정치어업(定置漁業)이라고도 불리는 전통 어로 방법으로 조수간만의 차이를 이용, 물고기를 함정에 빠뜨려 포획하는 방법의 어로 형태를 말한다.

어전(漁箭)은 어량(魚梁), 어기(漁基), 어장(魚腸), 방렴(防簾) 등의 다양한 명칭으로 불렸다. 어전의 가장 큰 특징은 자연의 주기적 변화인 밀물과 썰물을 이용한다는 점이다. 즉 물이 들어 왔을 때 함께 들어온 물고기를 특정한 모양의 구조물을 이용하여 함정에 빠뜨림으로써 물고기를 잡는 것이다.

어전의 발생 조건은 우리나라의 중부 서해안에 자리한 고군산군도 지역의 자연 조건과도 일치하여 이 지역에서는 오래전부터 어전을 해왔는데 고군산군도에서 행해진 어전은 그 방법과 종류가 독특해 우리나라 서해안 어전의 한 지류를 형성하는데 부족함이 없다고 볼 수 있다.

고군산군도 어전 어업에 대한 조선시대 기록을 보면 '호남에 어살이 3분되어 있으니 울타리 길이가 600파에서 최소 300파에 이르며 어살에 부과하는 세율을 보면 고군산군도의 세율이 가장 높고, 위도가 그 다음,

영광, 무안, 만경이 그 다음, 무장, 흥덕, 고부, 옥구가 그 다음'이라고 하여 고군산군도의 어전이 가장 규모가 크고 옥구 지역 또한 어전을 이용한 어로 작업이 활발했던 곳임을 알 수 있게 한다.

이후 일제 강점기에 이르면 우리의 전통적인 어법인 주목망(柱木網), 홍선망(引船網), 어전, 중선망(中船網) 등은 꾸준히 행해졌지만 조선 총독부에서 우리나라 어업 생산량 증대 방안의 일환으로 일본에서 유입된 어구 어법의 보급을 꾸준하게 추진한 결과 점진적으로 일본의 어로 방법이 보편화 되게 된다.

하지만 호황을 누리던 서해안의 수산업과 어전은 일제 강점기를 거치며 전승되지만 해방과 함께 선박 어법의 발달과 어족 자원의 부족으로 쇠퇴하기 시작하여 70년대에는 거의 사라지게 된다.

'전라도무장현도(全羅道茂長縣圖)'는 어전(漁箭)이 그려져 있는 것이 독특하다.

남원 일대에서는 대각선 방향으로 살담을 쌓아 강물을 가로막고, 그 끝에 대나무로 엮은 발을 설치해 고기를 가두는 독살(石箭)이 쓰이기도 한다. 봄철에는 섬진강 상류로 거슬러 올라오는 황어 등을 어획하고, 늦여름과 가을에는 바다로 내려가는 은어·참게 등을 주로 낚았다.

전북도는 매년 3월이면 무형문화재 지정 신청서를 접수하고 있다. 음악, 춤, 연희, 종합예술, 공예, 건축, 미술, 민간의약지식, 생산지식, 자연, 민간신앙의례, 일생의례, 종교의례, 전통적 놀이.축제 및 기예.무예 등이 바로 그 종목이다. 따라서 농악, 어로 등 아직 지정되지 않은 종목을 적극적으로 찾아내기를 바란다.

서수 이엽사 소작쟁의

'빼앗긴 들에도 봄은 오는가'

서수 이엽사(瑞穗 二葉社)소작쟁의는 일제 강점기 군산 지역에서 일어났다. 옥구 이엽사 농장은 일본인 지주 시라세이(白勢春三)가 1926년에 설립한 식민지 농업 회사로 전주에 본점을 두었다. 이엽사에서는 전주 삼례 농장, 익산 황등 농장, 옥구 서수 농장 등 3개의 농장에 총 1,200 정보의 농지를 확보하고, 이를 한국 소작인들로 하여금 경작케 하면서 식민지 농업 수탈을 자행했다.

일제 강제 병합을 전후로 한국에는 일본인 농장 기업이 많이 진출했다. 그 중 생산된 미곡을 이출할 수 있는 시설과 넓은 평야 지대를 갖춘 군산 지역에는 불이농촌(不二農村), 웅본(熊本)·이엽사(二葉社) 농장(農場) 등과 같은 많은 일본인 농장들이 자리를 잡았다.

일본인 농장주들은 군산에서 자신이 확보한 농장 경영을 위해 일본에서 농업 이민자를 모집해 관리인으로 종사케 했다. 또한 수리 조합을 설립, 농민들을 수탈하기 위한 체제를 갖추어 나갔다.

옥구의 서수농장은 1905년 서수면에 있던 가와사키 농장(川崎農場)을 인수한 것으로, 이 옥구 농장에서 1927년 8~11월 사이 소작 쟁의가 발생했다. 소작 쟁의의 원인은 75% 달하는 고율의 소작료에서 비롯됐다고 한다. 우선, 옥구 농민 조합 장공욱을 비롯한 조합 간부들이 일본인 농장측에 소작료 인하를 요구하면서 진행됐다. 하지만 일본인 농장측에서는 이들의 요구를 무시했고, 소작료 인하를 요구한 주요 인사를 체포해 서수면 경찰 주재소와 임피면 경찰 주재소에 구금했다.

이같은 행동에 울분을 느낀 500여명의 이엽사 농장 소작인들은 서수면 경찰 주재소와 임피면 경찰 주재소를 습격해 조합 간부를 석방시키는 투쟁을 전개해 나갔다. 이엽사 소작 쟁의는 농민 조합을 중심으로 서수 청년회가 참여하며 진행됐다. 그러나 일본은 다시 이들을 검거했고, 이에 농장 소작인 외에 군산 지역 노동자·학생들과 합세했다. 그 후 이들은 군산 경찰서 체포된 주요 인사의 석방을 요구하며 시위 운동을 전개했다.

소작인·노동자·학생들이 참여한 가운데 시위가 연대 투쟁으로 격화되자 군산경찰서는 무력을 동원한 탄압을 기도했다. 결국 소작 쟁의에 참가한 80여명이 체포됐다. 체포된 이들은 검찰에 송치되어 유죄 판결을 받았다.

서수 이엽사 소작 쟁의는 지역 농민 조합을 중심으로 전개된 농민 운동으로 일본의 수탈 체제를 비판하며 대항한 항일 농민 운동으로 의의가 있으며 그 정신을 이어가기 위해 군산문화원이 중심이 되어 기념 행사를 개최하고 있다.

행사는 임피중 교정 내 기념비에서 소작 쟁의에 참여한 농민들의 넋을 기리고 청소년들에게 소작 작쟁의 의미와 항일 운동의 정신을 이해하기 위한 프로그램으로 진행되고 있다. 그때 빼앗긴 들에 서서히 봄이 오고 있는가.

전주 책방

예로부터 전주는 4대문인 남문, 서문, 동문, 북문을 가지고 있었다. 따라서 서문을 나서면 완주군 이서, 전북 김제로 나가는 길이 있었고, 남문을 나서면 완주군 구이면과 임실로 나가는 길이 있었다.

북문으로 나서면 덕진과 익산으로 나가는 길이 있었고, 동문으로 나서면 완주군 소양과 진안으로 나가는 길이 있었다. 아주 중요한 길목에 위치한 사대문 밖의 근처는 중요한 장터이었음을 알 수 있다.

남문 주변에서는 남문시장이 서문까지 이어져 형성되어 있었고, 동문 근처에는 동문시장, 북문근처에는 중앙시장(북부시장)이 형성되어 있다. 간기(刊記)에 '완동(完東)'이라는 방위가 나오지 않는 것은 양책방이 아중리에서 책을 판매하였기 때문이다. 이 길목은 동문을 지나 진안으로 나가는 길목이었다.

이 길목에 방각본을 찍어 판매한 서점이 발달된 것은 지극히 당연한 일이었다.

'완서(完西)'는 전주의 서쪽인 다가동을 의미하는 것으로 19세기 후반에서 20세기 초에는 대체로 '서계서포'에서 찍어낸 것이다.

'완남(完南)' 대체로 남문 밖 구석리(龜石里)에서 찍어낸 것이다. '완북(完北)'는 정확한 지점을 확인할 만한 자료가 발견되지 않고 있으나, 북문이

있던 곳으로 추정된다. ≪됴웅젼≫에 '光武七年(1903년)癸卯夏完山北門
內重刊'의 간기가 보이는 것으로 보아 책판을 가져다가 중간한 것을 알
수 있다.
　'완산(完山)'은 완판본 고문헌에 나오는 간기 중에는 상당히 많다. 이때
'완산'을 '전주시 완산동'으로 해석하는 경우가 있으나 '완산동'에는 출판
소가 없었으므로 이곳으로 해석하기는 어렵다고 한다.
　'(완)구동(龜洞)'은 완주군 구이면은 '구이동면(龜耳洞面)'으로도 불리웠
다. 간기 '구동(龜洞)'은 '구이동면'의 약칭으로 보인다.
　완주군 구이면에서 고대소설이 발간된 곳은 '석구곡(石龜谷)'과 '봉셩'
두 곳밖에 없기 때문에 이 두 곳 중의 하나가 아닌가 생각된다는 전북대
이태영교수의 설명이다.
　'춘향형상 가련하다. 쑥대머리 귀신형용...'
　춘향가 하면 남원만 연상된다. 하지만 완판본 열녀춘향수절가가 없었
더라면 춘향전의 제대로 알지 못했을 것이다. 완판본(完板本) 즉 조선시
대 전주에서 출판한 목판 서적을 의미한다.
　단순히 전주한지에 새겨진 서적이 아닌 조리있고 거침없는 문체, 피와
땀의 인간관계에 초점을 둔 출판문화의 백미가 곧 완판본인 셈이다. 즉,
전주한지와 완판본의 상호보완 작용으로 더욱 훌륭한 지역문화가 꽃피
웠고, '출판문화의 메카'라 칭할 수 있다.
　전주시가 2018년 9월 14일부터 16일까지 전주한벽문화관 일원에서
2018 전주독서대전을 갖는다. 전주 한지에 새긴 아름다운 전주문화는
글을 쓰고 시를 읊고, 그림을 그리고, 합죽선과 태극선에 멋을 보태고,
예스런 맛이 어울려 '온고을' 전주가 됐다. 전주의 책방들은 지금 잘 있
는가.

전주 배첩장

전북도는 2018년 3월 2일 무형문화재위원회 심의를 거쳐 변경환씨를 전주 배첩장(도 무형문화재 제62호) 문화재로 종목 지정 및 보유장 인정을 고시했다.

≪고려사절요≫ 충렬왕 6년(1280) 3월 기록에 보면, 이왕이 승지인 정가신에게 "닥나무는 땅에서 나는 것인데, 무엇이 백성들에게 폐단이 되는가" 물어보았다.

이에 정가신이 "신이 일찍이 전주에서 일을 맡아 볼 때 백성들이 종이 만드는데 고생하는 것을 눈으로 보았습니다. 이제 중앙에 발탁돼 이 자리에 있어본 즉 종이 쓰는 것이 또한 많사오니, 자연 부끄러운 마음이 없을 수 없습니다"고 말하니, 왕이 종이 공납만은 면제해 줄 것을 허락했다고 한다. ≪신증동국여지승람≫에는 전주의 종이를 '상품(上品)'이라고 기록하여, 조선 제일의 종이임을 밝히고 있다.

배첩(褙貼)은 글씨나 그림에 종이나 비단 등을 붙여 아름다움과 수명을 더하는 전통적인 서화 처리 기법을 가리킨다.

우리가 흔히 알고 있는 '표구(表具)'는 일본식 표현이고 중국에서는 '장황(粧潢)'이라고 한다.

이는 글씨나 그림에 종이, 비단 등을 붙여 액자, 병풍, 족자, 장정, 고

서화 등으로 처리하는 전통 공예기술을 말한다.

조선 전기에는 도화서(圖畫署) 소속의 궁중서화 처리를 전담하던 배첩장(褙貼匠)이 등장할 만큼 성황을 이루었다. 그들은 전국에서 상소가 올라오면 그것을 두루마리로 만들어 용상에 올리는 일부터 고서를 복원하거나 그림을 정비하는 일들을 했다.

배첩이란 글자의 뜻을 알면 오묘함을 알 수 있다. 글자를 그대로 풀면 속적삼을 붙인다는 뜻이다. 서화나 책, 병풍의 뒷면에 종이를 겹겹이 덧댄 다음 단단한 힘을 보태기 위해 광목이나 삼베를 뼈대로 쓰기 때문이다.

배첩의 형태와 제작 기법은 족자·병풍·장정 및 고서화 처리의 다섯 가지 방법으로 이루어진다. 이 가운데 족자는 서화를 벽에 걸어 볼 수 있도록 만든 두루마리 형태로 전통 가옥의 실내 구조에 알맞은 서화 처리 방법이다.

배첩장(褙貼匠)은 지류문화재(紙類文化財) 수리 장인으로, 현재 국가무형문화재 제102호, 충북 무형문화재 제7호로 지정됐을 뿐 극소수가 문화재로 지정됐다.

변경환씨는 장수군 산서면 출신으로 1964년 다가산방(현 전주 서울소바 부근)의 서재일씨가 서울 견지동으로 옮겨 일을 할 때 표구에 입문, 서울 백합표구사, 세종표구사 등으로부터 꼼꼼하게 일을 배우는 등 올해로 배첩을 접한지 50년의 세월을 훌쩍 뛰어넘었다.

한국전통문화학교 전통문화연수원이 제1회로 마련한 '문화재 수리,복원 전문인 양성 과정'의 수료식에서 2년 동안의 과정을 마치기도 한 그는 오늘도 너덜너덜하게 찢어져 생명을 다한 듯한 그림이, 바삭바삭하게 갈라져 팡이내음 퀴퀴한 병풍이 마법에 걸린 듯 본래 모습을 되찾게 하고 있다. 그는 오늘도 종이 위에 시간을 가두는 일을 계속하고 있다.

탄현(炭峴)

전북 도내에 산재해 있는 110여 곳의 봉수대(횃불과 연기를 이용해 급한 소식을 전하던 옛날의 통신수단) 가운데 원형이 100% 보존된 곳 한 곳도 없다. 진안 태평봉수대(전북 기념물 제36호)와 부안 계화리봉수대(부안향토문화유적 제9호) 등 단 2곳만이 문화재로 지정보호 받고 있다. 진안 태평봉수대는 남쪽의 고달산 방면과 동쪽의 장수 장안산 방면에서 봉수를 받아 운주, 탄현으로 전하는 중요한 곳으로, 1995년 남쪽 일부가 무너져 진안군이 5,000여만을 들여 복원을 했지만 벽면이 각지고, 직선으로 오르는 계단도 경사가 심해 원래의 모습이 훼손됐다는 지적을 받고 있다.

최근 군산대 가야문화연구소와 전주문화유산연구원이 거의 온전한 상태로 보존되어 있는 삼국시대 봉수인 완주군 운주면 「탄현 봉수」가 발견됐다. 이눈 고당리 탄현(숯고개)의 서쪽 산줄기 정상부에 위치하며, 서쪽 석축 일부가 무너지기는 했지만, 거의 온전한 형태로 보존되어 있다. 탄현(숯고개)은 삼국시대 전북지역 가야세력과 백제를 이어주는 최단 거리 교통로가 통과했던 전략적 요충지로, 이 일대는 다수의 산성과 봉수가 남아있다. 탄현 봉수는 완주-진안(금산)-장수를 잇는 봉수로의 시발점으로 백제의 동향을 살피기 위한 국경 방어체계의 일환으로 장수가야가 국력을 담아 축조했을 가능성이 클 것으로 추정된다.

'신이 시세의 흐름을 볼 적에 머지않아 반드시 전쟁이 일어날 것 같습니다. 그때 군대를 사용함에 있어 그 지리적 조건을 잘 이용하여야 하는데, 강 상류에서 적병을 맞이하면 나라를 보전할 수 있습니다. 만약 다른 나라의 군사가 오면 육로로는 탄현(炭峴)을 넘어오지 못하게 하고, 수군은 기벌포(伎伐浦)에 들어오지 못하게 할 것이며, 험한 곳에 웅거하여 막은 후에 공격해야 합니다.'

성충(成忠, ?~ 656년)은 백제의 충신이다. 그는 신라와의 싸움에서 연승을 거둔 후 자만에 빠진 의자왕에게 충언을 했다가 투옥됐다. 660년, 성충의 말대로 전쟁이 발발했다. 신라군이 쳐들어오고, 당나라의 소정방이 13만 대군을 앞세우고 덕물도에 이르렀다는 소식이 백제 땅에 전해졌다. 마음이 급해진 의자왕은 귀양을 보낸 또 다른 충신 흥수(興首)에게 대책을 묻는다.

이에 흥수 역시 탄현과 기벌포를 잘 지키면 된다고 답했다. 그러나 의자왕은 이 충언마저도 귀담아듣지 않았다. 계백이 거느린 5000 결사대가 황산벌에서 패하고, 기벌포에서는 수군이 패했다. 사비성으로 신라군과 당나라군이 물밀 듯이 밀려오자 의자왕은 그제서야 "내가 성충의 말을 듣지 않아 이 지경에 이르렀구나."하고 후회했다. 성충이 말한 탄현이라는 지명이 운주면 고당리 등 3곳으로 압축되고 있는 바, 눈길을 끌고 있다.

호용죄(互用罪)와 공금횡령

당신은 돈을 규모 있게 잘 쓰고 있나요? 순천 송광사의 수행정신이 어떠한지 보여주는 흔적이 능허교에 있습니다.

일주문을 지나 대웅전으로 들어가는 입구로 아름다운 무지개다리 능허교가 있습니다. 능허교 아래쪽 홍예 한가운데에 수면을 향해 배꼽처럼 툭 튀어나온, 용머리 석상이 보이지 않나요.

이 용머리상은 수살막이, 즉 계곡물에서 음습하는 나쁜 기운을 용의 기운을 빌어 차단하는 역할을 합니다.

그런데 그 용머리 입 부분에 엽전이 철사줄에 꿰어져 매달려 있습니다. 전하는 이야기는 이렇습니다. 능허교를 놓을 때 시줏돈을 받았는데, 다리를 완공하고 보니 그 엽전이 남았습니다. 공사를 감독하던 스님은 그걸 자기 주머니에 넣지 않고 다리 아래에 매달아 놓았습니다.

나뭇잎 돈을 뜻하는 엽전(葉錢)이라 부른 것은, 먼저 거푸집을 만들고, 그 거푸집에 쇳물을 부어 만드는데 거푸집의 모양이 마치 아카시아 나뭇잎 닮았다고 해서 붙여진 이름입니다.

육당 최남선은 저작 '심춘순례'에서 송광사를 '조선불교의 완성지'라고 했습니다. 우화각과 능허교, 그 아래의 엽전은 육당이 빈말하지 않았음을 알게 해 줍니다.

선암사 무지개다리 밑에도 용이 엽전을 물고 있네요.

'승선(昇仙)'은 선계로 오른다는 뜻이고 '강선(降仙)'은 선계에서 내려온다는 뜻이니, 승선교와 강선루는 의미상으로 한 짝을 이룹니다. 승선이니 강선이니 하는 말은 불가에서 쓰는 말은 아니지만 어쨌든 승선교를 지나면 선계에 드는 것이고, 절을 돌아본 뒤 강선루를 빠져나오면 선계를 벗어나는 셈입니다.

선암사는 백제시대 창건된 천년고찰로 오랜 불법과 아름다운 풍광으로 예로부터 이름이 높았는데, 그 이름값에 한몫을 한 것이 바로 이 무지개다리입니다 그런데 이 다리의 아래쪽에 특이한 것이 하나 있습니다. 한 중간에 불쑥 튀어나온 용머리. 왜 다리에 이런 용머리를 설치했을까요.

수백년 이어온 다리에는 다양한 이야기들이 전해오는 바, 바로 그 중심에 바로 용머리가 있습니다.

전설에 따르면 용머리를 빼면 다리가 무너진다고 하는데 과연 사실일까요. 용머리는 무게 중심일까요. 이는 승선교의 가장 중심돌인 요석 안에 박혀 있습니다. 마치 무게중심을 잡고 있는 것처럼 보이기도 하는데. 그러나 사실... 승선교의 건축 원리는 아치를 이루는 돌들의 맞물림에 있습니다.

특히 위가 넓고 아래는 좁게 다듬어진 사다리꼴 모양의 돌들이 서로 촘촘히 맞물려 무게를 분산시킵니다. 양측의 균형을 잡아주는 역할은 이미 요석이 하고 있어 결정적인 역할을 하는 것은 아닙니다. 실제로 현재 남아있는 무지개다리 중에는 용머리가 없는 것도 많습니다. 용머리가 기술적으로 필수적인 장치라면 이 다리들에도 있어야 합니다.

재미있는 사실은 용머리가 사찰의 다리에서 주로 발견된다는 것입니다. 사찰과 용은 어떤 관계가 있는 것일까요.

불교에서 용은 불법을 수호하는 호법신으로 사악함을 물리치고 중생을 극락으로 인도한다는뜻을 담고 있습니다. 그런데 용을 자세히 보다 보면 입에 무언가를 물고 있습니다. 철사에 꿰인 동전 한 잎. 용은 왜 동전을 물고 있을까요. 그렇다면 다리를 만든 이가용에게 동전을 물렸다는 뜻인데... 이곳 다리는 물론 벌교 홍교 (보물 제 304호)까지 다리를 세운 호암대사는 왜 그렇게 여러 다리를 만들었을까요.

선암사 뒤쪽 숲에 그와 관련된 유물이 남아있습니다. 선암사중수비에 따르면 승선교를 세운 이는 조선 숙종 때의 호암대사. 정유재란 때 불탄 선암사를 중창하면서 승선교를 세웠다고 합니다.

승가에서는 신도들이 시주하면서 어디에 써달라고 하면 그 목적으로 쓰고 남았다고 해서 그 돈을 다른 일에 쓰면 호용죄(互用罪)에 걸립니다. 오로지 주어진 목적 외 쓰면 죄가 된다고 여기기 때문입니다. 이 다리 밑에 있는 용의 조각상에 철사줄로 꿴 엽전이 걸려 있는 까닭입니다.

신도들의 시주로 이 다리의 불사를 마치고 나니 돈이 남아 다음에 다리를 고치거나 새로 놓을 때 쓰라고 매달아 둔 것입니다. 사실 여부를 떠나, 엽전 한 닢도 허투루 가지려 하지 않는 반듯한 수행자의 모습을 송광사는 오늘에 기억하려는 모습입니다.

최근에 공금 횡령과 친인척 취업 청탁 등의 혐의로 경찰의 수사를 받고 있는 신OO OO구청장이 구속됐습니다. 법원은 그에 대한 영장실질심사에서 증거 인멸의 염려가 있다며 구속영장을 발부했습니다. 공금횡령죄는 업무상횡령죄란 업무상 지위를 이용하여 업무를 위탁한 자의 소유물을 가져가거나 반환을 거부하는 경우 성립합니다.

보다 쉽게 공금횡령죄를 이해하고자 한다면 회사의 이익을 목적으로 사용되어야 하는 공적 자금을 빼돌리거나 자신의 이익을 위해 소비하는 것을 말한다고 보면 됩니다. 당신은 돈을 규모 있게, 아니 똑바로 잘 쓰고 있나요?

완주 남관진창건비

완주군이 남관진창건비(南關鎭創建碑) 등을 포함한 5건을 향토문화재로 지정했다.

이는 조선 후기 군사시설 남관진의 창건 내용을 담고 있는 비석으로, 지금은 원형을 잃은 진의 창건 경위와 규모 등의 기록이 남아 있어 사료적 가치가 뛰어나다. 조선 말기 때 왜구를 무찌르는데 중요한 역할을 담당했던 남관진창건비는 상관면 용암리 남관초등학교 앞 국도변에 위치하고 있다.

'동어(桐漁) 이공(李公)과 반남(潘南) 박공(朴公)이 연달아 본도(本道) 관찰사가 되어서 남고산(南古山)에 성을 쌓고 진(鎭)을 설치, 장수로 하여금 수비하게 하고 또 남관(南關)에도 성을 쌓은 바, 규모는 덜 갖추어졌다. 재물을 출연해 갖추려 하였으나 미처 그럴 겨를이 없이 지금까지 61년이 흘러 식견 있는 이들의 근심과 탄식을 자아낸 지 오래됐다. 낙재(樂齋) 대야(大爺) 이공(李公)이 본도의 관찰사로 4년간 재임하면서 사유를 갖추어 임금께 아뢰고 대원위(大院位)에게도 품의(稟議)했다. 이에 계유년(고종 10, 1873년) 4월에 먼저 남관성(南關城)을 정비하고 성문 남쪽으로 10리 지점에 음양(陰陽)을 보고 샘이 흐르는 것을 보아 진을 설치하고 장수의 관아와 아전의 창고와 장대(將臺)를 지었다. 그 남쪽으로는 화포청(火砲廳)이 있고 그 서쪽으로는 무릇 100여 칸이 되는데, 대개 그 형세의 뛰어남이 자못 하늘이 베풀어 놓은 험준한 요새와 같아, 촉도(蜀道)나 진관(秦關)과 어깨를 겨룰 만했다. 처음 이곳을 건설할 때부터 대야(大爺)는 말없이 마음속으로 헤아려 번거롭지 않고 요란하지 않게 7개월간 일을 꾸렸기에 모든 일이 조리가 있어서 마침내 천년 풍패(豊沛)의 고장을 문득 일대 관방(關防)으로 이루어 놓았으니, 아아, 성대하도다. 하물며 대야는 관찰사를 지낸 후에도 정사를 잘하고 인화(人和)를 잘 이루어내 평중(平仲)의 아량과 정공(鄭公)의 덕망(德望)을 갖추어 상주(緗州) 사민(士民)들의 백년 시축(尸祝)이 된즉, 오늘날 영호남 사민으로서 이곳을 지나는 자는 서로 더불어 탄식하며 말하기를, "이는 낙재 이공의 공이다. 이곳에서 그분을 생각하지 않는다면 어찌 백년 시축이 되리오."하니, 이를 비석에 기록하여 후인에게 보인다. 숭정기원후 다섯 번째 계유년(고종 10, 1873년) 9월 일'

남관진은 진장아문(鎭將衙門), 저서지고(儲胥之庫), 장대(將臺), 화포청(火砲廳) 등 100여 칸의 건물과 산성 등으로 구성돼 있으며, 창건 당시에는 남고산성에 속했다. 하지만 중요성이 높아져 별도로 군대를 파견하고 장대(將臺)를 따로 둬 관리한 것으로 전해지고 있다.

비문에 의하면 남관진은 고종 10년 흥선대원군의 명으로 남고산의 남고진에서 10여리 떨어진 곳에 설치됐으며, 인근의 만마관(萬馬關)과 함께 전주와 호남평야의 미곡과 재산을 약탈하려는 왜구를 무찌르는데 있어 중요한 산성과 관문을 갖춘 요새지였다.

그동안 남관진비는 도로변 잡초 속에 묻혀있다가 전라금석문연구회(회장 김진돈)의 비문 해석으로 세상에 알려지게 됐다.

전북야사

임실 필봉산에 망월(望月)이야!

순천 낙안읍성(樂安邑城, 사적 제302호)은 고려 후기부터 잦은 왜구의 침입으로 인한 피해를 막기 위해, 조선 전기에 흙으로 쌓은 성이다. 이곳은 북동쪽의 금전산(670m)를 진산으로 삼고, 동으로 좌청룡인 오봉산(멸악산)으로 둘러싸여 있으며, 성 남쪽에는 넓은 들판이 펼쳐지고 들판 한 가운데 안산인 옥산이 서 있다.

낙안읍성에 들어오면서 가장 먼저 만나는 것이 바로 돌로 만든 개, '석구(石狗)'로 돌다리 앞에 자리를 지키고 있다. 멸악산은 고개가 가파르고 험하며, 산세가 모질어 읍성의 기운을 압박하고 지리를 방해한다고 믿었다. 그래서 그 산의 악한 기운을 없애기 위해 이름을 악을 없앤다는 뜻의 '멸악산'이라 짓고, 산꼭대기에 절을 지어 '멸악사'라고 했으며, 나쁜 기운을 누르기 위해 석구 세 마리를 만들어 동물을 지키게 했다.

동문 앞에 널다리 형태의 작은 평석교가 있다. 해자 위에 장대석을 가로질러 놓고 돌판을 맞춰 끼운 다리다. 평석교 앞에 풍화에 닳고 닳은 돌개 세 마리가 쪼그리고 앉아 반긴다. 조붓한 돌담들이 미로처럼 이어지는 고샅길들은 사람 사는 정이 물씬 도탑기만 하다. 평석교는 지금은 상당히 넓어졌지만 옛날에는 좁은 인도였다. 예전에는 정월 대보름날 자기 나이대로 이 다리를 건너면 일년 내내 다리가 아프지 않고 건강하게 지낼 수 있다고 해서, 다리 밟기(답교놀이)를 하던 곳이다.

　대보름은 정월 보름을 말하며, 한자로는 상원(上元)이라고도 한다. 대보름은 새해가 시작된 지 얼마 지나지 않아서 맞는 명절이다. 따라서 각종 놀이나 명절음식에는 한 해의 건강과 복을 기원하는 의미가 담겨 있다. 고창군 성내면에서는 오곡밥 먹기, 진나물 먹기, 매운 음식 먹지 않기, 김쌈 먹기, 오곡밥 얻어먹기, 밤새기, 우물 먼저 긷기, 부럼 깨기, 댓불 피우기, 머리카락 태우기, 달점치기, 더위팔기, 차례 지내기, 까치밥 주기, 소밥주기, 찬 음식 먹기, 두부 먹기, 키 큰 사람 부르기 등의 세시풍속이 있다.

　이때 불싸움은 깡통에 숯을 담고 불을 붙여서 액막이한다고 논두렁에 불을 지르고 다니는 것으로, 나이 수대로 불을 지른다. 지하밟기는 여자 아이들의 놀이로, 사람이 엎드려서 다리를 만들면 등을 밟고 지나가는 놀이이다. 부럼은 음력 정월 대보름날 밤에 까먹는 잣, 날밤, 호두, 은행, 땅콩 등을 일컫는 말이다. 대개 자기 나이 수대로 깨문다. 여러 번 깨물지 않고 한 번에 깨무는 것이 좋다고 한다. 한번 깨문 것은 껍질을 벗겨 먹거나 첫 번째 것은 마당에 버리기도 한다. 깨물면서 1년 동안 무사태평하고 만사가 뜻대로 되며 부스럼이 나지 말라고 기원한다. 이렇게 하면 1년 동안 부스럼이 나지 않으며, 이가 단단해진다고 한다. 보름날의 부럼을 위해서 14일 밤에는 미리 과실을 준비해 두고 땅 속에 묻은 밤을 꺼내어 깨끗이 씻어 놓는다.

　임실필봉농악은 호남좌도농악을 대표하는 굿이다. 징과 북의 수가 적고 쇵과리, 장구에 치중하여 잡색이 많이 편성되어 있다. 농악을 통해 아웃 간 소중함을 배우며 개개인의 기교보다는 공동체 화합과 단결을 중요하게 여긴다.

무엇보다도 징검다리에서 치는 노디굿이 정월대보름의 흥을 더한다. 이 노디굿은 작은 개울이나 도랑에 설치해 놓은 노디(징검다리)에 이상이 없는지 혹은 보수할 곳은 없는지를 살펴보는 한편 앞으로도 노디를 건너면서 사고가 나지 않고 편안하게 건너다니게 해달라는 일종의 고사굿판이다. 정월 대보름이 되면 왼새끼줄에 한지를 끼워넣은 금줄을 동네 앞의 개울에 놓여진 노디에 친 다음 한판 굿판을 벌이는 바, 노디굿 혹은 노디고삿굿이라고 한다.

안전 사고를 대비하기 위함이었을까, 참으로 우리 선조들의 지혜가 더욱 더 빛나는 가락이 아닐 수 없다. 매년 정월대보름을 맞아 임실군 강진면 필봉마을에서 '필봉 정월 대보름굿'이 열리고 있다. 필봉산에 망월(望月)이야!

김제 성산 홍심정

김제시 교동 일대에 자리 잡은 성산(城山)은 김제시의 주산으로 해발 고도 30~41m의 야트막한 구릉 산지이다. 전망대에 오르면 사방 약 40㎞를 관망할 수 있다. 성산 주위에는 사적 제482호인 김제군 관아와 향교, 벽성서원(碧城書院), 용암서원(龍巖書院), 홍심정(紅心亭) 등 김제의 전통을 고스란히 간직한 전통문화 유교 자산이 잘 남아 있어 김제시의 정체성을 말해 주고 있다.

교동 성산성지는 백제시대에 중요한 구실을 한 성곽이었다. 정확한 축조 연대는 알 수 없고, 1917년 편찬한 『김제군지』에 주성(主城)으로서의 기능을 하였다는 내용이 기록되어 있다.

『김제군지』에 따르면, 동헌을 중심으로 교동·서암동 등지를 포함한 이 성은 "석성(石城) 2,820척, 높이 20척, 토성(土城) 2,410척에 네 곳의 옹성과 6개소의 샘(泉)이 있던 이중성이라고 했는데 일제시기 초에 이르러 완전히 허물어져 증축치 못했다."고 했다.

일본의 『일본서기(日本書紀)』『천지기(天智記)』에는 백제 때의 김제가 피지산(避支山)과 피성(避城)으로 기록되어 있다.

662년(문무왕 2) 12월 부여풍과 신좌평·복신 등이 "주류성은 오직 전쟁을 막아 낼 장소일 뿐"이라며 피성으로 천도해야 한다고 주장했다.

「천지기」에는 "김제로 천도해야 할 이유로 동남쪽에 깊고 커다란 제방이 지키고 있어 좋은 지역이다."라고 기록되어 있다.

김제는 조선시대 이래 행정구역상 전라도의 주요 거점 가운데 하나였으며, 그 중심 치소인 김제군 관아의 핵심 지역인 성산 자락에는 유교 자산이 고스란히 남아 있다. 성산 자락에는 김제군 관아와 향교뿐만 아니라 전통적인 유교 자산인 서원이 자리잡고 있다. 대표적인 서원으로 용암서원과 벽성서원이 있다.

김제 홍심정은 1789년(정조 13) 밖으로는 외적을 막고 안으로는 무사도 정신을 수련할 목적으로 성산공원 북쪽 언덕에 활터를 마련하면서 지은 정자이다.

홍심정(활터) 제101대 임용호 사두 취임식이 2018년 2월 10일 개최됐다. 홍심정은 정조 13년(1789년) 당시 김제군 성산 북편에서 천홍정이란 명칭으로 조지택 초대 사두에 의해 창립됐으며, 1820년 서변면 옥거리(현 옥산동)로 이전했다가 1826년 서변면 요촌리로 신축 이전해 홍심정이라 칭했다.

1920년 영홍정(寧紅亭)이라는 이름을 홍심정으로 바꾸었고, 1978년 성산 서쪽에 활터와 정자를 새로 지었다.

유구한 역사를 가진 김제 홍심정은 성산을 중심으로 과거 학문의 중심지였던 향교와 무과 수련의 중심지였던 활터, 행정 중심지였던 동헌이 어우러져 국내에서 유일하게 과거 모습을 온전히 보존하고 있음으로써 그 가치를 더욱 높이 평가받는 가운데 옛 명성을 잘 지키기를 바란다.

봉동의 뒤주

벼와 쌀을 저장하는 시설 및 용구는 저장법과 규모에 따라 여러모로 달랐다. 논에 임시로 볏단을 쌓아 놓는 노적가리에서부터 공공의 곡창(穀倉)에 이르기까지 여러 저장 시설이 있었다.

비교적 소규모인 목조 소창(小倉)은 판벽(板壁)을 쌓아 올린 곳간으로 땅에서 한 자가량 높여 마루를 깐 뒤 만들었다. 토벽으로 된 곳간이 있는 대규모 곡창은 토벽과 판벽이 상·하단을 차지하고 있고 위에는 창구(窓口)들이 있었다.

이같은 미곡 창고는 뒤주나 곡갑(穀匣) 같은 용기에 쌀을 저장했다. 곡갑은 나무상자를 쌓아 올린 층갑(層匣)으로 되어 있어 운반과 곡식을 덜어 내기 편리하게 되어 있었다. 뒤주나 곡갑은 미곡 창고 외에 다른 곳에서도 사용했고, 크기 역시 다양했다..

김제의 대표적인 쌀독은 전북 민속자료 제11호로 지정된 장화리 쌀뒤주이다. 장화리 쌀뒤주는 쌀을 저장하는 용구로, 구례군수를 지낸 정준섭이 만들었다. 김제시 장화동 210-1번지 후장마을에 있으며, 가로와 세로 각각 210㎝인 정방형이다.

백미를 가득 채울 경우 70가마가 들어간다. 문은 앞면 가운데에 있으며, 폭 68㎝로 8개의 판자를 끼워 사용했다. 현재 1개가 분실된 상태이다. 재질은 괴목 판재이며, 네 개의 기둥이 일반 가옥처럼 원형에 가까운 주초(柱礎) 위에 세워져 있다.

2018년 2월 20일 봉동읍지역사회보장협의체는 봉동읍사무소와 봉동농협 2개소에 '생강골 옹달샘'이라고 명명한 쌀 뒤주를 설치했다.

이는 제도권의 복지혜택을 받지 못하고 누군가의 도움을 요청하기도 쉽지 않아 외롭게 어려움을 감내하고 있는 이웃을 위한 뒤주다. 뒤주 옆에는 쌀이 필요한 분은 누구나 가져가도 된다는 안내문과 함께 비닐봉지를 비치, 지역 주민 누구나 자유롭게 수시로 쌀을 퍼갈 수 있도록 배려했다.

전남 구례군 토지면에 오미리 운조루(雲鳥樓)엔 쌀이 3가마나 들어가는 쌀 뒤주가 있다. 200여년 된 원통형 뒤주 아래 부분의 마개에는 "누구나 쌀 뒤주를 열 수 있다"는 뜻인 '타인능해'(他人能解)라고 적혀 있다.

운조루의 주인은 배고픈 사람은 누구든 이 뒤주를 열어서 쌀을 퍼갈 수 있도록 했다. 요즘 끼니를 거르는 사람이 있을까 싶지만 우리 주변에는 아직도 도움이 필요한 사람이 많은 것이 사실이다.

기부문화가 확산돼 더불어 살아가는 따뜻한 봉동읍이 되도록 십시일반 힘을 합쳤으면 좋겠다. 중산층이 얇아지고 절대부유층과 절대 빈곤층이 증가함에 따라 양극화문제는 국가적인 과제로 떠올랐다.

운조루 때문에 뒤주가 아름다운 게 아니라 뒤주 때문에 운조루가 빛난다. 봉동 등 전북 각 지역마다 내 지갑을 열어 나를 빛낼 수 있는 사회를 희망한다.

전북에 묵향(墨香)이 흐르게 만들자

문화재청은 '김정희 필 침계' 등 19세기 대표적 학자이자 서화가였던 추사(秋史) 김정희(金正喜, 1786~1856)의 글씨 3점을 보물로 지정했다.

우선, '김정희 필 대팽고회(金正喜 筆 大烹高會)'는 작가가 세상을 뜬 해인 1856년(철종 7년)에 쓴 만년작(晚年作)으로, 두 폭으로 구성된 예서 대련(對鍊)이다.

내용은 중국 명나라 문인 오종잠(吳宗潛)의 「중추가연(中秋家宴)」이라는 시에서 유래한 것으로, "푸짐하게 차린 음식은 두부·오이·생강·나물이고, 성대한 연회는 부부·아들딸·손자라네(大烹豆腐瓜薑菜, 高會夫妻兒女孫)"라는 글귀를 쓴 것이다.

또, '김정희 필 차호호공(金正喜 筆 且呼好共)'은 "잠시 밝은 달을 불러 세 벗을 이루고, 좋아서 매화와 함께 한 산에 사네(且呼明月成三友, 好共梅花住一山)"라는 문장을 예서로 쓴 대련(對聯) 형식이다.

마지막으로 '김정희 필 침계(金正喜 筆 梣溪)'는 화면 오른쪽으로 치우쳐 예서로 '침계(梣溪)' 두 글자를 쓰고, 왼쪽에는 행서(行書, 약간 흘려 쓴 한자 서체)로 8행에 걸쳐 발문을 썼으며, 두 과의 인장을 찍어 격식을 갖추었다. 침계(梣溪)는 김정희와 교유한 윤정현(尹定鉉, 1793~1874)의 호(號)이다.

학문이며 철학이고 미술인 서예는 가장 동양적 예술의 하나로, 그 중심에 빠지지 않는 것이 전북이다. 보물 제728호로 지정된 설씨부인 권선문(薛氏夫人 勸善文)이 가장 오래된 전북의 작품이다.

전북 서예는 송재 송일중, 창암 이삼만, 석정 이정직, 벽하 조주승, 설송 최규상 등 오래 전부터 탄탄한 서단을 형성했다.

지금까지 도내에서 발견된 추사의 비문과 편액은 선운사의 백파선사비를 비롯, 영인전주유씨지묘, 창암이삼만 묘표, 김복규·김기종 효자비, 귀로재 편액 등 모두 10여 점에 이르고 있다.

정부인 광산김씨의 묘표(墓表)로, 전면은 김정희선생의 예서 글씨가, 뒷면과 옆면은 전북출신의 창암 이삼만(1770-1847)선생의 해서 글씨가 각각 새겨져 있다.

유명 서예가들이 남긴 금석문과 편액들을 문화관광자원화으로 활용하면 얼마나 좋을까. 따라서 전주, 완주, 임실, 익산, 군산, 고창을 연결하는 답사길을 개발해 묵향이 진동하는 스토리 코스로 개발했으면 한다. 도내에서 발견된 고려시대 비는 금산사의 혜덕왕사비가 유일해 조원길의 묘비는 판독 작업을 마친 후 문장 구성과 서체 등 서예사 연구에 있어 중요한 사료로 평가받아 전북 유형문화재로 지정됐다.

하지만 도내에는 마모 또는 멸실의 위기를 맞이한 금석문이 이루 다 헤아리기 어려울 정도로 많다. 김정희와 이삼만 등 서예가들이 남긴 금석문을 통해 답사코스를 개발하는 등 소중한 문화관광자원으로의 활용이 시급한 까닭이다.

정읍 복조리

고창군 성송면 지역의 경우 드는 환갑은 안 쇤다고 하여 쉰아홉이 되는 해에는 집에서 설을 지내지 않는다. 친척 집에서 지내고 오거나 요즘은 여행을 가기도 한다. 쉰아홉이 되는 해에는 집안의 굴뚝에서 연기만 나도 좋지 않다고 여긴다.

설날 집안에 처음 오는 손님으로 점을 치기도 한다. 남자가 먼저 들어오면 재수가 있어 닭을 기르면 닭이 잘 되고, 무슨 짐승이든 잘 된다고 한다. 그러나 반대로 여자가 먼저 들어오면 짐승이 잘 자라지 않는다고 싫어한다. 설날 복조리 장수가 마을에 들어오면 어느 집에서든 복조리를 산다. 2개를 한 묶음으로 엮어서 복이 들어오라고 안방 문 위에 걸어 둔다. 이때 복조리 속에 특별히 넣어 두는 것은 없다.

음력으로 1월 1일을 설이라고 부른다. 설이라는 말의 어원은 삼간다, 새해가 시작되어 서럽다, 본래 처음을 뜻하는 말이다. 설에는 조상에게 차례를 지내고 성묘를 가며, 집안 어른들에게는 세배를 드린다. 설음식으로는 떡국을 만들어 먹는다.

하지만 요즘은 복조리 장수가 마을에 들어오지 않는다. 수년전만해도 정읍시 입암면 하부마을 주민들이 입암산에 자생하는 속대로 만들었던 복조리가 발자취를 감췄다.

조리는 대나무나 싸리가지의 속대를 엮어 만들어 쌀을 이는 용구이다. 조리는 가늘게 쪼갠 대나무나 철사 등으로 엮어 만든, 쌀을 이는 도구다. 설날에서 정월 대보름 사이에 구입해 방이나 부엌에 걸어둔다.

조리를 일어 그해의 복을 취한다고 하여 '복 들어오는 조리'라는 뜻에서 복조리라 부른다. 섣달 그믐날 자정부터 정월 초하룻날 아침 사이에 조리장수는 복 많이 받으라고 소리치며 복조리를 집마당에 던져놓는다.

주로 마을 청소년들이 팔다가 후에는 전문 장사치가 등장했다. 설날에 장만한 복조리는 1년 내내 쓰게 되지만 방 한쪽 구석이나 대청 한 귀퉁이에 그대로 걸어두기도 하며, 갈퀴와 함께 부엌문 앞에 걸어두기도 한다.

이는 갈퀴로 복을 끌어들여 복조리 속에 담는다는 뜻이다. 조리가 만복을 일구어주리라는 믿음에서 비롯한 복조리 풍습은 1970년대 후반까지도 성행했으나 점차 사라지고 있다.

정초에 복을 비는 세시풍속의 하나로 구입하는 복조리가 중국산에 밀려 안방을 내주고 있다. 산죽(山竹)을 베어다 사나흘 말리고, 끓는 물에 세시간 정도 담그는 등 제조과정이 복잡해 5백원씩은 받아야 하는데 그 가격에는 도매상들이 거들떠보지도 않는다.

복조리 주산지인 남원시, 김제시와 순창군, 임실군 주민들의 사정도 비슷하다. 객지에 사는 자녀나 친척 등에게 줄 선물용으로 4~5개씩 재미삼아 만드는 게 고작이다.

얼마전까지 농촌지역을 중심으로 정월 대보름이 다가오면 아침 일찍 대문 안에 복조리가 놓여 있곤 했다. 그날 오후 어김없이 "복조리값 받으러 왔습니다" 는 말과 함께 대문을 두드리는 소리가 났던 것이 옛 추억의 풍속이 사라져 가는 것인가. 정월 복(福)마저 중국산이 떡하니 차지한것 같아 씁쓸한 것은 왜 일까.

남원의 마애불

 마애불(磨崖佛)이란 자연의 암벽에 새긴 불상으로 기원전 2-3세기경 인도에서 시작된 기법이다. 인도, 중국, 일본 등지에 퍼져 있으며 우리나라에서는 삼국시대인 7세기 무렵 백제에서부터 시작된 것으로 추정된다.

 견두산마애여래입상(犬頭山磨崖如來立像)은 남원시 수지면과 전남 구례군 산동면 경계에 위치한 견두산 정상 부근에 있다. 견두산 입구에서 약 6㎞ 정도 올라가면 산 정상이 있고, 정상에 있는 묘를 왼쪽으로 끼고 내려서면 높이 5m 내외의 거대한 암벽에 마애불이 있다, 마애 여래 입상은 암벽의 하단 2.5m 지점에 새겨져 있다.

 무릎 이하의 하단부가 결실되어 정확한 규모는 알 수 없으나 대형 마애여래 입상이다. 장대한 신체 표현, 손 모양의 형태, 비만한 듯한 얼굴과 꽉 다문 입 등의 표정은 여원치 마애불상 등 당시 남원 지역의 다른 마애불과 친연성을 보여주며, 제작 연대는 고려 전기에서 중기경으로 추정된다. 남원 지역의 마애불상의 한 형식을 살필 수 있는 귀중한 자료로, 2003년 5월 16일 유형 문화재 제199호로 지정됐다.

 여원치마애불상(女院峙磨崖佛像)은 남원시 이백면 양가리에 있는 마애불이다. 전체적으로 중후한 느낌을 주면서도 조각 수법이 평면적이어서 그런지 역동감은 별로 없으나 건장한 신체 표현으로 인하여 강한 힘을 느끼게 한다. 불상의 왼쪽 면에는 바위를 파서 불상과 관련된 명문을 새겨넣었다.

조선시대 말기 운봉현감 박귀진(朴貴鎭)이 남긴 이 명문에는 이성계장군이 길가는 노파의 계시를 받고 왜구를 섬멸하고 대승을 이루자 산신이 나타났던 것으로 여겨 불각을 짓게 하고 받들었다는 전설이 내려온다는 내용이 담겨져 있다.

하지만 여원치 마애불상이 어느 시기에 조성되었는지 기록에는 잘 나와 있지 않다. 다만 중후한 신체 표현과 평면적인 조각 수법 등으로 볼 때 고려 전기 작품으로 추정되고 있으며, 1997년 11월 전북 유형 문화재 제162호로 지정됐다.

그렇다면 남원에 마애불을 조성한 불심은? 그 형태도 다양하다. 단순히 선으로 그어 불상을 새긴 '선각'도 있지만, 부분을 돋을새김을 한 것도 있다.

'꽃 피는 것도 좋지만 / 꽃 지는 것 또한 슬퍼할 게 뭐랴. / 피고 지는 것 모두가 자연인데 / 열매가 있으면 또 꽃을 낳는 것이야'

이규보는 '꽃샘바람(妬花風)'을 통해 아무리 모진 꽃샘바람이라도 그를 미워 할 일 없다고 한다. 바람이란 꽃을 피우게도 하는 것이지만 또 떨어지게도 하는 것일 뿐 이미 피어 있는 꽃을 위해 바람이 불지 않으면 그것은 자연의 이치가 아니라고 하고 있다.

바람은 만물에게 고루 펼쳐져야 하는 것일 뿐 어느 하나만을 위한 것이 아니라고 하며 노래한다. 바람이 머무는 곳, 마애불의 비밀은 언제쯤 풀릴 것인가?

남원 미꾸리

남원 추어탕은 섬진강의 지류인 소하천이나 개울에서 자라는 미꾸라지를 잡아 남원 지역의 토란대와 운봉 지역의 고랭지 푸성귀를 말린 시래기를 주재료로 넣어서 탕으로 끓여 만든 미꾸라지국으로, 전국적인 사계절 보양 음식이자 남원의 대표적인 향토 음식이다.

남원은 선사 시대 이래 천혜의 자연 환경인 지리산과 섬진강을 보유하는 전라도 동부 산악원의 중심 도시로 그 영역이 광대하였고 산악 문화와 농경 문화를 현재까지 아우르고 있다.

국내 5대강의 하나인 섬진강의 지류 요천과 축천을 중심으로 하는 청정 하천이 남원 곳곳으로 흐르고 풍부한 퇴적층이 형성되어 있어 자연스레 미꾸라지를 비롯한 민물 고기가 많을 수밖에 없는 환경을 갖추고 있다. 여기에서 남원의 추어탕 문화의 기원이 시작되었고, 양반층보다는 서민층에서 만들어 먹다가 지식인층의 기호 식품으로 자리잡으면서 대중화되었다고 한다.

남원 지역 주민들은 가을 추수가 끝나면 겨울에 대비해서 보양 음식으로 살이 통통히 오른 미꾸라지나 미꾸리를 잡아서 시래기와 함께 삶아 탕을 많이 끓여 먹었다. 가을철에 주로 먹던 추어탕이 사계절의 보양 음식으로 이해되면서 음식으로 개발됐고, 장어와 잉어에 버금가는 미꾸라지만의 효능도 증명이 됐다.

또 지리산에서 나는 산채·토란대, 그리고 고랭지 푸성귀를 말린 시래기와 각종 나물들, 남원 추어탕에 빠져서는 안 되는 향신료 초피(전라도에서는 젠피라 부른다)를 쉽게 구할 수가 있어 남원은 어느 지역보다 손쉽게 추어탕을 끓여먹을 수 있었다.

다시 말해 남원은 추어탕 문화가 저절로 발달할 수밖에 없는 지역적 특성을 지니고 있었던 것이다.

남원 추어탕은 남원을 맛의 고장으로 전국적으로 유명하게 하였고, 식품영양학적인 면에서도 미꾸라지와 시래기의 상호 보완적인 기능을 인정받아 지리산을 대표하는 선도적인 사계절 보양 음식으로 자리매김되었다. 현재 대표적인 관광지인 남원 광한루원 주변은 추어탕 거리가 형성되어 있다.

미꾸라지(미꾸리)는 민물에서 서식하는 미꾸리과의 어류로, 동물성 플랑크톤이나 물속의 모기 유충, 지렁이 등을 먹으면서 자라는 한국 토종 어류이다. 미꾸라지의 여러 종류 중에서도 특히 미꾸리 종은 남원의 맛을 대표하고 있다고 해도 과언이 아니다. 보통 미꾸라지의 수명은 10년 전후로서 주로 하천이나 개울을 비롯, 논, 연못 등에 서식하고 있으며 3급수에서도 비교적 잘 살 정도로 강한 생명력을 가지고 있다.

남원시가 내수면 양식단지 조성사업 공모에 최종 선정됐다. 남원시농업기술센터에 따르면 남원시 주생면 일대 4만2700㎡ 규모로 추진되는 이번 사업은 2018년부터 2020년까지 70억원을 투자해 미꾸리 친환경 양식장 부지조성, 유통, 체험, 판매시설, 저류시설, 환경기초시설, 공원 및 녹지시설 등을 조성한다. 이 사업이 마무리되면 남원 미꾸리 대량생산 및 남원 추어산업을 대표하는 거점이 될 것으로 기대를 모은다. 요즘처럼 추운 날엔 추어탕 한 그릇이 간절하다

김제의견비

 임실군 '오수(獒樹)'라는 지명은 '주인을 구한 의견(義犬)'에서 비롯됐다. 이 의견이야기는 고려 때 최자가 쓴 '보한집(補閑集)'에 수록한 '오수설화(獒樹說話)'에 근거를 두고 있다.
 거령현(居寧縣, 오수, 지사, 삼계 등 오늘날 임실군 남부의 고려시대 지명)의 김개인(金盖仁)이라는 사람은 기르는 개를 매우 귀여워했다. 하루는 나들이길에 개도 따라나섰는데 주인(主人)이 술에 취하여 돌아오다 취기(醉氣)를 못이겨 들에 쓰러져 깊은 잠에 빠졌을 때 들불이 일어났다.
 잠에서 깨어난 주인은 자기의 생명을 구해주려다 처참하게 죽어간 개의 모습을 보고 슬픔과 감동을 노래하면서 개를 묻어주고 무덤의 표시로 자기의 지팡이를 꽂아두었다. 새봄이 오자 그 지팡이에서 싹이 텄고 세월이 흘러 큰 나무가 되자 사람들이 그곳의 지명을 獒(개 오) 樹(나무 수)라 불렀다.
 김제시 순동에도 이와 흡사한 이야기가 전하고 있다. 옛날 김제군 옥산리에 김득추라는 사람이 살고 있었는데 개를 몹시 좋아했다.
 어느 날 개를 데리고 친구 집에 놀러갔다. 그는 친구네 집에서 술상을 마주 대하고 서로 정담을 나누었다. 개를 앞세우고 집으로 향하는데 술에 취한 김득추는 나지막한 야산을 지날 때 그만 풀밭에 털썩 주저앉고 말았다.

  때가 이른 봄이라 따스한 햇살 덕에 김득추는 맥을 못 추게 되었던 것이다. 그런데 갑자기 원인을 알 수 없는 산불이 일어났다. 불은 봄바람을 타고 미친 듯이 번져왔기 때문에 개는 김득추를 깨우려고 발버둥을 쳤다. 그런데 한번 술에 곯아떨어진 김득추는 좀처럼 깨어나지 않았다.

  김득추를 깨울 수 없는 것을 깨달은 개는 가까이에 있는 방죽으로 달려갔다. 그리고 온몸에 물을 적셔서 잠이 든 김득추 옆 풀밭 위를 사정없이 나뒹굴었다. 곤한 잠에 들어 꿈속을 헤매던 김득추는 해가 서산에 질 무렵에야 겨우 잠에서 깨었다.

  김득추는 개가 잠이 든 자기를 살리려고 불에 타서 이렇게 죽어간 사실을 깨닫고 자신이 취하도록 술을 마신 일을 후회했지만 소용이 없었다. 김득추는 자기 목숨을 구하고 불에 타서 숨진 개를 그 자리에 고이 묻어 주고, 얼마 후 개 무덤 앞에 조그맣게 비석을 세웠다. 지금도 김득추가 세운 의견비 옆에는 조그마한 방죽이 있으며, 개가 몸에 물을 적셔 주인을 살렸다고 하는 이야기가 전해지고 있다.

  이는 주인을 위해 목숨을 바친 개에 관한 진화구주형(鎭火救主型) 의구전설(義狗傳說)이자 의견비 유래담이다. 의견비는 주인을 구하고 대신 죽은 살신성인의 개의 넋을 위로하기 위하여 순동 마을을 가로 지르는 호남선 철로변의 올림픽 기념 숲에 세워져 있다. 의견(義犬)이라는 글자는 정확하게 확인할 수 있지만 비(碑)자는 많이 마모된 상태이다. 주변에는 김이제(金伊堤, 개방죽)가 있다. 실명으로 김득추가 등장하고 의견비가 세워진 옆에 실제 방죽이 있는 등 사실성이 좀 더 구체화된 것을 알 수 있다.

물을 팔아먹은 정평구

예로부터 치수(治水)는 시대를 막론하고 태평성대와 직결되는 일로 여겨져왔다.

중국의 태평성대를 얘기할 때면, 요·순임금 다음으로 천하를 다스렸다는 우(禹)임금 시대다. 우임금의 가장 큰 업적으로는 9년간 지속된 홍수를 다스려 사람들이 제대로 살 수 있게 하였다는 것이다. 물길을 트고 땅을 메우는 등 13년간 밖에서 지내면서 3번 집 앞을 지나갔지만 집에는 들르지도 않고 치수에 매진해 홍수를 다스렸다.

한번은 우임금 아내가 아이를 낳을 때 지나갔다. 우임금이 두번째 집 앞을 지날 때 아내의 품에 안긴 아들이 우임금을 향해 손을 흔들었지만 집에 들어가지 않았다. 세번째 집 앞을 지날 때는 열살된 아들이 아버지를 발견하고 손을 잡고 집으로 끌어당겼지만 우임금은 "치수 사업이 끝나지 않아 집에 가지 못한다"고 하면서 13년 동안 단 한 번도 집에 들어가지 않았다고 알려졌다. '과문불입(過門不入)' 아는 사람의 집 문 앞을 지나면서도 들르지 않는다는 의미인 만큼 참으로 독한 사람이 바로 그였다.

김제에 물 관련 얘기가 전하고 있다. 김제출신 정평구(鄭平九)는 헤엄을 잘 쳤다. 물속에서 물오리 흉내를 내는 것은 예삿일이었다. 정평구는 물오리 탈을 쓰고 헤엄을 치기도 했다. 그런데 어느 날 한양 사람이 제주방죽에 놀러왔다가 정평구의 말을 듣고 물오리가 탐이 났다. 그래서 헐값으로 사가라고 권하는 정평구의 말에 솔깃해 제주방죽에 있는 수천 마리의 오리 중에서 반수를 계약했다. 정평구는 증거 표시로 몇 마리를 잡아 한양 사람에게 주었다. 그런 일이 있은 얼마 후, 한양 사람은 자기가 사두었던 오리를 잡으려고 사람을 놓았는데 사람들이 잡으려고만 하면 오리는 전부 날아오르는 것이었다.

화가 난 한양 사람이 정평구에게 속았다면서 손해 배상을 요구했다. 하지만 이같은 일 정도에 호락호락 넘어갈 정평구가 아니었다. 정평구는 도리어 자기가 애지중지 기른 물오리를 전부 날려 보냈다면서 날려 보낸 물오리를 변상하라고 청구 소송을 냈다. 청구 소송에서 이긴 정평구는 오히려 나머지 반수의 물오리 값을 받아냈다고 한다. 그래서 후일에 사람들이 정평구의 이 사건을 두고 정평구가 제주방죽의 물오리를 두 번이나 팔아먹었다고 이야기를 하게 되었다고 한다.

'물오리를 팔아먹은 정평구'의 주요 모티프는 '주인이 없는 물오리를 판매하는 사기', '손해 배상을 요구하는 지혜' 등이다. 꾀 많은 정평구가 제주방죽 물오리를 한양 사람에게 두 번이나 팔아먹는 점에서 보면, 그가 얼마나 대단한 지략을 갖춘 사람이었던가를 알게 해준다.

'물오리를 팔아먹은 정평구'의 내용을 보면 민중들의 소망, 민중들의 지배 계층에 대한 저항, 웃음과 재치 등을 다 포괄하고 있다. 어떠한 난관에도 굽히지 않고 슬기와 여유와 웃음을 가지고 헤쳐 나가는 지혜로움에 그 의미가 있다.

전북지역 저수율은 2018년 1월 현재 63%로 전국 평균(70%) 보다도 낮다. 전북을 비롯한 전국이 비슷한 상황이지만 부안댐 저수율은 현재

'관심' 단계로 진입한 상태다. 지속된 겨울 가뭄을 극복하기 위해 농어촌공사 전북본부가 발벗고 나섰다고 한다.

  한국농어촌공사 전북지역본부는 성공적인 물관리를 수행을 위해 2018년 농업용수확보에 총력을 기울이고 있다고 했다. 현재 전북본부 관리 417개 저수지의 평균저수율은 약 62.3%로, 가뭄이 극심했던 지난해보다 7.7% 낮아 올해 영농을 위한 저수량 부족이 심각한 상황이다. 게다가 13개의 저수지는 50% 이하의 저수율을 보이고 있어 영농을 위한 농업용수 확보가 시급한 실정이다. 최근 빈번히 발생하고 있는 지진 피해 예방을 위해서 95억원의 사업비를 투입해 남원 동화댐의 내진보강 공사도 올해 안에 완료할 예정이다.

  홍수를 다스린 공으로 우는 순 임금의 뒤를 이어 천하를 물려받아 하(夏) 임금이 되었다고 한다. 옛 부터 선인들은 나라를 다스리는 근본을 치산치수(治山治水)에 두었다. 나라의 위정자가 해야 할 첫째 덕목이었음은 물론이다. 그러나 그 행함에 있어서도 지혜가 필요했으니 흙으로 제방을 쌓아 강물을 막으려 했던 아비 곤과 달리 우는 낮은 곳으로 물길을 돌려 황하의 치수를 완성했다고 한다. 우주, 자연 그리고 세상의 이치를 깨우친 지혜가 아니고서는 결코 성공할 수 없었던 것이다.

  우임금의 사례는 치수(治水)보다 민심을 헤아려 고통을 부둥켜안는 치덕(治德)이 먼저임을 일깨워 주는 것이 아닐까. 바야흐로 정치의 계절이 쏜살처럼 다가오고 있다.

김대건 신부

사적 제529호 당진 솔뫼마을 김대건 신부 유적은 우리나라 천주교사에 큰 발자취를 남긴 한국 최초의 사제인 김대건 신부(1821~1846년)를 비롯, 김대건 신부의 증조할아버지(김진후), 작은할아버지(김종한), 아버지(김제준) 등 4대에 걸친 순교자가 살았던 곳으로 전해지고 있다.

1836년에 작성된 김대건 신부의 신학교 입학 서약서에는 김대건 신부의 출생지가 '충청도 면천 솔뫼'로 기록되어 있다. '솔뫼'는 '소나무 숲이 우거진 산'이라는 뜻에서 유래하며 현재의 충남 당진시 우강면 송산리에 위치하고 있다.

이 유적에는 2004년 복원된 김대건 신부 생가와 김대건 신부 순교 100주년을 맞이하여 1946년 세워진 순교복자비, 김대건 신부 동상, 울창한 소나무 숲 등이 자리하고 있으며, 주변에는 김대건 신부기념관, 야외 성당 등이 조성되어 있어 김대건 신부의 발자취와 생애를 한눈에 확인할 수 있다. 아울러 중세사회에서 근대사회로의 이행기에 발생한 천주교 전래와 사상과 신앙의 자유에 대한 박해과정 등을 집약적으로 이해할 수 있어 종교사적으로 뿐만 아니라 정치·사상적 변천을 반영하는 중요 유적으로 평가되고 있다.

사적 제399호 서울 양화나루와 잠두봉 유적에도 그를 만날 수 있다.

한국 천주교의 성지인 잠두봉과 주변에 있었던 양화나루터를 가리킨다. 잠두봉은 봉우리가 누에의 머리를 닮았다고 하여 붙여진 이름이다.

1966년 천주교에서 잠두봉을 중심으로 성당과 기념관을 세웠고 주변 지역을 공원으로 꾸몄다. 광장 안에는 김대건, 남종삼의 동상과 사적비가 있다.

익산시 망성면에는 '화산'(華山)이라는 나지막한 산이 있다. 그 중턱에는 '화산' 이름과 맞춘 듯이 어울리는 아름다운 '나바위성당(사적 제318호)'이 있다. 1897년 본당 설립 당시 '화산본당'이란 이름으로 불렸지만 1989년부터 '나바위성당'이라고 불렸다.

화산 산줄기 끝자락에 광장처럼 너른 바위가 있는데 이에서 이름을 따와 '나바위'라고 불렀다고 한다. 이 성당은 김대건 신부가 중국에서 1845년에 사제서품을 받고 페레올 주교, 다블뤼 신부와 함께 황산나루터에 상륙한 것을 기념하기 위해 1906년에 지은 건물이다. 1906년 베르모레르 신부가 감독과 설계를 하고 중국인 기술자들을 동원해 지었다.

익산시는 최근 향토유적심의위원회 심의를 통해 김대건 안드레아 신부 순교비 등을 향토유적으로 신규 지정했다.

16호로 지정된 김대건 안드레아 신부 순교비는 익산 나바위성지(익산 나바위성당) 내 화산 정상부에 위치해 있으며, 나바위에 김대건 신부가 상륙한 지 110년, 본당 건축 50주년을 기념하고자 건립됐다.

순교비는 김대건 신부가 중국에서 사제서품을 받고 첫발을 디딘 곳임을 알리기 위해 신부 일행이 타고 왔던 라파엘로호를 연상해 길이 4.5m, 넓이 2.7m, 깊이 2.1m로 제작됐다. 나바위라는 말이 예사롭지 않은 오늘이다.

정읍 은선리

정읍시 영원면 은선리는 3점의 문화재가 자리하고 있는 곳이다. 보물 제167호 정읍 은선리 삼층석탑, 시도기념물 제56호 은선리토성, 시도기념물 제57호 은선리 고분군 등이 바로 그것이다.

삼층석탑은 정읍 은선리 마을에 세워져 있는 3층 석탑으로, 우리나라에서는 일찍이 볼 수 없었던 독특한 모습을 하고 있다. 고려 중기에 만들어진 탑으로 추측된다. 기단과 지붕돌에서 백제 석탑의 모습을 보여주고 있는데, 이를 통해 고려시대에도 옛 백제 땅에서는 백제양식의 석탑이 만들어지고 있음을 알 수 있다.

1층 몸돌이 지나치게 높아진 데다가 기단·몸돌이 모두 너비가 좁아서, 높을 뿐 아니라 안정감도 줄어들어 우수작이라 볼 수는 없지만, 일부 특이한 양식을 지녔고 백제양식의 탑이 전파된 경로를 알 수 있다는 점에서 눈길을 끈다. 기단(基壇)은 낮은 1단으로, 부여 정림사지 오층석탑(국보 제9호)과 같은 양식이다.

토성은 영원면 은선리 탑림마을의 서북쪽에 있는 산성으로, 높고 평탄한 대지 위에 높이 약 4~5m 정도로 흙을 쌓아 올렸다.

성 안에서 삼국시대 토기와 기와 조각 등 유물이 출토되고 있어 백제 토성터로 보인다. 남북의 길이 280m, 동서폭 최대 160m, 둘레 875m

이다. 서쪽 중앙에 물이 흘러 나가는 구멍인 수구가 있으며, 동·서·남·북쪽에 문터가 남아있다.

고분군은 천태산 서쪽 기슭에 있는 백제의 굴식돌방무덤(횡혈식석실분)이다. 은선리 무덤들은 무덤의 축조 방법과 구조가 다양하여, 백제 돌방무덤 연구에 중요한 자료가 되고 있다. 10여기의 무덤들이 밀집되어 있으며, 돌방(석실)은 깬돌과 판돌을 이용, 직사각형으로 지었다. 유물은 일제시대에 거의 도굴되어 그 흔적을 찾아 볼 수 없으나, 무덤의 내부 구조로 보아 백제 웅진시대 후기에서 사비시대에 걸쳐 형성된 것으로 보인다.

은선리 도계리 백제 고분이 분포된 정읍시 은선리와 도계리 고분군이 이달 초 사적으로 지정 예고됐다. 반경 2km 이내에 275기의 백제고분이 분포하고 있으며 사적 지정 예고 대상은 백제 횡혈식 석실분 56기이다.

정읍시는 이 고분군은 전북에 위치한 백제고분으로는 지금까지 확인된 것 가운데 최대 규모이며 횡혈식 석실분이 밀집돼 있어 백제의 통치 영역 확장을 보여주고 있다고 밝혔다.

인근에 있는 고사부리성(사적 제494호)과 주변에 분포하고 있는 마한계 분구묘, 중방과의 관계 등을 볼 때 앞으로 백제의 중앙과 지방, 대외관계, 정치세력의 변천 등의 연구에 있어 중요한 역할을 할 것으로 주목된다.

이는 백제시대에 초축(初築)되어 통일신라 때 개축됐고, 고려시대를 거쳐 조선시대 영조 41년(1765) 읍치(邑治)가 이전되기까지 계속적으로 활용되었던 성곽이다. 문화재청은 30일간의 예고 기간을 통해 의견을 수렴한 뒤 이 고분을 사적 제543호로 지정했다.

남원 아영면

"흥부골을 아니시나요?" 남원시 아영면을 '흥부면'으로 개칭하면 남원시의 관광수입 증가효과는 연간 546억원에 이르고 흥부골 브랜드의 판매액 증가효과는 연간 30억원에 이를 것이라는 분석이 나왔다. 흥부면 명칭변경추진위원회는 면 이름을 바꾸게 되면 연간 540억원이 넘는 관광수입이 나올 것이라는 연구결과가 나왔다.

아영면(阿英面)은 남원의 문헌 기록상 최초로 등장하는 지역이다. 아영은 삼국시대에 아막(阿莫), 아용(阿容), 아영(阿英)이라 했으며, 지금도 옛 지명이 아막산성(阿莫山城) 등으로 남아 있다. 『삼국사기(三國史記)』 중 「백제본기」에서는 아막산성으로, 「신라본기」에서는 아막성으로 나타나고 있는 것이 그것이다.

아막성이라는 이름으로 1977년 12월 31일 도기념물 제38호로 지정됐다. 아영면 성리 83번지에 위치하며 성 안에는 운성암(雲城庵)이라는 암자가 있다. 성의 윤곽이 드러나 있고 성문지(城門地)도 구분해 낼 수 있으며 서쪽 성벽은 비교적 보존이 잘 되어 있다.

백두산을 기점으로 하면 백두대간의 남원 지역 출발점이 봉화산(烽火山)이다. 이 봉화산의 백두대간 능선과 지능선(함양·인월 경계의 연비산 능선) 사이에 펼쳐진 구역이다. 봉화산을 수원으로 하는 풍천(楓川)이 남쪽으로 흐르며 아영면의 중앙으로 가로질러 기름진 들판의 젖줄 역할을 하고 있으며, 진주의 남강을 거쳐 낙동강으로 흘러든다.

또, 백두대간 능선을 경계로 장수군 번암면 쪽의 물은 섬진강의 상류가 되기도 한다. 이 백두대간 능선은 500m 이상의 고도를 유지하고 있어 삼국시대 백제와 신라의 국경으로 굳어져, 아막산성(阿幕山城) 등 많은 산성들이 축조됐다.

야영면 두락리와 인월면 유곡리 경계 능선 일대에 27기 이상의 가야 고분군이 있으며 1973년 6월 23일 도기념물 제10호로 지정됐다. 봉분 근처에는 사적비가 번호로 매겨져 세워져 있으나 봉분이 제대로 남아있는 것은 거의 없으며 봉분을 깎아 밭으로 경작되는 곳도 있다. 가야 고분군은 일제강점기 때 거의 도굴된 것으로 파악되나 그 중 몇 기는 보존되어 있는 것으로 추정된다. 월산리 고분군은 광주 대구 고속 도로 건설 중 발견된 고분군으로 당시 가야계의 환두대도가 출토되기도 했다.

흥부 발복지로 알려져 있는 마을은 아영면 성리 상성마을이다. 예로부터 '춘보제(春甫祭)' 또는 '춘보망제(春甫望祭)'라 하여 제사를 지내왔는데 일제강점기에 중단된 것을 1992년부터 다시 지내오고 있다.

흥부 문화를 선양하기 위한 흥부마을 터울림 행사는 매년 음력 9월 9일 흥부묘에서 개최된다. 남원시 아영면이 흥부면으로 이름 바꾸기를 추진하고 있다. 흥부전은 남원시 관광자원인 춘향전 못지 않은 가치가 있다. 시의회가 조례를 개정하면 명칭을 바꿀 수 있다. 흥부면으로 명칭을 변경될지 앞으로의 귀추가 주목된다.

남행월일기(南行月日記)

지난 2009년 6월 22일 이규보(李奎報)의 휴허비가 부안군 위도면 망월봉 입구 등산로 출발점에 설립됐다. 전 낭주학회 이사장 김석성씨가 각종 언론에 내 고장 부안의 새로운 문화자원을 만들자는 운동을 전개하며 비문을 지어 위도면에 제안, 위도면장과 주민들이 논의한 결과 고려시대의 시호로 불리울 만큼 뛰어난 명문장가로서 그 공적을 길이 보존할 가치가 있다는데 공감하고 뜻을 모아 설립하게 됐다.

이규보는 1199년 전주목(全州牧) 사록(司錄)겸 장서기(掌書記)로 부임했으며, 그후 변산 벌목감독관으로 부안을 오가면서 '변산 노상 등 많은 글을 남겼다. 1199년부터 2년 동안 전주막부 등 전북 곳곳을 방문한 가운데 '남행월일기(南行月日記)'란 산문을 지었다.

1199년 11월 지석(支石), 즉 고인돌을 보고 쓴 것으로, 현재 남아 있는 우리 문헌 중에서 가장 오래된 고인돌 기록이다. '지석'은 고인돌의 한자 표기다.

이규보는 또 이렇게 말했다.

'변산은 나라 재목의 보고이다. 소를 가릴 만한 큰 나무 와 찌를듯한 나무줄기가 언제나 다하지 않았던 것이다. 그런 연유로 원나라가 일본 원정을 할 때도 변산의 나 무들로 전함을 만들었다'

그는 전주에 대해

'인물이 번창하고 가옥이 즐비하며 백성의 성품이 질박하지 않고 선비는 행동이 신중하다'고 표현한 바 있다. 처음 전주로 들어오면서 말 위에서 '북당에서 눈물 흘리며 어버이를 작별하니/ 어머니를 모시고 관직나간 고인처럼 부끄러운데/ 문득 완산의 푸른 빛 한 점을 보니/ 비로소 타향객인 줄 알겠네'라 읊은 7언절구가 전해온다. 그리고 전주 효자동을 지나다가 그 곳에 있는 무명의 효자비로 인해 효자리가 되었다는 5언고율시 '비석 세워 효자라 표했는데/ 일찍이 이름을 새기지도 않았네/ 어느 때 누구인지 알 수도 없으니/ 어떠한 효행인지 모르겠네'

라 읊기도 했다. 예컨대 마령, 진안, 운제, 고산, 예양, 낭산, 금마, 이성 등을 두루 둘러보며 그 지방의 산천과 인심, 음식, 풍물 등을 유려한 기행수필로 엮어내었다.

그는 1200년 8월에 울금바위와 그 옆의 깎아지른 바위동굴에 자리 잡고 있었던 원효방(元曉房)을 답사했던 기록이 나온다. 백제가 망한 후에 신라의 원효는 백제 부흥군들이 끝까지 저항하던 근거지였던 변산까지 왔던 것 같고, 변산의 요지인 울금바위 옆의 동굴에다 방을 만들어 놓고 수도했던 것 같다.

'경신년(1200, 신종 3) 계동(季冬) 서울에 들어와 한가히 있을 때 비로소 그것을 꺼내 보았더니 너무 소략해서 읽을 수가 없었으니(중략) 우선 차례로 적어보겠다'고 언급한 그. 이규보의 '남행월일기(南行月日記)'를 알고 있는 전북의 사람들이 몇이나 될까. 이를 답사코스로 지정해 전라도 정도 천년 행사로 선보일 수는 없는 것인가.

진안 마을숲

 마을숲이란 마을의 역사·문화·신앙 등을 바탕으로 마을 사람들의 생활과 직접적인 관련을 가지고 조성·보호·유지되는 숲을 말한다. 자생하여 이루어진 산림이나 목재를 이용할 목적으로 조성한 일반적인 숲과는 구별된다.

 진안군이 전통 마을숲 복원사업에 총력을 기울이고 있다. 역사·문화적 가치 및 생태적 기능을 회복시키고자 72개소 마을숲 전수조사를 바탕으로 대상지를 선정, 매년 '전통마을숲 복원사업'을 실시하고 있다. 이는 가지치기 및 외과수술, 후계림 조성, 생육환경 개선 등 마을 주민들이 자발적으로 숲을 통해 전통문화를 계승·발전할 수 있도록 지원하는 사업이다.

 진안군은 지난 3년 간 정천면 하초마을숲 등 10개소의 복원 사업을 마쳤다. 또 상전면 주평리 원가막마을숲 등 3개소를 2018년도 사업 대상지로 선정하고 실시 설계를 완료, 3월경 사업을 발주할 계획이다. 백운면 두원마을은 전북도가 공모한 '풍경 있는 농산촌 가꾸기'에 선정돼 1억 4,000만 원의 사업비를 지원받는다.

 정천면 하초마을숲은 주민들의 높은 관심과 군의 지원이 결실을 맺은 대표적인 사례로, 마을숲 분야에서는 전국 최초로 2017년 9월 '국가산림문화자산'으로 지정된 바 있다.

하초 마을은 진안군 정천면 내 정자천이 마을 앞을 휘돌아 반달꼴을 이루며 냇가에 들이 생겼으므로 월평리에 속했다.

하초마을은 조선 중엽에 도선 국사가 마을의 뒷산을 보고 마치 말이 풀을 뜯는 형국과 같다고 해서 띄엄띄엄 있는 농가를 이름해 상초(上草), 중초(中草), 하초(下草)라 했다고 한다.

그러나 지금은 중초 마을은 없어지고 상초와 하초 마을만 남아 있다. 예전의 길목은 전라북도 전주 지역에서 무주로 가는 길목으로 사람들이 왕래가 빈번하였던 곳이었다고 한다. 근처에 돌이 많아 말을 타고 가다 말이 넘어졌다 하여 '망궁글'이라는 지명이 남아 있다.

하초 마을숲은 마을의 뒤와 양 옆면은 산으로 둘러싸여 장풍의 형세를 유지하고 있다. 수몰민이 마을 입구에 이주하기 전까지는 마을이 있는지 알 수 없을 정도로 마을을 에워싸고 있다.

하지만 앞쪽이 문제이다. 가려주는 둔덕이 전혀 없어 허전한 분위기를 마을 전체에 밀어 넣고 있는 형세이다. 이런 경우 마을 앞쪽에 비보책으로 마을숲을 조성하게 된다. 풍수 지기론에 의하면 그것은 기(氣)가 흩어져 나가는 것을 방비한다는 의미이다. 그래서 마을 숲은 외부로 마을의 복이 흘러가기 때문에 이를 막기 위함이라고 한다. 이는 심리적 안정을 얻기 위한 방편이기도 한다는 이상훈 전문가의 설명이다.

마을숲은 마을의 역사, 문화, 토속신앙 등을 바탕으로 마을주민에 의해 조성되고 보호, 관리하는 숲으로 조경, 풍수, 생태, 농업적 기능 등 마을주민의 실생활과 밀접한 관련을 가지고 있는 공동터전이다. 진안군은 이러한 전통적인 마을숲이 가장 양호하게 보전된 지역으로 전국 최대의 마을숲을 유지하고 있다.

부안 양잠농업

'부안 유유동 양잠농업'과 '울릉 화산섬 밭농업'이 국가중요농업유산 제8호와 제9호로 각각 지정됐다.

'부안 유유동 양잠농업'은 뽕나무 재배에서 누에 사육까지 일괄시스템이 현재까지 이어지고 있는 지역이다. 조선시대 대동지지(1861년)에 부안현 토산품이 뽕으로 기록되는 등 역사성을 가지고 있으며, 경지면적의 41.4%(24ha), 농가수의 80%(40가구)가 양잠농업에 종사하고 있다.

부안군에 따르면 유유동 양잠농업의 역사는 고려시대 이규보의 시(남행월일기, 1201년)에 잠총국, 조선시대 신증동국여지승람(1530년), 대동지지(1861년)에 부안현 토산품 뽕으로 기록돼 있단다.

국내 최대의 뽕밭 밀식지로 양잠농업(65ha) 농가수 40호로 전북대비 22%를 차지하고 2004년 농진청과 대한잠사회로부터 대한민국 청정지역으로 지정받았으며 국립공원지역 잠두봉 주변에는 야생 산뽕나무와 꾸지뽕 나무가 분포하고 있는 등 양잠농업 문화가 고스란히 담겨있다.

창덕궁 뽕나무(천연기념물 제471호)는 나무높이 12.0m, 가슴높이 줄기둘레는 239.5cm로 뽕나무로서는 보기 드문 노거수일 뿐만 아니라 창덕궁 내 뽕나무 중에 가장 규모가 크고 수형이 단정하고 아름답다.

예로부터 조선은 농본사회로 '농상(農桑)'이라는 말에서 전하듯 농사와 함께 뽕나무를 키워 누에를 쳐 비단을 짜는 일은 조선시대 나라의 가장 중요한 일 중에 하나였다.

나라에서는 궁의 후원에 뽕나무를 심어 가꾸며 일반인들에게 양잠을 권장한 바, 조선조 궁에 뽕나무를 심었다는 최초의 기록은 「태종실록」(태종 9년 3월 1일)으로 창덕궁 건립 후 태종 9년(1409) 중국 주(周)나라 성왕(成王)의 공상제도(公桑制度)를 본따 궁원(宮園)에 뽕나무를 심도록 명한 것이 공식적인 최초의 기록이다.

「태종실록」 외에 「성종실록」에도 왕이 승정원에 양잠의 중요성을 말하며 후원에 뽕나무를 식재토록 하고, 후원에서 왕비가 친히 누에를 치고 인간에게 처음으로 누에치는 법을 가르쳤다는 양잠의 신 서릉씨(西陵氏)에게 제사를 지내는 '친잠례(親蠶禮)'를 거행했다는 기록이 남아있다. 양잠은 예로부터 나라의 귀중한 산업으로 왕실에서는 뽕나무를 매우 중요시해 왔다.

부안 유유동은 전국에서 유일하게 주민 자치적으로 참뽕축제를 매년 6월초에 3일간 개최하고 있으며 참뽕축제 개최 전 누에를 위한 위령제인 '잠령제'를 지내고 있다.

이는 전국적인 양잠산업의 돌풍을 일으켜 급기야 1999년 잠업법이 폐지된 이후 사양산업으로 전락됐던 양잠산업을 '기능성 양잠산업 육성 및 지원에 관한 법률(2013년)'로 재탄생하게 되는 계기가 됐다.

국가중요농업유산으로 지정된 부안 유유동 양잠농업의 다양한 관광상품 프로그램을 개발해 사업을 추진중인 만큼 활성화와 소중한 양잠농업 유산의 전통 계승·발전에 기여하기를 바란다.

백운화상

 고려후기 조계종 3대 선사의 한 사람으로 세계 최초의 금속 활자본인 '불조직지심체요절(佛祖直指心體要節)'의 편저자인 백운화상 경한스님의 출생지인 정읍에 기념비가 세워졌다.
 정읍시는 세계사적 가치를 지닌 '불조직지심체요절'을 편찬한 백운화상의 높은 뜻을 기리고 후세에 널리 알리기 위해 출생지로 알려진 고부면 백운마을에 '백운화상 탄생지 기념비'를 세웠다. 기념비는 높이 2.1m, 폭 1.6m 규모로, 화강석 좌대 위에 오석을 사용했고 비석 전면에는 백운화상의 발자취와 업적을 새겼다.
 1992년 4월 20일 보물 제1132호로 지정된 게 백운화상초록불조직지심체요절(白雲和尙抄錄佛祖直指心體要節)이다.
 '백운화상초록불조직지심체요절'은 백운화상이 고려 공민왕 21년(1372)에 원나라에서 받아온 불조직지심체요절 1권의 내용을 대폭 늘려 상·하 2권으로 엮었다.
 닥종이에 찍은 목판본으로, 크기는 세로 21.4㎝, 가로 15.8㎝이다. 간행 기록에 의하면 1378년 6월에 백운화상이 입적한 여주 취암사에서 제자 법린 등이 1377년에 청주 흥덕사에서 간행한 금속활자본을 바탕으로 간행한 것이다.

서문은 1377년에 성사달이 쓴 것을 그대로 사용하고, 앞부분에 1378년에 이색이 쓴 서문을 추가해 간행했다.

흥덕사에서 찍어낸 금속활자본을 다시 목판으로 간행한 것은 지방 사찰의 금속활자 인쇄술이 미숙하여 인출 부수에 제한을 받아 많이 찍어 널리 퍼뜨릴 수 없었기 때문인 것으로 보인다. 이와 동일한 판본이 국립중앙도서관에도 있으나, 이 판본이 인쇄상태가 좋은 편이고 두 개의 서문이 붙어있어 완전한 형태이다.

백운화상은 호는 백운(白雲)이고 법명은 경한(景閑)이다. 고려말 1298년 고부에서 출생했고 어려서 출가해 구도에 전념했다.

중국 절강성 호주(湖州)지역 하무산 석옥청공화상에게 가르침을 전수받고, 인도 지공화상에게도 가르침을 받았으며 고려 불교문화 발전에 큰 업적을 남기고 1374년 입적했다.

직지인심(直指人心)은 교리를 캐거나 계행을 닦지 않고, 직접 사람의 마음속에 들어 있는 진리를 알게 하여 불과를 이루게 하는 일을 말한다. '백운화상초록불조직지심체요절'은 '불조직지심체요절'또는 '불조직지심체'라고도 부르며, 역대 여러 부처와 고승들의 법어, 대화, 편지 등에서 중요한 내용을 뽑아서 편찬한 것이다.

'백운화상초록불조직지심체요절'은 세계에서 가장 오래된 금속 자본으로, 그 문화적 가치를 공인받아 2001년 유네스코 세계기록유산으로 등재됐다. 중심 주제인 직지심체는 사람이 마음을 바르게 가졌을 때 그 심성이 곧 부처님의 마음임을 깨닫게 된다고 하는 바, 이같은 자세로 올한 해를 살아가고자 다음을 다잡는다.

남원 바래봉

7회 지리산 남원 바래봉 눈꽃축제가 2018년 2월 11일까지 지리산허브밸리 눈꽃축제장과 바래봉 일원에서 열렸다. '겨울·눈꽃, 그리고 동심으로의 여행'을 주제로 겨울방학을 맞아 어린이들에게 겨울철 색다른 체험을 선사하고 어른들에게는 추억의 동심으로 돌아가 눈꽃의 낭만을 선물했다. 축제 프로그램으로는 눈썰매·얼음썰매 타기, 이글루 체험장, 포토존, 각종 체험프로그램이 운영됐다.

바래봉은 남원시 운봉읍 화수리와 용산리, 인월면 중군리, 산내면 내령리의 경계에 있는 산이다.

이는 전국 제일의 철쭉 군락지로 유명하다. 바래봉은 '발산(鉢山)'이라고도 하며 봉우리 모양이 나무로 만든 승려들의 밥그릇인 '바리'와 비슷하게 생긴 데서 유래했다고 한다. 속칭 '삿갓봉'이라고도 하는데, 삿갓봉은 승려들이 쓰고 다니던 삿갓 모양 같다고 해서 붙여진 이름이다.

또, 스님들의 밥그릇인 바리때를 엎어 놓은 모양이라는 의미의 바리봉인데 음이 변하여 바래봉으로 불리우고 있다. 백두대간 맥에서 보면 고남산과 노치마을의 수정봉을 지나 평지분수계를 따라 가다가 고리봉에 오르면 동북쪽으로 내려가는 산줄기를 만난다.

이 산줄기를 따라 계속가면 세걸산, 부운치, 팔령치를 지나 바래봉과 덕두봉으로 이어진다. 이 산줄기를 중심으로 서쪽은 운봉천과 광천에 합수되어 섬진강으로, 동쪽은 만수천에 합수되어 낙동강으로 흘러든다.

중생대에 관입한 화강암 주위의 변성받은 시생대의 변성암류의 하나인 지리산편마암콤플렉스에 해당하는 지질구조를 가지고 있다. 변성암은 주로 풍화에 강해 주변 화강암이 분지를 이루는데 비해 산지로 남아있는 경우가 많다.

융기와 함께 차별침식으로 고산을 이루고 있으며, 서사면에는 매스무브먼트에 의한 사면퇴적물이 고르게 피복되면서 균등한 산록완사면이 대규모로 발달하여 밭과 목초지 등으로 이용되고 있다. 특히 고랭지 특성과 함께 목초재배에 유리하여 일찍부터 이곳에 양 목장을 만들기도 했다.

국내에서 철쭉이 가장 많이 만개하는 고산지역으로 5월 하순 철쭉제가 유명하다. 무엇보다도 풍부한 적설량을 자랑하는 고원지대로 아름다운 은빛 설원과 눈꽃으로 전국에서 많은 등반객들이 찾아오고 있다.

1월 평균 50~100㎝의 적설량을 나타내며, 해발 470m 이상의 고원 분지 형태에서 영하의 매서운 추위가 더해져 아름다운 설경을 구경하기에 최적의 여건을 갖추고 있다.

이에 운봉읍과 운봉읍애향회가 주로 봄가을 성수기에 집중된 관광 산업을 더욱 활성화하기 위한 방안의 하나로 지리산의 추운 날씨와 설경을 관광 자원으로 활용, 2012년부터 해마다 한겨울에 바래봉 눈꽃 축제를 개최하고 있다.

해마다 이 축제가 열리는 지리산 허브 밸리는 해발 500~600m에 자리 잡고 있어 적설량이 많고, 일단 눈이 내리면 잘 녹지 않아 매년 아름다운 은빛 설원을 뽐내고 있다. 폭설로 모두가 아우성이지만 그래도 눈이 있어야 겨울이 아니던가.

남원 줌치의 노래

 남원시 신관사또부임행차 공연이 11년 연속 문화체육관광부 상설문화관광프로그램에 선정됐다. 이는 춘향전에 나오는 주요 대목을 각색해 길거리 퍼레이드와 퓨전 마당극으로, 봄과 가을 토·일요일에 남원관광지와 광한루원 등에서 운영되고 있다.

 '사또'는 예전에 일반 백성이나 하급 벼슬아치들이 자기 고을의 원(員)을 존대해 부르는 말이다.

 한자로 사도(使道)로 쓰고 '사:또'로 길게 발음한다. 종 6품 이상의 지방관리로, 오늘날 기초단체장인 시장, 군수쯤에 해당하지 않을까 싶다. 지금으로 치면 입법 사법 행정의 3권을 모두 갖는 등 막강한 권한을 갖다 보니 부정도 심했다. 고전소설이나 각종 기록에는 선정을 베풀기보다 가렴주구나 탐관오리로 묘사되곤 한다.

 도지사에 해당되는 관찰사(觀察使)가 하는 일은 지방의 수령들, 요즘으로 말하면 시장·군수들의 치적을 심사를 한다.

 일 잘하는 수령은 상(上), 제일 못하는 수령은 하(下)였다. 물론 그 가운데 중(中)이라는 평가도 있었다. '하'를 받은 수령은 즉시 파직을 당하게 된 바, 특이한 것은 '중'을 두 번 맞아도 파직이다.

 그러니까 요즘처럼 중간만 하면 잘하는 것이라는 '무사안일주의'는 그 시절 절대 금물. 더욱 주목할 것은 '상'을 맞아도 아무런 혜택, 즉 인센티브가 없다. 왜 그럴까? 국가의 녹을 먹는 관리가 '상'의 평가를 받는 것은 당연하다는 이도(吏道)에 따른 것은 아닐까.

이들에겐 '수령칠사'(守令七事)라 하여 일곱 가지 기준이 있었다.

첫 번째는 농사와 누에치는 일을 잘하고 있는가. 두 번째는 그 고을에 인구가 많이 늘었는가 하는 것. 전염병으로 사망자가 많고 출산율이 저조하면 그것은 낙제점수다. 세 번째는 교육이 잘 되고 있는가, 네 번째는 그 고을에 1년 동안 소송사건이 얼마나 있었는가 하는 것이다. 이밖에 부역을 균등하게 했는지 등…. 이렇게 관찰사가 수령들을 상·중·하로 점수를 매기는 것을 '포폄'(褒貶)이라고 한다.

사또의 행태를 적나라하면서도 코믹하게 그린 대표적 작품이 춘향전이다. 신관사또인 변학도는 탐욕스럽고 여자를 밝히는 위인으로 소개된다.

그는 성춘향이 절세미인이라는 소문을 듣고 다른 지역을 마다하고 남원부사가 되어 내려온다. 소위 '신연맞이'가 그 대목이다. 신연(新延)은 도(道)나 군(郡)의 장교나 이속(吏屬)들이 새로 부임하는 사또를 그 집까지 가서 맞아오는 일로, 그가 내려온 길과 절차는 다음과 같다.

'집이 있는 서울 남산골(또는 자하골)에서 출발하는데 맵시좋은 별련(別輦·특별히 아름답게 꾸민 수레)을 타고 아전들의 우두머리인 이방과 형방, 그 밑의 통인과 급창(사또의 명령을 받아 큰 소리로 전달하는 사람), 나졸들이 호위했다. '에라, 게 들어 섰거라'하는 벽제소리를 외치며 남원으로 향한 것이다. 남대문 밖으로 내달아 이태원고개를 넘었다. 이어 경기도 충청도를 지나 전라감영이 있는 전주에 들렸다. 객사에 들어 상황을 알리고 감영에 얼른 들른뒤 길을 재촉했다. 임실의 노구바위에서 점심을 먹고 오수역에 다다르니 환영 대포가 울렸다. 악공들이 북과 장구 해금 피리를 불고 기생들도 나와 맞았다. 남원성 앞에는 각종 깃발이 나부꼈다. 남원에 도착하자 신관사또는 동헌에 자리잡고 앉아 식사를 한후 육방하인들의 인사를 받고 곧장 그 유명한 기생점고에 들어갔다'

남원에서 허리춤에 차고 다니는 주머니를 소재로 한 유희요가 전하고 있는 바 '줌치 노래'다. 이는 대개 두 종류의 내용으로 구성된다.

첫 번째는 아가씨가 예쁘게 수를 놓아 만든 주머니를 서울 장에 내다 팔려고 한다. 그러자 주머니를 보고 반한 사람이 사려고 하는데, 주머니를 만든 아가씨는 "은도 돈도 다 싫고 백년책원 날과 살세"라며 사랑과 바꾸자는 내용이다.

또 다른 종류는, 역시 정성 들여 만든 주머니를 뒷동산 굽은 나무에 걸어 놓고 구경을 시키는데 "올라가는 구관사또 내려오는 신관사또 줌치구경을 하고 가소"라고 말을 건넨다.

그러자 사또는 "이 줌치라 솜씨 누 딸애기 솜씨더냐"고 물으면서 이야기를 흥미진진하게 풀어가는 내용이다.

'신관사또 납시오. 모두 길을 비키시오' 남원 신관사또 부임행차퍼레이드는 춘향 수청들기를 요구하는 간교한 사또의 몸부림에 혀를 차며, 춘향형량을 대신해 불량 관람객 주리 틀기엔 웃음바다를 이루면서, 육방 퍼포먼스와 기생 부채춤은 마당극의 극치를 보여준다.

사람들은 사도(邪道), 사도(死道), 사도(私道)를 좋아하지 않는다. 반드시 사또(使道)여야 한다. 무수히 많은 시장, 군수들이 진짜로 사또(본인)가 떠난 뒤에 나팔 부는 일이 없기를 다시금 바란다.

잊혀진 이름 석당 고재봉

전주시 옛날 미원탑 사거리를 알고 있는가.

팔달로 기업은행 입구 앞 '전라북도 도로 원표' 표지석이 세워진 곳을 서성거리고 있다. 도로원표(道路元標)는 도로의 기점, 종점 또는 경과지를 표시한 것으로 도로법 제2조 제1항 4호에 도로의 부속물로 정해져 있으며, 쉽게 말해 이를 기점으로 전국 시·군 간의 거리를 측정하는 기준점이다.

은행 정문 입구 화단에 선 장방형 원표는 화강석으로 만들어졌으며 길이(지상고) 1m40㎝, 가로 세로 25㎝×25㎝ 크기다. '1964년 10월 10일 전주라이온스크럽 건립'이라고 정면에 새겨져 있다.

워낙 글씨를 깊이 파고 바탕이 좋은 화강암인지라 마치 새 것 같다.

"보통 비석 글씨는 음각이 얕고 'V'자 형태로 가파르게 파지만 이 글씨는 몽글몽글한 'U'자형으로 깊이 새겼지. 돌도 최상의 황등석으로 주문했어."

화강석 원표 건립을 제안한 유승국(의사·전주라이온스클럽 창립 멤버)씨의 회고를 들었다는 전 언론인 임용진씨의 설명이다. 이 원표는 원래의 길이 6척(1m 80㎝)짜리 돌로, 40㎝는 땅에 묻혔다.

'전라북도 도로 원표' 의정갈한 예서체 글씨는 고재봉(高在烽, 1913~1966)이 썼다. 그의 본관은 제주로, 호는 석당(石堂)이며 옥구출신으로 익산서 활동한 현대서예가 중의 대가이다.

그는 소전 손재형선생의 제자로 1964년 제13회 대한민국미술전람회(약칭 국전)에서 문교부장관상을 받았으며, 이리시 문화장 1호 수상자이다.

정읍 갑오동학혁명기념탑은 동학농민혁명 최초의 기념시설물로 1963년 건립됐다. '동학란'이라 불리던 시절, 처음으로 혁명이라는 용어를 사용함으로써 동학농민혁명사 연구의 획기적 계기가 됨은 물론 동학농민혁명에 대한 국민적 인식 변화의 전환점이 됐다.

1894년 평등사상에 기반한 반봉건과 반침략의 기치를 들고 봉기한 동학농민혁명은 일본제국주의와 정부의 공격을 받아 좌절된 까닭에, 기념탑이 건립되던 1963년까지도 혁명이 아닌 '동학란'이라 불려졌다.

또 참여자들은 반란군이나 역적으로 몰려 지독한 탄압을 받아 국가와 사회로부터 격리됐으며, 유족이나 후손들 또한 숨어 살아야 하는 등 동학농민혁명에 대해 함구하던 시절이었다.

이 탑 역시 그가 1963년 쓴 것으로 전해지고 있다. 부안 고려자기 도예지(1963), 군산 옥구군 충현탑(1963), 고창 신오위장비문(1963), 익산역 4.19 학생의거 기념탑(1963), 전주종합경기장 수당문 휘호(1963) 등도 그의 글씨로 전해지고 있다.

안타깝게도 1966년 5월에 인후암 판정을 받은 후 다음달에 작고한 것으로 알려져 있다. 무엇보다도 한국서예사에서 그의 이름이 점차 잊혀져 가고 있어 아쉽기만 하다. 1938년 북창동(현 창인동1가)으로 이사를 한 후 운영한 광고회사 청조사(靑鳥社)의 흔적은 지금 어디에 있나.

고창 보은염축제

　문화체육관광부는 국내 대표축제인 무주반딧불축제 등 81개 축제를 '2018년도 문화관광축제'로 선정했다. 전북은 2017년 5개 축제가 선정된 데 이어 내년 육성축제를 포함해 총 8개 축제가 선정되면서 지역축제의 성장세를 증명했다.
　이번에 선정된 문화관광축제는 ▲김제지평선축제(글로벌육성축제) ▲무주반딧불축제(대표축제) ▲고창모양성제·순창장류축제·완주와일드푸드축제·임실N치즈축제(유망축제) ▲부안오복마실축제·장수한우랑사과랑축제(육성축제) 등 8개다.
　가을이면 상징하는 대표적인 지역 축제로 자리매김한 '선운문화제'가 꽃무릇 만개한 선운사에서 펼쳐진다. 선운문화제는 보은염을 매개로 1500년간 이어온 지역 주민들과 사찰의 상생전통을 널리 알리기 위한 축제다. 부처님 일대기를 판각한 '석씨원류' 경판과 보은염을 이운하는 전통의식을 비롯, 헌다례, 법요식, 산사음악회 등 다채로운 행사가 펼쳐진다.
　선운문화제는 헌다례와 법요식에 이어 지역불자들이 참여한 가운데 '석씨원류' 경판과 보은염 이운 의식이 펼쳐진다. 보은염 이운 행사는 백제 위덕왕 24년(577) 선운사를 창건한 검단 스님과 마을주민들 사이의 상생의 역사에 뿌리를 두고 있다. 검단스님은 잦은 전쟁으로 가난과 기아에 시달리고 있던 백성들의 처지를 안타깝게 여겨 소금 제조법을 가르쳐 주었고 이에 보답하기 위해 마을 주민들이 매년 봄과 가을 소금을 싣고 와 절에 공양했다는 설화를 바탕으로 하고 있다.

주민들은 이 소금을 '보은염(報恩鹽)'이라 불렀고 마을 이름도 '검단리'라 했다고 전해진다. 선운사가 해안가에서 멀지 않은 곳에 자리하고 있고 얼마전까지만 해도 해안가에 염전이 있었다는 사실 등에 미루어 선운사와 검단 스님이 지역 경제의 안정과 발전에 크게 기여했다는 것이 학자들의 견해다.

보은염 이운행사에서는 주민들이 백제시대 의상을 입고 달구지에 소금을 싣고 선운사까지 오는 모습을 재연, 불교계와 지역이 상생하던 아름다운 전통을 소개한다.

심원면 월산리 검당마을은 1960년대만 해도 3백여 가구가 천일염을 생산하여 부유한 생활을 누렸다. 그러나 산림법과 전매법 등 관계법에 묶여 천일염 생산이 어려워짐에 따라 주민들은 다른 지역으로 뿔뿔이 흩어졌다. 지금은 이름만 남아 있을 뿐 염전으로서 제구실을 다하지 못하고 있는 검당마을과 염정에 얽힌 전설은 이렇다.

지금으로부터 대략 1400년 전 검단선사가 선운사를 창건할 즈음 선운산 계곡에는 많은 도적들이 살고 있었다. 도적들은 금품을 강탈하고 행패를 부리는 등 민폐를 거듭했다. 검단선사는 이들 도적을 깨우쳐 민폐를 막으려고 술수를 쓰기에 이르렀다.

도적들은 무력으로는 도저히 검단선사를 이길 수 없다고 판단했음인지 선사에게 생업을 인도해 달라고 호소하기에 이르렀다. 선사는 선운산에서 3㎞ 쯤 떨어진 바닷가에 진흙으로 샘[井] 같은 웅덩이를 만들

없다.

그리고 그 샘에 바닷물을 부었다가 수분을 증발시켰다. 샘 안에 있는 바닷물은 그렇게 며칠 동안 수분이 증발된 뒤 샘 바닥에 하얀 결정체를 남긴다.

이 결정체가 바로 소금이며, 이런 방법으로 만들어진 소금을 천일염이라고 한다. 검단선사는 이처럼 10수세기 전에 이곳 주민들에게 제염법을 가르쳤던 것이다. 이렇게 해서 생업을 찾은 도적들은 선량한 양민으로 개과천선하여 마을을 형성하면서 부유하고 행복한 삶을 누렸다는 것이다.

이곳 주민들은 자기들에게 새로운 인생의 길을 열어준 검단선사의 이름을 따서 마을 이름을 검당이라고 붙였다. 또한 6년 전까지만 해도 제염법을 가르쳐 준 선사에게 보답하기 위해 매년 봄가을 두 차례씩 보은염 두 가마씩을 바쳐 왔다는 것이다.

하지만 검당마을 육염은 전매법에 묶여 생산이 어렵고 산림법으로 땔나무마저 구할 수 없어 자연 사양화됐다. 게다가 해일이 밀어닥쳐 육염의 피해가 가중되면서 주민들은 살길을 찾아 검당마을을 떠났다는 것이다. '검당마을과 염정'의 주요 모티프는 '도적을 회개시킨 스님', '은혜에 보답하는 보은염' 등이다.

이 이야기는 신라 원성왕 때 승려 영재(永才)가 지은 10구체 향가「우적가(遇賊歌)」의 연기설화와 유사하며, 박지원이 지은 허생전의 근원설화 중 하나로 보인다. 전체적으로는 검당마을의 이름 유래담에 해당하지만, 개과천선한 도적들이 검단선사의 은혜에 보답하여 해마다 보은염(報恩鹽)을 바쳤다는 데서 보은 모티프도 삽입되어 있다.

한 고승이 도적떼를 교화하기 위해 우리나라 최초의 소금 만드는 법을 전수했다는 일화가 전하는 선운사의 '1500년의 값진 인연 보은염' 콘텐츠는 언제나 문화관광축제로 발돋움 할 수 있을까.

기생이 만든 강선교(降仙橋)

 고창군 흥덕면에 전해 내려오는 '기생이 만든 강선교(降仙橋)'는 흥미롭다. 조선 성종 연간에 강선이라는 기생이 사비를 털어 해마다 물난리로 큰 피해를 입는 냇물에 다리를 세웠다.
 흥덕에서 서해안을 향해 십 리쯤 가다 보면 남서쪽으로 흘러내리는 크지도 작지도 않은 냇물이 있고, 이 냇물을 가로질러 놓여 진 다리가 하나 있다. 까마득히 먼 옛날부터 이곳은 해마다 물난리로 큰 피해를 입고 있었다. 사람이 떠내려가고, 논이나 밭이 물에 씻기고, 집이 가라앉아 피해가 이만저만이 아니었다. 그러나 누구 한 사람 이런 재난을 막아야 한다고 나서는 사람이 없었다. 그저 하늘만 쳐다보고 한숨만 쉬었다.
 그러던 어느 날 이 재난을 막겠다고 나선 한 사람이 있었다. 강선이라는 기생이었다. 동네 사람들은 깜짝 놀랐다. 남자들도 감히 나서지 못하고 있는데 나이 어린 기생이 재난을 막아야 한다고 나섰으니 더욱 놀라지 않을 수 없었다.
 강선은 원래 훌륭한 집안의 외동딸이었으나 집안이 몰락하는 바람에 기생이 됐다. 강선은 입을 것 입지 않고, 먹을 것 먹지 않고 번 돈을 몽땅 털어 다리를 놓겠다고 한 것이다. 그러나 둑을 쌓고 다리를 놓는다는 것은 여간 힘들지 않았다. 돈이 엄청나게 들 뿐 아니라 많은 사람들이 있어야 하기 때문에 가냘픈 여자의 힘으로는 벅찬 일이었다. 그러나 얼마 가지 않아 사람들은 또 한 번 놀라고 말았다.

이때는 조선 성종 때 일이었으므로 농사에 도움이 되는 일은 관청에서 많은 협조를 했다. 성종은 농사를 나라 일의 으뜸으로 삼았기 때문에 저수지를 만들거나 둑을 쌓는 일에 온 힘을 쏟았다. 이런 때였으므로 강선이 하는 일에 관청에서 발 벗고 나선 것이다.

빈둥거리던 마을 사람들도 앞을 다투어 둑을 쌓고 다리를 놓는 일에 나섰다. 몇 달이 지나 다리 공사는 끝이 났고, 마을 사람들의 마음은 말할 수 없이 기뻤다. 그리하여 마을 사람들은 강선의 거룩한 뜻을 길이 새기기 위해 그 이름을 '강선교'로 붙였다고 한다.

'기생이 만든 강선교'의 주요 모티프는 '기생 강선의 선행으로 세운 다리'이다. 일반적으로 설화에서 기생은 신의가 없고 욕심이 많은 인물로 묘사된다. '배비장전'의 근원설화가 되는 '발치설화(拔齒說話)'가 그 대표적인 예이다.

그러나 '기생이 만든 강선교'는 다수의 이익과 안녕을 위해 자신을 희생하는 기생의 면모를 보여준다. 다리를 세우는 일뿐 아니라 만년에는 빈민 구제를 위해 자신의 전 재산을 희사했다고 한다.

기생 강선의 환난상휼의 정신은 이후 계월향, 논개 같은 의기(義妓)에게 이어 김만덕에게 계승됐다. 원래 다리는 없어졌고, 현재 흥덕면 석교리의 강선교는 새로 만든 것이다. 강선과 같은 훈훈한 사람이 그리운 무술년이다.

남원 은적암과 용담검무

 남원의 역사와 문화가 숨쉬고 있는 교룡산성과 동학의 성지 '은적암'의 주변 정리가 이뤄졌다.

 2017년 말, 남원시 문화관광과 홍성봉계장, 남원 동학농민혁명기념사업회 임종명 부회장, 용담검무 전승자 장효선 명인, 그리고 동학 계승사업회 회원들이 힘을 합해 남원 교룡산성과 은적암 터 주변의 잡초를 뽑고 청소를 했다.

 그동안 동학의 근원지이며 동학의검 용담검무가 처음으로 추어진 의미 있는 동학의 성지가 그동안 관리가 되지 않아 어수선했는데 3백만원의 예산을 들여 주변 정리를 한 셈이다.

 남원의 신종교는 1860년 동학의 발생을 기점으로 이후 한국인에 의해 새로이 발생한 종교를 의미한다.

 남원 지역의 신종교는 동학계, 참물교계의 성덕도, 불교계의 원불교와 대한불교 천태종, 기독교계의 통일교, 그리고 일심교(일명 증산교) 등을 꼽을 수 있다.

 동학이 남원에 처음 포교된 것은 1861년 무렵이다. 최제우가 남원의 서공서(徐公瑞) 집과 교룡산성 내에 있던 은적암에 머물면서 동학을 포교했다.

터만 남은 은적암은 최제우가 동경대전, 용담유사, 논학문을 짓고 포교활동을 하는 등 동학이 완성된 곳이다. 이때 포교로 남원 지역에서는 한때 수만의 동학 교인이 있었지만 김개남이 이끄는 동학농민군이 운봉과 여원치에서 전투를 치른 이래 동학은 남원 지역에서 점점 쇠퇴했다. 현재 남원 지역에는 동학 교인은 거의 없다.

최제우가 살았던 그 시대는 암흑의 시대였다. 그의 자취가 진하게 남아 있는 곳이 남원의 진산 교룡산이다. 선국사의 작은 암자 은적암에서 새로운 도약을 위해 8개 월 여를 머물렀던 그였다. 그가 처음 만난 사람은 광한루 밑에서 한약방을 운영하던 서형칠이었다.

그를 찾아간 것은 경주를 떠날 때 약종상을 하던 최자원으로부터 받아온 귀한 약재를 팔기 위해서였다. 이때 양형숙, 양국삼, 서공서, 이경구, 양득삼 등이 최제우를 만나 동학에 입문했다. 이것이 남접의 시작이었다. 그로부터 10여 일이 지난 후 서형칠이 최제우를 교룡산성의 조용한 암자인 덕밀암으로 모셨다. 최제우는 이곳 덕밀암에서 6개월을 지내며 암자의 이름을 은적암(隱蹟庵)이라 고쳐 불렀다.

용담검무는 최제우가 1862년까지 남원 생활을 하면서 창작한 춤으로 알려져 있다. 장효선 명지대 사회교육원 교수는 고조부 장남진, 증조부 장수만, 조부 장대성에 이어 부친 장영철으로부터 직접 전수받아 40여년 동안 지켜오고 있다. 최제우가 이곳서 만든 용담검무(龍潭劍舞)가 2017년 11월 156년만에 장 교수에 의해 첫 선을 보였다. 이곳을 잘 복원해 용담검무의 도장으로 활용하는 등 동학 및 문화관광 콘텐츠로 널리 활용하기를 바란다.

순창 개고개

고창에서만 고인돌이 유명한 게 아니다. 순창에도 개고개 주변에 고인돌이 자리하고 있다.

순창군 순창읍에서 국도 24번을 따라 남원 방면으로 가면 개고개 동쪽에 중산리로 들어가는 어귀가 나온다.

이곳에서 북쪽 방향 1.3㎞ 거리에 위치한 중산 마을 북서쪽 500m 떨어진 논에 중산리 고인돌 떼가 있다. 마을 동쪽에는 순창군 인계면과 적성면 자연 경계를 이루면서 한 갈래의 산줄기가 남북으로 길게 뻗어 내린다.

개고개는 순창군 인계면 지산리에서 노동리로 넘나드는 관문이다. 개고개에서 동쪽으로 연장된 능선은 유등면 오교리 180m 고지로서 섬진강을 만나 단애를 이루고 있다.

순창에서 부부 내외와 아들 그리고 개 한 마리를 키우며 살고 있었다. 그러던 어느날 장인 회갑이 되어 처갓집을 가게 됐다. 처갓집은 지금의 적성면이었다. 처갓집을 가려고 하니 개가 문제가 됐다.

그래서 개에게 먹이를 줄 수 있는 사람도 없고 하여 결국 개를 데리고 가기로 하고 적성을 향하여 출발했다. 순창에서 출발해 적성을 향해 가다가 저 고개를 지나가게 됐다. 그런데 고개를 넘어가다가 능선에서 그만 강도를 만나게 됐다.

그러자 남편이 자식과 아내를 구하기 위해 강도와 싸움이 벌이게 된 것이다. 강도는 손에 칼을 들고 있었고 남편은 맨몸이었다. 남편도 상당히 힘이 좋았는가 한판 싸움이 시작됐다.

이렇게 한동안 업치락 뒤치락하며 싸움을 벌이다가 강도는 칼을 놓치게 됐다. 싸움을 계속하다가 결국 강도의 힘이 좋았는가 남편의 배에 올라타게 됐다.

그러자 강도는 남편을 죽이기 위하여 자신이 떨어뜨린 칼을 보고 부인에게 말하기를 "너 이년 안 죽으려면 칼을 가져오라"고 했다. 그러자 여자가 쳐다보고 있다가 안 죽으려면 가져오라고 하니 무서워서 손으로는 못 가져가고 발로 칼을 차며 강도 앞에 가까이 도달하여 강도의 손이 닿을락말락 하자 그 꼴을 보고 개가 쫓아가서 강도의 목을 물어버렸다. 느닷없이 개가 강도의 목을 물어버리니 강도는 그 자리에서 죽어버리고 말았고, 개 또한 죽고 말았다.

그후 남편은 아무 소리도 하지 않고 부인과 아들을 데리고 처갓집으로 갔다. 처갓집으로 갔다. 처갓집 마당에서 잔치를 잘 치르고 나서 온 가족이 모인 자리에서 장인에게 물었다. 예를 들어 이러이러한 사연이 있는데 그런 여자를 어떻게 하면 좋겠는가 라고 그러자 장인 어른 하는 말이 "그런 여자를 어떻게 데리고 사느냐. 당장 쫓아 버려야지" 라고 대답하는 것이다.

그러자 바로 어제 당신의 딸이 이렇게 했다고 하자 장인이나 식구가 무엇이라고 하겠는가? 라고 했다.

이에 남편은 그곳에 부인을 두고 다시 고개를 돌아오면서 죽은 개의 비를 세워 주었던 바, 그 비를 견두비(犬頭碑)라고 했고, 이 고개를 개고개라고 한다. 사람과 달리, 언제나 배신을 않는다는 개 이야기가 생각하는 아침이다.

고창 효감천

 가계(家系)의 연속이 중요시된 우리나라의 전통적인 가족 제도 하에서는, 넓게는 부모와 자식 간의 관계, 좁게는 아버지와 아들 간의 관계가 가정 내에서 발생하는 인간관계 중에서 가장 우선하는 근원적인 것으로 간주됐다.
 이이(李珥)는 『성학집요(聖學輯要)』에서 사친(事親)의 도리를 언급하면서 "대체로 효도는 부모를 섬기는 일에서 시작하고, 임금을 섬기는 일이 중간이 되며, 입신하는 것을 맨 마지막에 둔다."는 공자(孔子)의 말을 인용하고 있다. 공자는 『논어(論語)』 위정 편에서 "예에 어긋남이 없게 하는 것"이 효라고 했다.
 즉, 부모와 자식 간의 관계를 지배한 전통적인 규범으로서의 효 또는 효도는 부모가 살아 있을 때 정성껏 모시는 것뿐만 아니라 사망한 뒤에도 극진히 제사를 모시는 것 등을 포함한다. 부모가 사망한 뒤에도 극진히 모신다는 말은 '사사여생(事死如生)', 즉 돌아가신 부모를 마치 살아계신 것처럼 조석으로 상식을 올리고 여막에서 3년간 시묘살이를 한다는 의미이다.
 1444년(세종 26)에 고창군 신림면 외화리에서 태어난 오준(吳浚)은 28세 되던 해에 아버지가 등창이 심하여 백약이 무효하자 3일간 입으로 환부의 피고름을 빨아냈다. 또한 병세가 위급해지자 대변을 맛보고 자신의 허벅지 살을 베어 약으로 바치는 등 정성을 다했으나 끝내 아버지가 죽자 극진히 예를 다하여 장례식을 마쳤다.

이후 어머니가 병환으로 죽자 묘 아래에 여묘막을 짓고 조석으로 시묘하였는데, 여묘막 근처에 맑은 물이 없어 5리 밖에 있는 산중턱까지 새벽마다 물병을 메고 물을 길어 나르니 손발이 붓고 터졌다.

마침내 그의 정성에 하늘이 감동하여 청천백일에 뇌성벽력이 진동하더니 여묘막 앞에 맑은 샘물이 솟아 나오기 시작했다. 이 소문을 듣고 고을 원이 달려와 인부를 동원하여 샘을 돌로 쌓아 주고 효감천(孝感泉)이란 비를 세웠다. 효감천은 1980년 3월 8일에 전북 기념물 제43호로 지정됐다.

오준이 시묘를 살 때 호랑이가 도와주었다는 이야기도 전한다. 지역 유림들은 사당을 짓고 사당 명칭을 의논하던 중에 벌레가 대나무 잎에 '창효(彰孝)'라는 두 글자를 새기는 것을 보고 창효사(彰孝祠)라 이름 지었다고 한다.

하늘이 감동하여 만들어준 샘이라고 해서 고을 현감이 석축을 쌓았다고 전하는 얘기가 남다르지 않음은 왜 일까.

현대사회로 넘어오면서 전통 사회의 미풍양속이 사라지고 물질 중시의 풍조가 만연되면서 여러 가지 사회적 문제가 나타나고 있다. 인간성 회복의 한 수단으로 효도를 강조하게 되는 것은 어찌보면 당연한 귀결인 것 같다. 효행의 근본을 되돌아보게 하는 살아 있는 교육의 장 효감천을 올때면 나도 모르게 눈시울이 다 뜨겁다.

대사습놀이전국대회와 동지

"당시 전주부 통인청 대사습장에 참여해 춘향가 첫비두「이도령이 광한루 구경차로 나갈 때 방자 분부 듣고 나구 안장 짓는다. 나구 안장 지을적에 나구등에 솔질 쏼쏼하는 대목」에 이르러서「나구등에 솔질 쏼쏼」하는 대목을 도수(度數)가 넘도록 몇 번이나 중복하고 아랫말이 막혔다. 좌중은「저 혹독한 솔질에 그 나구는 필경 죽고 말테이니 차마 볼 수가 없다」하고 이내 퇴장시켰다. 그리되어서는 그 후로 정(丁)은 일시 낙명(落名)이 되어 수년 간 소리를 중지하고 근신하였다는 것이 명창으로도 혹 실수가 있다는 것을 전하는 유명한 이야기이다."

전주대사습(大私習)놀이에 대한 기록은 1940년에 조선일보사에서 발간한 정노식의 ≪조선창극사(朝鮮唱劇史)≫에 나온다.

유공열조를 보면 "30세 경에 전주대사습장에서 기량을 발휘하여 비로소 명성을 얻게 됐다"고 기록돼 있다. 이는 정창업 명창과 관련, 대사습에 참가해 벌어졌던 재미있는 일화다.

대사습놀이는 과거에도 '등용문'의 성격이 강했다. 등용문이란 요즘 풍속인 경연대회가 아닌, 세상에 이름을 떨치는 명성에 관한 것이다.

다음으로, 대회의 주체가 전주부(全州府) 통인청(通引廳)이라는 점이다. 하급관리인 통인들에 의해 주도된 행사였다. 마지막으로 알 수 있는 것은 위의 인용글 중에서 "좌중은(----) 퇴장시켰다"는 내용으로 미루어 볼 때, 소리에 대한 수준이 높으면서도 적극적이었다는 점이다. 일테면 전주는 귀명창 천지였던 것이다.

'전주대사습'은 조선후기에 전주부성의 통인들이 동짓날 밤에 이름난 광대들을 초청, 판소리를 듣고 노는 잔치에서 유래한다. 전라도 일대를 관장하는 관찰사의 집무실이 있는 곳이 전라감영이고, 지금의 도청 자리에 있던 선화당이 그곳이다.

그리고 전주부성을 관할하던 전주부윤의 집무실을 동헌이라고 하며, 위치는 풍남문과 전주 객사를 잇는 도로에서 전북예술회관 뒤편 부근이다.

당시엔 전주동헌과 전라감영의 통인들이 훌륭한 광대를 찾아 각지로 수소문하는가 하면, 수십 리 밖에 사는이들도 불원천리(不遠千里)하고 초청했다. 뿐만 아니라 솜씨있는 음식집을 지정해 숙식케했다고 하니 그 대우가 어떠했는지를 짐작할 만하다.

고로(古老)들이 증언한 바에 의하면 과거 대사습은 동짓날 통인놀이였던 것 같다. 하지만 지금은 단옷날 무렵에 대회를 개최하고 있다.

동짓날 밤에 통인청 앞마당에 호엽등과 숯불을 밝혀놓고 팥죽제 지낸 음식을 먹어가며 소리판을 벌렸던 전주만의 동지풍속이 오늘날 국악계 최고의 등용문으로 부활한 셈이다.

오늘 아침, 동지를 맞아 팥죽 한 그릇을 먹은 후 판소리를 공연하는 곳으로 발길을 돌려 전북의 소리에 흠뻑 빠져들고 싶다.

김제홀어머니다리

우리네 어머니를 생각하면, 정직하고 부지런하고, 참을성 많고 의지가 강하고, 겸손하고 분수를 중하게 여기며, 자식들을 위해 자기의 모든 것을 바치는 등 헌신적인 모습이 떠오르는 것은 왜 일까. 김제시 금산면 청도리에 전하는 청상과부와 홀어미다리.

이는 금산면 청도리 청도원마을에서 과부인 어머니가 쉽게 홀아비를 만날 수 있도록 징검다리를 놓아 드렸다는 효행담이자 다리유래담이다. 어머니에게는 효성, 돌아가신 아버지에게는 불효가 된다는 효불효설화(孝不孝說話)이기도 하다.

옛날 청도원마을에 청상과부가 살고 있었다. 일찍 남편과 시부모를 잃고 혼자 몸으로 남매를 키운 후 모두 출가시켰다. 과부댁은 억척스럽기로 소문난 여장부였다.

그러나 나이가 마흔이 넘자 차츰 사는 것이 허무하고 마음 붙일 곳이 없어 쓸쓸한 나날을 보내고 있었다. 그러던 어느 봄날 과수댁은 마을 앞의 개울을 건너 밭에 씨앗을 뿌리러 가다가 어려서 한 동네에서 자랐던 사내를 만나게 되었다. 오랜만에 만난 둘은 그 동안에 살아온 이야기를 나누던 끝에 사내는 일찍이 상처하여 홀아비가 되었고 여자도 홀어미라는 사실을 알았다. 그날 이후, 두 사람은 남몰래 밤이면 서로 만나 정을 나눴다.

홀어미는 개울 건너 언덕바지에 혼자 살고 있는 홀아비 집에 가려고 밤마다 개울을 건너갔다. 매일 밤마다 어머니가 집을 나갔다가 새벽녘에야 돌아오는 것을 알게 된 아들은 어느 날 밤에 어머니의 뒤를 따라갔다. 아들은 어머니와 이웃 마을의 홀아비가 서로 정분이 난 사실을 알게 되었지만 그런 사실을 일일이 따질 수도 없는 처지였다.

착한 아들은 오히려 어머니를 측은하게 생각하고 이 사실을 덮어 두었다. 그런데 밤마다 개울을 건너 사랑하는 사람을 찾아갔다가 물에 흠씬 젖은 옷을 말리느라 고생하는 어머니가 불쌍했다. 아들은 아예 어머니가 개울을 편안하게 건널 수 있도록 징검다리를 놓아주기로 결심했다.

효성이 지극했던 그 아들은 자기 아내와 함께 인근에서 널따란 돌을 캐어다가 어머니가 건너다니는 개울가에 징검다리를 놓아드렸다. 이후 동네 사람들이 이 사실을 알았다. 마을 사람들은 어머니를 위해 이렇게 지극한 효성을 다하는 아들을 칭찬하고 다리 이름을 '홀어미다리'라고 불렀다고 한다.

'청상과부와 홀어미다리'의 주요 모티프는 '홀어머니와 홀아비의 만남', '징검다리를 놓아준 효자' 등이다.

이는 청상과부가 된 어머니의 행복을 위해서 효심이 지극한 아들이 다리를 놓아줌으로써 어머니가 행복을 찾게 했다는 효행담이다.

도덕적·윤리적 차원에서 어머니가 정숙하지 못한 것처럼 보일 수도 있었지만 일찍이 혼자 몸으로 자신들을 키워낸 어머니에 대한 효심이 나타난 것을 볼 수 있다.

김제엔 이외에 요강다리와 옥쇄골, 청상과부와 홀어미다리」,「현포보(玄圃洑)와 석축수로(石築水路)」 등 다리와 관련된 설화가 많이 전하고 있다.

요즘 현대 사회에서도 자식들이 부모의 노후를 위하여 홀로 된 어머니나 아버지의 재혼을 적극 서두르는 일들이 많이 있는 바 청상과부와 홀어미다리의 사연과 비슷한 것이 아닌가 한다.

오수의 의견

오수(獒樹)'의 지명이 전해주듯 임실 오수는 에로부터 충심있는 개의 이야기로 유명하다.

본래 오수 의견비 이야기는 구전으로 내려오던 것을 고려 악부의 견분곡과 보한집의 의견비에서 그 근거를 찾게 됐다. 지금도 오수리 시장내 원동산공원에는 의견비(전북 민속문화재 제1호, 지정일 1972년 12월 2일)가 서 있어 주인을 위해 죽어간 개의 충절을 위로하고 있다.

'옛날 통일신라시대 때 지사면 영천리에 김개인이라는 사람이 살고 있었다. 그는 개를 매우 사랑하여 어딜 가든지 데리고 다녔다. 어느 날, 그는 술에 취해 집에 가는 도중 그만 길에서 잠이 들었다. 얼마 후 그 곳에 산불이 나서 그 불길이 주인 근처까지 오게 되자 급해진 개가 주인을 깨우려 했지만 일어나지 않았다.

개는 할 수 없이 냇가에 들어가 온몸에 물을 묻혀 주인이 자는 주변을 수백번 적시기 시작, 지쳐 그만 쓰러져 죽고 말았다. 나중에 잠에서 깨어난 주인은 모든 상황을 짐작하고 개의 충성심에 감탄한 나머지 무덤을 만들어 묻어주고 자신의 지팡이를 꽂아 두었다.

그것이 나무로 살아나 자라나 이 나무를 '오수'라 이름 붙이고, 마을 이름도 오수라 불렀다.

훗날, 동네 사람들이 개의 충성을 대대로 알리기 위해 의견비를 있었다고 하지만 전해지지 않고, 현재의 것은 1955년에 다시 세운 것이다. 이같은 뜻을 전국에 알리기 위해 1992년 면의 명칭도 둔남면에서 오수면으로 바꾸었으며, 1994년 춘향도로 국도변에 김개인과 의견상을 건립하기도 했다.

오수개 보존회(회장 심재석)는 최근 들어 오수개 혈통고정화 연구 세미나를 갖고, 1999년부터 본격적으로 오수개 유전공학 육종연구를 진행한 결과 오수개가 유전학적으로 독립된 형질로 분리되어 있음을 확인했다. 이번 세미나는 오수개가 대내외적으로 정통성을 확보하는데 주력을 하여야 하며, 체계적인 혈통관리에 필요한 라인별 교배 시스템 확보와 이를 위한 전산화 시스템 구축이 필수적이고 시급하다고 강조한 것에 주목을 받았다. 무엇보다도 유전적 형질 고정화를 앞당기기 위해서는 오수 개 고유의 유전적 형질의 확보가 시급하며, 이를 위해서는 국가적인 연구비 지원이 절실하다.

오수의견비는 믿음과 의리가 사라져 가는 오늘날에 깊은 감동을 주는 귀중한 민속자료이다. 새해 2018년은 개띠해인 '무술(戊戌)년'으로 연말을 맞아 유통가를 비롯한 시중에선 새해 마케팅 키워드로 '황금개띠'를 띄우고 있다.

사실 해마다 황금돼지띠, 흑룡의 해, 청마의 해라고 의미를 부여하는데 색깔 자체의 큰 의미는 없다고 하지만 60년만에 찾아오는 황금개띠의 해를 맞아 새해 연하카드는 행운과 희망찬 새해를 기원하고 전통과 현대적 감각을 가미한 다양한 개의 형상이 살갑다. 오수의견 모양이 제대로 드러났다면 얼마나 좋을까.

부안 유천리 고려청자

부안 유천리 고려청자가 34년만에 서울 나들이에 나섰다. 2017년 12월 31일까지 이화여대박물관에서 열린 '청자'전에 그 모습을 드러낸 것. 이화 창립 131주년을 기념해 소장품 특별전 〈청자〉를 개최했다.

이번 전시는 고려시대 무문청자를 비롯, 음각, 양각, 철화, 상감, 상형, 투각 등 고려를 대표하는 여러 장식 기법과 기종을 망라한 소장품 200여 점이 소개됐다. 또한 고려의 전통을 재현한 근대기 청자와 한국 도예 교육의 산실이었던 이화여대 도예연구소 제작품의 일부도 선보였다.

전시는 1958년 박물관에 입수된 부안군 유천리 가마터(현 유천리 12·13호) 수습 청자파편자료 1,000여 점이 대량 공개됐다. 유천리 가마터는 고려왕실과 귀족층의 자기 생산지였다는 사실이 일제강점기 때 알려지며 대량의 유물이 일본인들에 의해 도굴, 반출됐다.

이번 전시는 당시 전북 정읍에 살던 일본인 후쿠타 야스토시(深田泰壽)가 반출한 유천리 도자기 파편 일부를 공개했다. 이 유물들은 본교 박물관과 국립중앙박물관이 구입해 보관해왔던 것으로, 고려 전성기 전남 강진과 더불어 쌍벽을 이루던 부안 청자의 다양한 장식기법과 고도의 제작기술을 보여준다.

박물관은 지난 1983년 〈부안 유천리요 고려도자〉전을 통해 파편 일부를 공개한 바 있지만 이번 전시에는 그간 정리하지 못한 자료들을 추가하고, 원형을 복원, 공개하게 됐다.

청자상감 인물문 매병(靑瓷象嵌人物文梅瓶)은 고려 13~14세기에 만든 것으로 높이 38.5cm이다. 이는 부안 유천리 가마터에서 출토된 도편을 복원한 매병이다. 반구형 구연부에 풍만한 어깨를 가졌으며 세장한 하부로 이어져 완만한 곡선을 이루며 좁아든다. 대나무·연꽃·국화·괴석이 있는 정원에서 서書·화畵·락樂·무舞 등 네 가지 즐거움을 즐기는 문사(文士)의 이상적인 모습을 흑백상감으로 표현했다.

이와 같은 인물화가 상감으로 시문된 것은 드문 예로, 고려의 종교, 생활문화를 이해하고 고려회화의 경향을 이해하는 데에도 중요한 자료가 되고 있다. 최상급 청자 생산지로 평가되는 12호 가마의 도굴·반출됐던 도편의 일부가 해방 후 이화여대박물관과 국립중앙박물관에 수장됐다. 전시 소장 도편은 청자와 백자, 소량의 도기가 포함되어 있다. 이 가운데 백자는 접시, 합, 병, 뚜껑, 발, 장고, 잔탁, 완으로 모두 10종이다. 이중 접시와 뚜껑이 가장 많은 유형을 나타내며, 다양한 형태와 수량을 자랑하는 그릇받침(器臺)도 주목된다.

이같은 다종다양한 유천리 도편자료는 강진 용운리(10호-Ⅱ층 나·다 유형)와 유사한 기형과 제작 기법을 보여주고 있어 고려 전성기인 12-13세기에 전남 강진과 더불어 쌍벽을 이루던 부안청자의 다양한 장식 기법과 고도의 제작기술을 확인할 수 있다.

자도주(自道酒)

전북산 자도주(自道酒) 시장을 되살리자는 주장이 20년 만에 다시 제기되고 있다.

전북산 자동차 팔아주기 운동으로 시작된 경제위기 극복책이 주류시장까지 확산되고 있다. 박재완 전북도의원(국민의당·완주2)은 2017년 11월 정례회 자유발언대에 올라 이 같은 자도주 애용 범 도민운동을 공개 제안키로 했다. "경영난 속 매각설에 술렁이는 하이트 전주공장을 살려보자"고 제안했다.

1977년도 도입된 정부의 자도주 보호법(1개 시도별 1개 업체만 생산, 50% 점유율을 보호해주는 법)이 1996년 폐기되어 대부분의 자도주가 위기에 몰리고, 전국구인 참이슬은 전국적으로 50%를 넘는 점유율로 독주하고 있다.

자기 지역의 점유율을 잘 지키고 있는 소주 브랜드와 점유율이 하락하는 브랜드 간에는 분명한 차이가 있다. 급박한 경쟁환경 변화 속에서도 지역소비자와 끈끈한 신뢰를 가져가는 브랜드, 소비자들의 욕구와 변화추이를 잘 읽고 항상 능동적으로 대응해 온 브랜드들의 선전이 눈에 띈다.

대부분의 자도주들이 안방을 지키기 위해 안간힘을 쓰고 있는 반면, 안방을 확실히 장악하고 인근 지역까지 석권한 좋은데이(무학)의 질주는 경이롭다. 좋은데이는 울산/경남에서 태어나 부산지역을 접수한 기세를 이어, 중앙무대인 서울/경기지역에서 골리앗 참이슬에 도전장을 들이밀고 있다. 성공 신화를 이어갈지 궁금하다.

정부는 1970년대 소주시장의 과다경쟁과 품질 저하를 막기 위해 자도주 보호법을 도입했다. 1개 시도별 1개 업체만 생산, 50% 점유율을 보호해주는 내용을 담고 있다.

이후 1996년 폐지되면서 자도주의 위기설도 제기됐다. 2011년 전북도와 보배가 내고장 상품 애용운동과 지역상품 판매촉진을 위해 전북도 자도주 '보배로' 병마개 수거를 통한 전북사랑실천운동을 펼쳤다. '보배로' 전북사랑기금 적립사업은 보배가 전북도 향토기업으로서 지역사회에 보답하고 사회적 책임을 실행하기 위해 앞으로 3개월동안 병마개 1개당 100원의 전북사랑기금을 적립해 지역내 불우이웃에게 적립된 기금을 전달하는 이웃사랑 실천사업이다.

캠페인 종료시점에 병마개를 수거해 적립된 금액만큼 전북쌀 및 온누리상품권 등을 구입, 각 주민자치센터와 연계해 지역 내 불우이웃에게 기금을 전달했다. 이는 애향운동 실천과 지역내 어려운 이웃돕기 실천 분위기 조성, 전북쌀 및 온누리상품권 구매를 통한 소상공인 지원 등 일석삼조의 사업효과를 거두었다.

전북 자도주인 하이트 생산라인 가동률은 현재 30%를 밑돌고 있다. 소비자가 특정 브랜드 선호현상을 무시하고 지역 술을 마시라고 강요할 수 없지만 반드시 자도주를 애용하는 등 지역제품 애용만이 우리 지역 중소기업을 살리고 나아가 일자리가 창출돼 지역이 살아난다.

모든 공공기관에서 지역제품을 우선 구매하는 범도민운동을 전개하면 어떨까. 그 옛날의 보배 소주 한 잔이 그리워짐은 왜 일까.

위그선

위그선(Wig Ship) 조종사 양성과 교육훈련장으로 새만금호를 활용하기 위한 공개 시연회가 최근들어 새만금방조제 해넘이 휴게소 앞바다에서 열렸다.

주식회사 아론비행선박산업은 해수부와 행안부, 새만금청, 전라북도, 군산시, 군장대 관계자들이 참석한 가운데 M50과 M80 위그선 조종사 훈련기에 대한 시연회를 개최했다.

이 회사는 군장대와 조종사 양성을 위한 MOU를 체결한데 이어 위그선 교육훈련센터 건립과 제조시설에 대한 새만금 투자협의를 추진할 계획이다.

이 회사는 대한민국 독자기술로 비행선박 완제기를 생산하고 있다. 1976년 8월 옛 소련의 카스피해를 감시하던 미국 첩보위성이 처음 보는 괴물체를 포착했다. 길이 92m에 바다 위를 시속 550km의 가공할 속도로 내달리는 이 괴물체는 배도, 비행기도 아니었다. 충격받은 미 첩보기관은 '카스피해의 괴물(Caspian Sea Monster)'이라고 명명했다. 확인 결과 괴물체는 1966년 소련이 군사용으로 제작한 역대 최대 규모의 위그선 'KM'이었다.

위그선은 바다 위를 1~5m 높이에서 시속 180~250km로 순항하는 해상교통 수단으로, 군산~제주를 2시간 안에 연결할 수 있다. 위그선이란 날개가 해수면과 가까울 때 양력이 증가되는 수면효과(Wing-In-Ground Effect)를 이용, 수면 위 3~5m를 비행하는 선박으로, 초고속 운항이 가능하다.

수면(표면)효과란 비행기의 날개가 땅이나 바다의 표면에 가까워지면 날개 밑면의 압력이 높아져서 양력이 커지는 현상을 말한다. 날개가 표면과 2m~3m이내에 있으면 하늘 높이 있을 때보다 양력이 3배나 커진다. 따라서 표면 효과를 이용하면 비행기보다 효율이 3배 정도 커지고, 수송용량과 속도를 증가시킬 수 있다.

위그선은 바다에서 시속 200km의 속도로 달릴 수 있다. 해상교통안전법상 '수면비행선박'으로 분류돼 선체 안전성 등에 대해 한국선급(KR) 인증을 받아야 한다. 위그선은 1960년대 러시아에서 군사용으로 처음 제작한 이후 미국 일본 등이 상용화를 시도했으나 아직 성공하지 못했다.

위그선은 항공기와 배의 장점을 모두 갖춘 미래형 운송수단으로 기존 고속선보다 3배 이상 빠른 시속 200km로 달리면서도 요금은 항공기보다 훨씬 싸게 책정할 수 있다. 우리나라에선 상용화가 2010년부터 추진돼 왔지만 법적 근거 등 관련 제도의 미비와 안전 문제로 번번이 미뤄졌다.

위그선은 10여년 전 군산 W사가 정부와 지자체의 전폭적인 지원아래 세계 첫 상용화를 시도했지만 실패했다. 2012년 4월 새만금 앞바다에서 시제품 시운전 도중 엔진 화재사고가 발생하면서 상용화가 전면 중단된 만큼 이번에는 반드시 상업용 운항이 성공했으면 좋겠다.

운장산 씨 없는 곶감

한 줌 햇살, 한 줌 행복이 정성 어린 농부들의 손끝에서 태어난다. 씨 없는 곶감으로 이름 난 진안 정천면 봉학리 학동마을은 씨없는 곶감으로 유명하다.

본래 곶감은 '꼬챙이에 꽂아서 말린 감'을 뜻하며 '곶다'에서 온 말이다. 된소리로 '꽂감'이라 하는 것도 '곶다'에서 비롯된 말이다. 볕에 두어 말린 곶감을 백시 또는 건시라 한다. 백시는 몸을 따뜻하게 보강하고, 장과 위를 두텁게 하며, 비위를 튼튼하게 해 얼굴의 주근깨를 없애며 목소리를 곱게 한다고 한다.

서리가 내린다는 상강이 지나면 안개가 잦아든다. 이때부터 곶감 건조가 시작된다. 건조기는 안 쓴다. 햇살에만 말린다. 햇살과 바람이 딱 맞아 떨어져야 좋은 곶감을 만들 수 있기 때문이다.

학동마을을 비롯 진안군의 운장산 일대는 지리적 특수성으로 인해 씨 없는 감나무가 잘 자라고 있어 예부터 씨 없는 곶감의 고장으로 알려져 있다. 부귀면·정천면·주천면에 대단위 곶감 생산 단지를 조성하면서 '운장산의 씨 없는 곶감'은 진안군의 특산품으로 자리잡았다.

운장산(雲長山)의 별칭은 주줄산, 주이산, 운장산(雲藏山), 추줄산(崷崒山) 등으로, 진안군 주천면 대불리, 정천면 봉학리, 부귀면 궁항리, 완주군 동상면 신월리에 걸쳐 있는 산이다. 이는 『신증동국여지승람』·『산경표』·『택리지』 등에는 주줄산(株崒山)으로 기록되어 있다. '주줄산(株崒山)'이란 명칭은 한자가 어렵기 때문에 지도 제작 과정에서 손쉬운 '운장산(雲長山)'으로 바뀐 것일 가능성이 높다고 한다.

  운장산이라는 이름이 등장하게 된 것은 조선 시대 정여립 사건과 관련이 있는 송익필의 자가 운장(雲長)이었던 데에서 유래했을 가능성이 있다고 한다. 송익필에 관련된 전설은 독제봉(운장산 서봉)과 오성대 등에서 발견할 수 있다. 송익필은 정여립을 체포할 당시 진안 현감 민인백과 같은 서인 계열이었다. '진안지'에 따르면 산이 높아 항상 구름이 덮여 있다는 의미에서 운장산(雲藏山)이라고 한다는 기록도 있다.

  상전면과 정천면 고랭지의 청정 지역에서 생산하는 떫은맛이 있는 생감을 완숙되기 전에 따서 껍질을 얇게 벗겨 대 꼬챙이나 싸리 꼬챙이, 또는 실에 꿰어 햇볕이 잘 들고 통풍이 잘 되는 곳에 매달아 전통 제조 방법으로 건조시킨다. 건조된 곶감을 상자에 늘어놓고 밀폐된 상태로 두면 감이 완전히 건조되면서 표면에 포도당(글루코오스)의 흰 가루가 생기는 바, 이를 꺼내 다시 한 번 건조시켜서 상자에 넣고 밀폐해 두면 곶감이 되며, 건시라고도 한다.

  처마엔 어김없이 붉은 곶감이 달려있다. 햇살 한 줌 탐이 나서 하늘에 손뻗어 움쥐었다. 시나브로 손 안에 든 햇살에 맑은 가락이 흐른다. 오늘 햇살 한 줌, 바람 한 점이 하늘담은 삶터에서 하늘닮은 당신을 하늘거리게 만든다.

웅치 · 이치 전적지

　진안군 부귀면 세동리 일대가 임진왜란 당시 조선군과 왜군이 혈전을 벌였던 '웅치전투지'(전북기념물 제25호) 핵심 지역으로 밝혀졌다. 전적지와 관련된 유적으로 성황당터, 요강원터, 추정고분, 진지터, 봉화터 등도 확인됐다.
　2017년 11월 22일 이항로 진안군수과 웅치전적지보존회 등이 참석한 가운데 열린 보고회는 웅치전투의 핵심 현장과 유적을 파악하는 등 그동안 조사한 결과를 공유하기 위해 마련됐다.
　웅치전적지(熊峙戰蹟地)는 선조 25년(1592) 임진왜란 때 조선의 관군과 의병이 전라도로 진출하려던 왜군을 맞아 싸웠던 격전지이다. 그 해 7월 충남 금산에 주둔하고 있던 왜군이 전주를 공격하려 하자 김제군수 정담, 해남현감 변응정, 나주판관 이복남이 웅치의 험한 지형을 이용, 적을 격파했다. 그러나 전열을 가다듬은 왜군의 재차 공격을 받아 수적인 열세에 밀려 무너지고 말았다.
　그동안 완주군 소양면 신촌리 일부지역이 1976년 전북도 기념물 제25호 지정 관리되어 왔으나, 핵심 전투지역으로 추정되는 진안군 부귀면 세동리 일대가 포함되어 있지 않는 등 실제 전투 현장의 위치 비정과 성역화 사업 추진 등에 있어 논란이 있어왔다. 조사 결과 1592년 7월 8일과 9일 조선군과 왜군이 혈전을 벌였던 웅치전투지의 핵심 지역은 진안군 부귀면 세동리 일대임이 밝혀졌다는 진안군의 설명이다.

당시 웅치 옛길은 진안군 부귀면 세동리와 완주군 소양면 신촌리를 잇는 고갯길, 일명 덕봉재길(옛웅치길)로 확인됐다는 것.

특히 기존에 확인된 바 있는 성황당 터와 추정고분, 요강원터 등 7곳의 유적과 더불어 추정 진지터 2곳, 봉화터 2곳 등 4곳의 유적이 신규로 확인됐다. 이에 전적지 활용방안에 대한 의견도 제시되어 향후 국가문화재 지정과 정비 계획의 기초 자료로 활용될 예정이다.

완주군도 최근 들어 웅치·이치전적지(전북 기념물 제26호, 완주군 운주면 산북리 산12-15번지) 역사를 재조명하는 학술대회를 개최했다. 완주군은 민선 6기 동안 웅치, 이치전적지에 대한 기초자료 정밀조사를 실시했다. 당시 주요 전투지로 추정되는 옛길(덕봉길)과 웅치전적비를 연결하는 정비사업 등 전적지 관련 사업을 지속적으로 추진해오고 있다.

진안군은 이번 조사결과를 토대로 내년도 주요 유적에 대한 발굴조사를 추진할 계획이다.

이와 함께 국가 문화재 지정 및 전적지 성역화 사업을 지속 추진해 나갈 방침이다. 웅치, 이치전적지에서 보여준 선조들의 희생과 호국정신은 현재의 우리들에게 귀감이 되는 소중한 전북의 대표 정신이다. 향후 국가 사적으로 승격시켜 임진왜란 대표 성역이 될 수 있도록 노력해야 함이 마땅하다.

이번 만큼은 완주군과 진안군이 이를 놓고 예전의 경우처럼 다투는 일이 없기를 바란다.

류습과 달이실 합굿축제

"대마도 정벌 류습장군 행차요"

매년 고려·조선 시대의 무신 류습 장군의 묘가 조성된 완주 비봉면 내월리에서 유습(柳濕·1367~1439) 장군의 개선행렬이 재현되고 있다.

내월리 5개마을 달이실합굿축제추진위원회와 달이실풍장패가 공동으로 주관하는 '제10회 달이실 합굿축제'를 비봉면 달이실 공원에서 개최하고 있는 것.

달이실은 내월리의 옛 이름으로 류습장군은 세종 원년 대마도 정벌에 참여한 좌군도 절제사를 지냈다. 류 장군의 묘가 조성된 내월리 주민들은 이를 기리기 위해 매년 류습장군의 개선행렬을 재현해 오고 있다.

류습장군은 지난 1376년(공민왕 16년)에 태어났고 본관은 고흥으로 고려 말 조선 초의 문신이다. 그는 조선 태종 때 원종공신이 된다. 1414년 하정사로 명나라에 다녀왔으며 좌군도절제사로서 대마도 정벌에 공을 세우기도 했다. 묘는 완주군 고산면 율곡리 분토동에 있다. 부인 '삼한국대부인최씨'의 묘는 전주시 덕진구 인후동 유일여자고등학교 뒤편 시사재(건지산) 앞에 있다. 전주류씨의 시조 류습(柳濕)은 고흥류씨(高興柳氏) 후손인 류습(柳濕.1367~1439)과는 전혀 다른 인물이다.

전주류씨 시조이자 장령공파(掌令公派)의 파조인 류습(柳濕)은 극강(판서)

등 5남1녀를 두었다. 다섯 아들이 모두 문과에 급제하여 장령에 추증되고 완산백(完山伯)에 봉해졌다. 완산은 전주의 다른 이름이다. 그래서 후손들이 전주를 본관으로 삼았다.

그는 1416년 이종무 장군(총사령관)과 이지실 장군 등 함께 대마도 정벌에 참여했다. 조선 수군 1만728명은 전함 227척을 거느리고 1416년 6월 19일 거제도 견내량을 출발해 하루 만에 대한해협을 지나 대마도를 정벌하고 왜구의 항복을 받았다.

이에 장군은 고려·조선 시대의 무신으로 조선 개국 뒤 과의 상장군에 특진했으며, 전라도 도절제사, 중군 도총제 등을 지냈다. 이후 세종대왕은 유습장군이 별세하자 가장 좋은 묘 자리를 찾게 했고 당대 풍수가들은 완주군 비봉면 내월리(달이실) 동리마을 중고개 부근의 옥토망월형의 명당에 유 장군의 묘자리를 잡았다.

분토동에는 대명당 전주유씨 시조 유습(柳濕) 묘가 있어서 찾는 사람이 많았고 재실 시사재(時思齋)는 고산 6개면에서 으뜸으로 전하고 있다. 유습장군의 민족 기상을 널리 홍보하기 위해 유습장군개선축제추진위원회가 조직돼 매년 기념행사를 진행하고 있다.

또 비봉면 동리마을과 명곡마을을 중심으로 두레패가 형성돼 합굿행사를 하며 이때 진 팀이 먹을거리를 장만해 승리한 팀까지 대접하는 전례 행사도 가진다. 유습장군의 개선 행렬 재현을 통해 우리 민족의 기상을 보여준 대마도정벌의 축제화에 더욱 더 앞장서기를 바란다.

남원 이백 닭뫼마을 비보림

남원시 이백면 남계리 닭뫼마을 비보림이 제17회 아름다운 숲 전국대회에서 우수상(아름다운 숲 공존상)을 수상했다.

남원은 이외에도 숲이 잘 보존된 곳의 하나로 유명하다. 운봉 행정마을 서어나무숲(2000년 제1회 대상), 대산 왈길마을 숲 (2001년 제2회 장려상), 운봉 삼산마을 숲(2006년 제7회 장려상), 용성고등학교 숲(제7회 우수상), 주생 초등학교 숲(제7회 장려상), 덕과 사곡마을 숲(2009년 제10회 장려상) 등 관내 우수한 산림자산들이 아름다운 숲으로 선정된 바 있다.

남원시 이백면 남계리(藍鷄里)은 남원과 이백을 경계로 하는 요천교를 지나 좌우측에 마을이 위치하고 있으며, 광주 대구 고속 도로가 마을 뒤를, 24번 국도가 마을 앞을 통과하고 있어 교통이 편리한 평야부의 마을이다.

2007년 2월에 요천 권역 농촌 마을 종합개발 사업이 확정됐다. 계산(鷄山)마을은 마을의 대나무 곁에 단풍나무들이 있어 풍암(楓岩)이라 불렸다. 또한 마을 앞산 청룡산에서 보면 닭이 알을 품은 형국이라고 해서 닭뫼라 불리다가 발음이 변하여 닭매라 불렸으며, 이를 한자로 직역해 계산(鷄山)이란 행정구역 명칭이 됐다.

계산마을은 1456년(세조 2)에 세조가 단종의 왕위를 찬탈하자 양성현감으로 있던 순흥안씨 11대손 안귀행(安貴行)은 불사이군(不事二君)의 정신에 따라 남원군 백파방 여원치 아래 빈들에 숨어살게 되었다. 그 후 1567년(선조 1)경부터 안귀행의 현손 안신손(安信孫)의 후손이 번창하여 단일 씨족마을을 형성했으나 일제강점기부터 다른 성씨 10여 호가 입주했다.

지난 5월 22일 국가산림문화자산으로 지정된 바 있는 이백 닭뫼마을 비보림은 1455년 단종 왕위찬탈에 순흥안씨 조상이 "불사이군"충절을 지키고자 현 지역으로 낙향 후 마을을 형성하면서 조성한 숲이다.

충절이 깃든 숲은 마을 옆 섬진강 상류에서의 홍수로 인한 재난예방 등을 위하여 마을보호 목적의 보호림기능, 마을 북쪽 장수(번암)쪽에서 마을로 불어오는 강한 바람을 막기 위한 방풍림기능, 닭이 알을 품고 있는 형국의 마을(닭뫼)에 우백호 역할로 기를 보강하기 위한 비보림의 역할을 하고 있다.

다목적용으로 조성된 숲에는 느릅나무, 팽나무, 느티나무 등 70여본이 생육하고 있으며, 느릅나무와 팽나무가 보호수로 지정되어 관리되고 있다. 또한, 숲 내에 조선시대 임금의 하명으로 조성한 이씨부인 열녀문이 있어 자라나는 젊은 세대들에게 부부의 사랑을 가르키고 있다.

닭뫼마을이 국가산리문화자산에 이어 아름다운 숲에 선정됨은 관내 우수한 산림자산의 가치를 인정받은 셈이다. 아름다운 숲을 지속적으로 발굴해 중장기적으로 생태관광 및 산림문화체험 기회를 제공하고 숲·나무·산에 대한 가치를 높일 수 있도록 지속적으로 관리를 했으면 어떨까.

만일사(萬日寺)

순창은 세계가 인정하는 '고추장의 고장'이다.

1800년대 이규경이 쓴 '오주연문장전산고'에 엔 순창과 천안의 고추장이 유명하다고 적고 있다. 그보다 앞선 1740년대의 '수문사설'엔 순창 고추장의 제조법이 처음으로 기록되어 있다.

태조 이성계와 무학대사의 고추장 설화를 간직하고 있는 '순창 만일사 비(淳昌 萬日寺 碑)'가 전북 유형문화재 제251호로 지정됐다. 만일사는 대한불교조계종 제24교구 선운사의 말사로 구림면 안정리 회문산 자락에 위치해 있는 사찰이다. '만일사 비'와 1760년(영조 36년)에 간행된 '옥천군지(玉川郡誌)'에 의하면 백제시대에 건립된 천년 고찰로 전해지고 있다.

만일사는 무학대사가 중창하고, 만일(萬日)동안 이성계의 임금 등극을 기원했기 때문에 '만일사'라 칭해졌다는 이야기와 남원에서 황산대첩으로 왜구를 토벌한 이성계가 전주 오목대로 귀환하기 전 무학대사를 만나기 위해 이 절로 가는 도중 민가에서 먹은 고추장 맛에 반해 임금이 된 후 궁중 진상품으로 올리게 했다는 얘기가 전하고 있다.

고려 공양왕 시절, 이성계는 새 나라를 건국할 뜻을 품고 전국의 명산대찰을 찾아다니며 산신령의 허락을 받고자 후한 제의를 행하고 있었다. 안타깝게도 8도 명산의 산신령들은 이성계가 나라를 건국하는 것을 모두 허락했지만 유독 회문산만 이를 거부했다.

이성계는 무학대사와 함께 회문산 만일사에서 백일제를 지내기로 했다. 산신령이 백일이 되는 날 밤 꿈에 나타나 "네 정성이 갸륵해 내 허락을 하여 주노라. 그러나 대사를 도모할 천시가 아니니 너는 백성 없는 왕이 될 것이다. 그러니 이 절에 천일향을 시주하고 백성을 다스리는 왕이 되지 말고 섬기는 자가 되도록 하여라." 했다고 한다.

"장군은 이제 다 끝난 일을 가지고 무얼 그리 걱정하십니까?" 무학이 말했다. 그런데 알고 보니 신기하게도 그도 같은 꿈을 꾸었던 것이다.

이성계가 조선을 건국했지만 셋째 아들 방원과 불화가 심해져 둘째 아들 방과에게 왕위를 물려주고 궁궐을 떠나 외유중이었다. 그는 무학대사와 함께 다시 한 번 만일사를 찾아 며칠을 쉬고 있었다.

그는 혹시라도 시줏돈이 적어서 지금과 같은 신세가 되지 않았나 하는 생각이 들었다. 그래서 이번에는 만일향을 채우기로 했다. 그리고 그 만일향을 시주한 일을 기념하기 위해 절 이름을 '만일사'라 고쳐 부르도록 했다고 하며, 이를 내력을 조그마한 돌에 새겨 세웠다고 한다. 본래 순창은 옥천(玉川)고을이고, 이름 만큼이나 물맛이 일품이다.

또, 서해안 염분과 지리산 바람이 만나는 지점으로 발효균이 활동하는 최상의 환경을 갖추고 있다. 이같은 까닭으로 서울에서 순창 사람이 고추장을 담가도 제 맛이 나지 않는다.

지금도 회문산 8부 능선에 자리한 만일사에서 담근 고추장을 최상품으로 친다. 비법은 회문산의 물, 바람, 햇볕의 조화에 있다고나 할까?

척화비

척화비(斥和碑)는 1871년 흥선대원군(1820~1898)이 전국 각지에 쇄국 정책의 의지를 천명하기 위해서 세운 비석이다.

흥선대원군은 서양 제국주의 세력의 침략을 경계하기 위해 전국 각지에 척화비를 세웠다. 하지만 비석들의 높이는 다소 차이가 있는 바, 부산의 척화비는 1.8m인 데 비해 함양군 함양읍의 것은 1.2m이다. 그러나 너비는 대체로 40~45㎝이고, 두께는 대체로 25㎝ 정도이다. 화강암으로 만들어졌으며, 귀부(龜趺)와 이수를 갖추지 않은 통비(通碑)의 형식을 하고 있는 것은 모든 척화비에서 발견되는 공통된 점이다.

1866년 프랑스가 병인양요를 일으키자, 흥선대원군은 "서양 오랑캐가 침입해 오는데 그 고통을 이기지 못해 화친을 주장하는 것은 나라를 팔아먹는 것이며, 그들과 교역하면 나라가 망한다"는 내용의 글을 반포하며, 쇄국 의지를 강하게 천명했다. 그 뒤 1871년 신미양요가 일어나자, 흥선대원군은 쇄국정책을 더욱 강력히 추진하겠다는 의지를 천명했다. 이에 서울 종로 네거리를 비롯, 전국 각지에 척화비를 세웠다.

비석은 "서양 오랑캐가 침입하는데 싸우지 않으면 화친하는 것이요, 화친을 주장하는 것은 나라를 팔아먹는 것이다(洋夷侵犯 非戰則和 主和賣國)"는 내용의 12자가 큰 글자로 적혀 있고, 그 옆에는 "우리들 만대 자손에게 경고하노라! 병인년에 짓고 신미년에 세운다(戒我萬年子孫 丙寅作 辛未立)"는 내용의 12자가 작은 글자로 각각 새겨져 있다.

신미양요 이후 서양을 향한 항전을 선포한 척화비는 전북의 경우, 고창읍성과 여산동헌에 남아 있다. 고창읍성의 척화비는 읍성의 공북루 오른편에 위치한다. 1871년 대원군에 의해 척화비를 세우라는 명령이 내려지자 고창에서는 1872년 고창현감 이동석(李東奭)의 주도로 척화비를 세웠다. 비 앞면에는 '洋夷侵犯 非戰則和 主和賣國 戒我萬年子孫 丙寅作 辛未立', 뒷면에는 '上之九年 壬申五月 日 行縣監 李東奭 奉敎立'이라 음각되어 있다. 비의 크기는 107×39×22cm이다.

여산동헌의 여산척화비는 2002년 5월 30일에 익산시 향토유적 제7호로 지정됐다. 이는 비문이 선명하고 서체는 해서체이며, 크기는 높이 114cm, 폭 46cm, 두께 9cm이고 재료는 화강암으로 만들어진 통비(通碑)이다. 역시 "서양 오랑캐가 침입하는데 싸우지 않으면 화해를 하자는 것이니, 화해를 주장함은 나라를 파는 것이다(洋夷侵犯非戰則和主和賣國)"라는 글귀가 새겨져 있다.

여산척화비는 인근 초등학교에서 발견됐다고 하며, 이를 현재의 여산동헌으로 이전했다. 도널드 트럼프 미국 대통령이 2017년 11월 7~8일 국빈 자격으로 우리나라를 찾았다. 이를 찬성하는 사람들과 반대하는 사람들의 입장이 극명하게 엇갈리고 있다. 흥선대원군이 살아있다면 이를 두고 뭐라고 말을 했을까.

기로연

　기로연 재현행사가 전주 기령당에서 열렸다. 이번 행사는 배례의와 진다례, 가무락 공연, 진찬연 등의 순서로 진행됐다.
　기로연은 기로소(耆老所:조선 시대 연로한 고위 문신들의 친목 및 예우를 위해 설치한 기구)에 등록된 나이 많은 문신들을 위해 국가에서 베풀어주는 잔치를 말한다.
　기(耆)는 '나이가 많고 덕이 두텁다(年高厚德)'는 뜻을 지녀 나이 70이 되면 기(耆 늙은이기), 80이 되면 노(老 늙은이노)라고 부른다. 조선 태조 이후 기로회(耆老會), 기영회(耆英會), 기영연(耆英宴), 중구연(重九宴) 등 기로연과 유사한 형태를 갖춘 연회들이 있었던 바, 주로 삼월 삼짇날과 구월 중양절을 택해 열렸다.
　원래 기로연에는 정2품 실직(實職)을 지낸 70세 이상의 문과 출신 관원만 참여할 수 있었으므로, 70세 이상으로 2품 이상인 종친(宗親)을 위한 기영회(耆英會)와 구분된다.
　기로연을 행하던 곳은 주로 보제루(普濟樓)였고, 기영회를 행하던 곳은 훈련원이나 반송정(盤松亭)이었다. 기로연에 관한 자세한 상황은 세조 2년(1456) 3월 3일의 기록을 통해 알 수 있는데, "기로회를 보제원(普濟院)에서 베풀고 승지 박원형에게 명하여 선온(宣醞; 임금이 내린 술)을 기로회에 보냈다."라는 내용이다.

  이는 예조판서가 주관자가 되고 왕명을 받드는 승지가 특별히 파견되어 감독했다. 행사를 하기 하루 전부터 각 기관들은 행사를 준비한다. 당일 행사 준비가 끝나면 본행사로 들어가기 전에 연습을 한다. 임금이 행사장에 나아가려 하면 의장(儀仗)이 움직이고 음악이 연주되면서 행사가 시작된다.

  임금이 어좌(御座)에 오르면 참석자 모두는 절하는 위치로 나아가 사배(四拜)의 예를 한다. 잔치에 참가한 문신들은 편을 갈라 투호(投壺)놀이를 한다. 이어 식사가 시작되며, 술은 1작(爵)부터 5작까지 마신다. 이후 소선과 대선을 차례로 올린다.

  대선을 베푼 뒤 연회는 끝난다. 왕세자 이하 신하들이 임금에게 다시 사배를 하고 임금은 내전으로 들어간다. 기록에 의하면 행사는 날이 저문 뒤에야 파했고 참가자들은 부축을 받아 행사장을 나올 정도로 모두 취했다고 한다. 이날 행사 때 임금은 술과 1등급 풍악 그리고 전답(田畓), 염전(鹽田), 어전(漁箭), 노비 등을 내렸고, 특별히 벼슬이 1품에 오르고 학덕이 높은 원로대신에게 궤장(几杖) 곧 안석과 지팡이를 하사하는 일도 있었다.

  원래 기로소에 들어갈 수 있는 자격은 처음에는 문무신을 가리지 않았으나, 중기 이후부터는 정경(正卿)으로서 70세 이상 되는 문신으로 국한했다. 그러나 태조 이후 두 번째로 기로소에 들어간 숙종 때에 와서 나이가 많은 일반 백성들도 참여한 경우가 있었다.

  지난 2009년 전주 기령당은 기로연을 복원해 오늘에 이르렀다. 경로효친 사상은 우리 사회의 근간이며 본받고 지켜나가야 할 소중한 가치다. 앞으로도 기로연 행사를 통해 젊은 세대가 노인공경의 전통을 이어가야 한다.

지리산 문학과 뱀사골 단풍

 지리산은 거대한 면적과 높이를 자랑하는 물리적인 공간임과 동시에 정신적이고 신화적인 공간이다. 유·불·선 사상뿐만 아니라 각종 무속신앙이 그 안에서 배태되었으며 수많은 설화를 품고 있다.
 지리산이 품었던 사상, 신앙, 설화들은 문학에 수용되면서 여러 장르로 표출됐는가 하면 신화·전설·민담·소설·수필 등의 산문이나 여러 형태의 운문으로 나타났다.
 또, 현대사의 비극을 고스란히 안고 있는 지리산 빨치산에 대한 기억은 이를 배경으로 하는 위대한 문학 작품들을 탄생시켰다. 지리산은 문학적 영감과 상상력의 원천이 됐다.
 오래된 구전 설화 가운데 '아기 장수 우투리'는 지리산을 공간적 배경으로 하고 있다. 이 설화는 영웅의 출현을 통해 부패한 세상의 개혁을 원하는 민중의 소망을 담은 이야기로 지리산이 변혁과 이상향의 공간으로 그려진 한 원형으로 볼 수 있다.
 남명 조식의 시조에서도 지리산은 이상향의 공간으로 그려진다. '두류산 양단수를 예 듣고 이제 보니 도화 뜬 맑은 물에 산영조차 잠겼에라 아이야 무릉이 어디오 나는 옌가 하노라'
 변혁을 바라며 이상향을 좇아 지리산에 그 이념을 구현하려 했던 청학동도 같은 맥락에서 이해할 수 있다. 어쨌든 이미 삼국유사(三國遺事)에서 영재우적(永才遇賊)이라고 해서 지리산과 덕유산 중간의 육십령 통로에 기거하고 있던 도적 떼들의 이야기가 등장한다. 또, 김시습의 만복사저포기(萬福寺樗蒲記)는 중국의 전등 신화를 번안한 성격이 짙지만 남원의 만복사를 배경으로 하고 있다. 지리산 만복대를 마주보고 있는 만복사를 배경으로 하고 주인공 양생이 지리산으로 종적을 감춘 것은 단순히 배경의 의미만이 아니라 작품의 주제와 내용을 지리산과의 관련 속에서 형상화하려는 의도로 보인다.

조선 중기 김종직, 김일손, 이륙의 지리산 기행문들은 모두 기행 수필 문학의 명작들로 평가된다. 김종직의 '유두류록(遊頭流錄)'은 사실적 산문 형식의 기술을 통해 지리산의 해동청(海東靑)을 잡는 모습을 비롯, 몇몇 풍물들을 기록하고 있으며, 김일손의 기행문은 섬세한 필치와 수사적 표현 양식이 단연 돋보이는 작품이다.

대표적인 고전 문학으로 꼽히는 춘향전과 흥부전, 그리고 가루지기 타령 등도 넓은 의미에서 지리산을 무대로 한 것들이다. 황순원의 잃어버린 사람들이 지리산을 배경으로 하고 있으며, 박경리의 토지도 악양면 평사리가 작품의 배경이다. 김동리는 역마에서 화개장터를 배경으로 역마살이 낀 주인공의 떠돌이 생활을 그리고 있다.

빨치산 투쟁과 6·25 전후의 이념 투쟁은 지리산을 빼놓고 이야기할 수 없다. 뱀사골 마뜰마을을 배경으로 한 오찬식의 마뜰, 문순태의 피아골과 철쭉제, 김주영의 천둥소리, 서정인의 달궁 등은 모두 지리산의 비극적 역사를 주제나 소재로 하고 있다.

사실 지리산에서의 동족상잔은 민족사의 최대 비극이다. 단순히 이념이 다르다고 해서 살육과 약탈 만행을 저지른 것은 빨치산이든 국군·

경찰이든 모두 피해자였다.

  그렇지만 작전 중에 누대로 지리산 자락에 삶의 터전을 잡았던 무고한 주민들이 입은 인적·물적 피해 또한 이루 말할 수 없었다.

  이른바 "낮에는 대한민국이요, 밤에는 인민공화국이다"라는 웃지 못할 비극은 그들이 당시에 얼마나 위험하고 절박한 환경 속에서 살 수밖에 없었는지를 반증해 주고 있다.

  지리산 일대의 빨치산들은 본질적으로 병력·식량·무기 등을 자체 조달하여 투쟁하는 무장 단체였으므로 밤이면 민가로 내려와 식량을 약탈하거나 지서·관공서 등을 습격하여 무기와 필요한 부품들을 조달했다. 1970년대 이병주의 대하소설 지리산은 본격적으로 지리산과 빨치산 투쟁을 형상화한 작품이다. 1980년대에 등장한 이태의 남부군은 작가가 체험한 생생한 빨치산 기록이라는 점에서 큰 파문을 일으켰다.

  1980년대 분단 문학의 대표작으로는 조정래의 대하소설 태백산맥이 있다. 이 작품은 여순 반란 사건에서부터 휴전 성립 시기까지 전라남도 지역과 지리산을 무대로 입산자와 그 가족을 비롯한 다양한 인물들의 삶을 형상화했다.

  가을이 깊어지면서 전국의 산들이 오색으로 물들다. 지리산은 2017년 10월 26일 산 전체의 80%가 단풍으로 물드는 절정기가 시작됐고 다음 주까지는 최고의 단풍을 볼 수 있다. 뱀사골 단풍은 타는 듯 강렬한 색이 특징이며, 이 빛이 맑은 계곡 물에 비치면 진녹색으로 변한다.

  그림처럼 펼쳐진 산길을 걷다 보면 감성이 무딘 사람도 절로 탄성을 뱉게 된다. 탐방안내소에서 출발하면 무려 9km에 이르는 긴 계곡과 골짜기, 그리고 기암절벽을 감상할 수 있다.

  산내면 와운마을 일대에서는 5일까지 단풍축제가 계속된다. 전남 구례 쪽에서 올라가는 피아골에서는 4일과 5일 단풍축제가 열린다.

 지리산 단풍이 울긋불긋 온 산을 물들이며 지난 과거를 주억거리게 하면서 등산객들을 유혹하고 있다. 아직까지 지난 상처가 모두 아물지 않아서 인가, 오늘따라 그 빛깔이 더욱 더 선연한 모습으로 다가온다.

수제천(壽齊天)

 정읍문화원 수제천연주단과 수제천 보존회가 매년 정읍시청 대회의실과 정읍사예술회관에서 '수제천음악제'를 갖는다.
 수제천의 원래 이름은 '정읍(井邑)'으로, 고등학교 국어 시간에 배웠던 '정읍사'를 말한다. 정읍사는 7세기 중엽 이전부터 불리던 백제의 노래로 고려인들에게까지 전해졌다가 조선조에 와서 처음으로 문자화된, 한글로 전하는 가장 오래된 작품이다.
 정읍현에 사는 어느 상인의 아내가 행상 나간 남편이 늦도록 돌아오지 않자 높은 산에 올라가 남편이 오기를 기다리며 부른 노래로
 '달아 높이 떠서 멀리 비추어 우리 남편이 돌아올 길을 밝혀 주소서' 하는 아내의 애달픈 마음이 담겨 있다.

 '달님이시여, 높이 좀 돋으시어 아아 멀리멀리 비추어 주십시오. 저자(시장)에 가 계십니까? 아아, 진흙땅을 디딜까 두렵습니다. 어느 곳에나 (마음을) 놓고 계십니까? 아아, 내 님이 가는 곳에 (날이) 저물까 두렵습니다'

 '악학궤범' 권 5 「향악정재(鄕樂呈才)」 「무고(舞鼓)」조에 의하면 수제천은 이같은 노랫말이 있는 성악곡이었고, 음악을 연주하는 동안 무용도 함

께 공연했다고 한다.

  10세기부터는 궁중에서 춤을 추면서 부르기도 했으며, 14세기부터 왕궁에서 임금이나 왕세자가 거둥할 때 쓰이기 시작했는데, 의식용 음악으로 쓰이면서 자연스레 성악 부분은 사라지고 관악 합주곡으로 변했다.

  남편을 근심하는 아내의 애절함으로 서민들에게 전해졌던 가락이 궁중 음악으로 바뀌면서 수제천은 구성이나 음악의 모양새 또한 거대한 준령 같은 장중함과 위엄, 화려함을 갖추었다. 조선 중기 이후 노래는 없어지고 지금은 관악 합주 형태로 남아 처용무의 반주 음악으로 쓰인다.

  힘찬 역동감을 통해 만들어지는 웅장한 선율에 잔물결 같은 영롱한 장식음의 현란함, 이것이 바로 수제천의 장려미다. 수제천을 듣고 있노라면 마음이 차분히 가라앉는다.

  음악은 흐르는데 시간은 멎어 버린 듯한 느낌이 든다. 수제천을 빛내 주고 있는 또 하나의 요소는 고도로 발달된 장식음의 사용이다. 각 악기들이 서로 다르게 연주하는 화려한 장식음은 가히 장관을 이루면서 음악에 색채를 더해준다.

  이에 외국인들은 이 신비로운 음악을 '영적인 음악', '천상의 음악'이라 일컬으며 가장 한국적인 음악이라고 여긴다.

  그래서 많은 이가 수제천을 주저없이 우리 음악의 백미로 꼽는지 모르겠다. 지금으로부터 1300년 전, 행상을 떠난 남편의 안전을 기원하는 여인의 심정을 노래한 망부가가 예사롭지 않음은 왜일까.

번영의 길을 예약한 오수역참비

'전라도 삼례역(蔘禮驛)·앵곡역(鶯谷驛)·반석역(半石驛)·오원역(烏原驛)·갈담역·소안역(蘇安驛)·촌곡역(寸谷驛)·양재역(良才驛)·거산역(居山驛)·천원역(川原驛)·영원역(瀯原驛)·부흥역(扶興驛)·내재역(內才驛) 이상 13역은 삼례도 찰방(蔘禮道察訪)으로 일컫고, 오수역(獒樹驛)·창활역(昌活驛)·동도역(東道驛)·응령역(應嶺驛)·인월역(引月驛)·지신역(知申驛)·잔수역(潺水驛)·양률역(良栗驛)·낙수역(洛水驛)·덕양역(德陽驛)·익신역(益申驛)·섬거역(蟾居驛) 이상 12역은 오수도 찰방(獒樹道察訪)으로 일컫는다'

세조실록 29권, 세조 8년 8월 5일 정묘 4번째 기사 1462년 명 천순(天順) 1462년 명 천순(天順) 6년 기록을 보면 병조의 건의로 각도의 역·참을 파하고 역로를 정비하여 찰방과 역승을 둔다는 기록이다.

임실군이 옛 고려시대와 조선후기까지 전북 동부권의 상업과 교통, 문화의 중심지였던 오수역의 역사적 가치를 되새기는 오수역참비를 최근에 건립했다.

역참비는 상석과 하석으로 구성됐다. 가로 220cm와 세로 190cm, 폭 60cm의 크기로 이 고장 출신 중수 박태규씨가 작성했으며, 옛 역참 터인 오수상인회 주차장 부지에 설치됐다.

예로부터 오수는 찰방사가 있는 오수도의 수역으로써 남원과 곡성, 구례, 광양, 순천 등 11개 역을 관할한 곳으로 리 727명, 노 178명, 비 42명, 말 15필, 보인 322명, 졸 161명, 인수 10명, 인호 360호가 있었다고 기록되고 있다. 1894년 갑오경장 이후 신식 우정제도의 도입과 1931년 전라선 철도가 개통되면서 역참기능은 멈추게 됐다.

역은 삼국시대 이래로 역부와 역마를 이용하여 관물의 수송, 공문서의 전달, 오고 가는 관리들의 숙박에 활용됐다. 고려 성종대에 와서 더욱 구체화된 역참제는 전국 22도(道)에 525개소의 역(驛)으로 구성되었다. 각 역에는 말과 역장(驛長), 역정(驛丁)을 두었다.

이 시기에 전라도에는 전공주도(全公州道) 21개 역, 승라주도(昇羅州道) 30개 역, 산남도(山南道) 28개 역, 남원도(南原道) 12개 역이 있었다. 조선 후기에는 모든 역승(驛丞)이 찰방으로 승격되고 40도 546역으로 개편됐다. 전라도의 역은 삼례도(參禮道) · 제원도(濟原道) · 오수도(獒樹道) · 청암도(靑巖道) · 경양도(景陽道) · 벽사도(碧沙道)로 나뉘어 관리됐다.

이 가운데 남원 지방을 관할하던 오수도는 고려시대부터 있어 왔던 오수역 · 창활역(昌活驛) · 동도역(東道驛) · 인월역(引月驛) · 지신역(知申驛) · 낙수역(洛水驛) · 응령역(應嶺驛)과 새로이 설치된 구례군 구례면 신월리 잔수진의 잔수역(潺水驛), 여천시 소라면 덕양리 현 덕양촌의 덕양역(德陽驛), 광양군 진상면 섬거리의 섬거역(蟾居驛), 순천시 덕월면 양율리의 양율역(良栗驛), 광양군 광양면 익신리의 익신역(益申驛) 등 12개 역을 관할했다.

은영역(銀嶺驛)은 고려시대에 지금의 남원시 이백면 효기리에 설치되었던 역참(驛站)으로 남원부의 동쪽 20리 되는 곳에 있었다. 일명 응령역(應嶺驛)이라고도 했으며, 남원부에서 운봉(雲峰)으로 통하는 역로로 여원

치(女院峙) 밑에 있었다. 조선 세조대에 와서 오수도찰방의 관할 하에 들어갔다

조선시대의 모든 역에는 찰방이 있어 역체(驛遞)의 업무를 맡아 보면서 역장의 일도 겸하게 되어 있어 교통과 통신 업무를 같이 관할했다. 찰방은 유사시에 병력을 동원할 수 있는 권한도 있었다.

역에는 역마와 역졸이 있어 언제나 급한 관용·공용 업무에 대비했다. 또 역의 관사들이 생계를 꾸려가기 위해서 토지를 주었는데, 이를 역둔토(驛屯土)라 했다. 1884년 서울에 우정총국이 창설되어 현대화된 통신 우편 제도를 실시하게 되면서 역 제도는 없어졌다.

건립추진위원회는 오수역참비의 아련한 기억과 이를 안타깝게 여긴 지역주민들의 향토자료 보존에 대한 열정을 담아, 오수역참비 건립 사업을 추진하게 됐다.

현재도 오수는 사통팔달의 교통중심지로 장수 산서, 순창 동계, 남원 덕과·보절·사매, 임실 삼계·성수·지사면의 생활중심권으로 역할을 다하고 있다.

1,000년 전 터전 위에 반석을 다시 다지는 오수역참비를 세운 만큼 번성했던 역사를 회상하면서 번영의 길로 재도약하는 계기가 되길 바란다.

두승산과 눌제

정읍 고부의 자랑할 곳의 하나는 눌제(訥堤)다.

고부면 관청리에 현재 눌제정과 터만 남아있다. 이는 고부에서 서쪽으로 십리쯤 되는 눌제의 규모는 제장이 1,200보(약1.5km)이고 주위가 40리에 이르렀다고 한다. 삼한(마한)시대에 축조되어 김제의 벽골제, 익산의 황등제와 더불어 3호(湖)라 일컬었으며 호남.호서 지방이라는 호칭이 이때 유래됐다.

눌제의 유역인 부안군 주사면 소산리에서 기원전 2.3세기경의 것으로 추정되는 볍씨 자국이 있는 토기편이 출토됨으로서 이 지방이 우리나라 도작문화의 발상지라 할 수 있으며 눌제는 제방의 효시이기도 하다. 실학자 유형원의 '반계수록' 전제후록에서 "이 삼제에 저수를 해놓으면 노령 이상은 영원히 흉년이 없이 가히 중국의 곡장인 소주와 항주에 견주었으며 온 나라 만세의 큰 이익이 되는 국세의 과반이 호남에서 나오기 때문이다" 라고 했다.

눌제는 동중서로 3개 수문이 있었으며 현재에는 남쪽 십리 4km 전방에 흥덕제가 축조돼 그 역할을 하고 있으며 농경지로 사용되고 있다. 하지만 김제의 벽골제는 잘 알려지 있지만 그 이전부터 내려온 눌제지는 아직도 알려지지 않아 많은 조사와 발굴이 필요하다.

최근들어 제11회 두승산 청정 메밀축제가 눌제 풍년제와 함께 열렸다. 흐드러지게 피어난 메밀꽃 속에서 민속놀이 경기와 체험장 운영 등 다채로운 프로그램으로 열리면서 눈길을 사로잡았다. 황금들판은 평지에서 바라보면 재미가 없다. 높은 곳에서 바라봐야 제맛이다. 그곳은 바로 정읍 두승산이다. 호남평야는 두승산에서 바라봐야 최고 좋은 그림이 나온다.

이는 정읍에서 서쪽으로 4Km 떨어진 지점에 위치하고 있으며, 정읍시 고부, 소성, 덕천, 이평, 영원면 에 걸쳐있는 해발 443m의 호남의 명산이다. 옛날에는 도순산(都順山), 영주산(瀛州山)으로 불린 두승산은 부안의 변산(邊山), 고창의 방장산(方丈山)과 더불어 삼신산(三神山)으로 꼽히는 명산이다. 암석으로 된 이 산의 줄기는 남동에서 북서쪽으로 완만한 경사를 이루며 길게 뻗어있고, 북동쪽은 가파르며 북쪽으로는 천태산과 이어지고 있다. 멀리서 이 산을 보면 거북 형상과 너무 흡사하다.

영주읍지(瀛州邑誌)에 의하면 산에 9개의 봉우리가 있고 석두(石斗)와 석승(石升)이 있어 그 이름을 두승산이라 했다.

남쪽으로는 노령의 산줄기가 눈앞에 다가오고, 북쪽으로는 자연의 대서사시라 말할 수 있는 호남평야가 아득히 눈앞에 펼쳐지며, 서쪽으로는 변산 칠산바다(칠산해)의 수평선의 푸르름을 머금은 채 한아름 가슴에 안겨오고, 동쪽으로는 정읍시가지가 한눈에 굽어보인다.

두승산에서 바라보는 호남평야 황금들판을 관광 상품화 하면 많은 관광객이 올 것으로 생각된다. 한 조각 달빛 가득, 구름은 천년 세월을 무심히 흐르고 있다.

전주 완산동

전주의 풍수좌향은 사신(四神) 개념으로 설정되어 있다.

동쪽으로는 기린, 남쪽으로는 봉황, 서쪽으로는 용, 북쪽으로는 거북을 두었다. 동쪽의 기린봉은 산세가 곧게 솟아났으며, 남쪽의 봉황암은 고지도에서 확인되고 있으며 봉황암 앞에는 봉황지로 현재 효자동 근처였던 곳으로 추정되고 있다.

서쪽은 완산칠봉의 용이 서쪽으로 향하여 용트림하고 있으며, 용의 머리 부분이 현재의 용머리고개(龍頭峴)다. 북쪽으로 읍성 내에 현무지(玄武池)가 조성되어 있었으며, 지리적으로 기린봉의 산세가 도솔봉으로 이어 오다가 읍성쪽으로 내려와 금암동(현 KBS방송국 전주총국)에 거북바위(龜岩)가 위치하고 있다.

동완산동과 서완산동 사이에 있는 용머리고개는 강감찬이 용의 제사를 지내주었다는 전설을 포함, 마한의 기운이 쇠진한 용이 승천을 하지 못했다는 전설 등 민중들과 희로애락을 함께 해왔다.

항상 어둠의 끝에서 아침이 오듯 어려움 속에서도 좌절하지 않고 일어서는 남부시장 사람들의 삶처럼. 꼬치산마을(따박골)은 6,25전쟁 후부터 점술가와 무속인들이 모여들기 시작했다는 기록이 보이지만, 조선시대 점술인들이 일반인들의 천대를 피해 전주성문(서문) 밖에 하나 둘씩 자리하면서 생기기 시작했을 개연성이 높은 것으로 판단된다.

그러나 용머리고개의 연대와 유래 등이 정확히 나오지 않고 있는 상태로, 선조들이 용머리 같다는 고개라 하여 龍頭峙(용두치, 용두현, 용두)라는 이름으로 불리워오면서, 용의 형상을 닮은 큰 인물의 출현을 바라고 또 바랬다.

국도 1호선인 경목선(서울-목포)이 지나는 곳으로 먼 옛날 호남에서 한양으로 가는 길목이었다. 물론 김제, 금구로 나가는 고개이기도 했다. 옛날에는 구제날망 또는 제말랑이라고도 불리웠으며, 일제시대에는 완산교 다리를 건설하여 용의 형태인 산능선을 도로로 개설, 용의 허리를 끊은 후로부터 용머리 고개라 불리어 왔다는 구전도 보인다.

전주시는 완산동 시외버스 간이정류소를 용머리고개라는 지명과 과거 대장간과 골동품점, 민간신앙이 발달했던 지역 특성을 살린 예술있는 승강장으로 조성해 나가기로 했다.

완산동 시외버스 간이정류소는 지난 1978년 첫 운행을 시작으로 현재까지 40여년간 운영되면서 하루 평균 224회 1천4,00여명이 이용하고 있다. 그러나 지난 2004년 설치된 현 간이정류소 승강장 시설은 노후화돼 이용객들이 불편을 겪어왔다.

이에 따라 시는 완산동 시외버스 간이정류소 예술있는 승강장의 컨셉을 궁궐 등의 건물 기와에 쭉 늘어선 사람이나 동물형상의 토우를 의미하는 '어처구니'로 정하고 서쪽으로 떠나는 여행객들의 안전과 완산동 지역의 행복을 바란다는 의미로 승강장 윗부분에 어처구니를 제작·설치했다.

달구면 달굴수록 강해지는 무쇠같은 전주인들의 삶이 힘찬 망치질과 담금질을 거쳐 언제, 어느 때 승천(昇天)하는 용으로 거듭날 것인가.

효자 양채용

고창군 공음면 선동리는 풍수지리상 마을의 형태가 부채 모양과 같다고 해서 '부채울' 또는 '선동(扇洞)'이라고 한다.

1950년대는 마을 앞에 큰 샘이 있어 '대정(大井)'이라고 불리워졌다. 해정마을은 바닷물이 마을까지 들어와 바다의 게가 기어올라오고 웅덩이나 못에 박혀 살고 있었다고 해서 해정(蟹井)으로 불렀다.

하지만 게 해자가 쓰기 불편하다고 해서 바다 해자를 써서 해정(海井)이라고 부르고 있다. 그래서인지는 몰라도 얼마전까지만 해도 해정마을 입구에 두레박으로 물을 퍼올리는 우물이 있었다.

해정마을은 제주양씨(濟州梁氏)가 오래전부터 살고 있는 곳으로, 양채용(梁采龍)의 효행을 기려 세운 효자각(孝子閣)이 모정 앞에 위치한다. 정려각에는 비석 1기와 정려가 걸려 있다.

정면에는 '孝子贈童蒙教官濟州梁采龍之閭'라 되어 있으며, 건립 연대는 고종 13년(1894)이다. 그의 자는 인택(仁宅), 호는 경모재(敬慕齋)로, 명수(命洙)의 장자로 출생했다. '출천지효(出天之孝)' 즉 하늘로부터 타고난 효를 실천한 그였다.

어린 나이임에도 불구하고 밭을 갈고 나무를 구했으며, 고기 등을 잡아 부모를 극진히 봉양했다. 18세가 되던 해에 어머니가 병석에 눕게 되자 저수지의 얼음을 깨고 물고기를 잡는 등 전국을 떠돌면서 약을 구했다.

조선 말 많은 가정에는 문자도(文子圖) 병풍이 있었다. 글자를 써놓고 그 위에 여러 그림을 그려놓는데 이때 가장 많이 등장하는 문자가 '효·제·충·신·예·의·염·치'이다.

이 그림 가운데 가장 먼저 나오는 '효' 자를 보면, 보통 잉어 한 마리가 글자 위에 그려져 있다. 중국 왕상(王祥)의 효행담은 유명하다. 그의 계모는 악독했다. 병석에 누워있던 계모는 잉어가 먹고 싶다고 안달했다.

엄동설한이었지만 왕상은 얼음을 깨고 강물로 들어가려 했다. 그 때 얼음이 녹으면서 잉어 두 마리가 뛰쳐나와 왕상에게 안겼다. 계모에게 정성껏 끓여드려서 건강을 되찾을 수 있게 됐다고 한다.

양채용은 이같은 '왕상부빙(王祥剖氷)'을 몸소 실천했다. 또 자신의 손가락을 깨물어 뜯어 피를 내 어머니의 수명을 연장했으며, 끝내 상을 당해서는 예도에 따라 법도있게 치렀는가 하면 홀로 계신 아버지가 7-8년 동안 병석에 눕자 대소변을 손수 받아내는 등 극진해 간병했다.

그후 70세로 아버지가 돌아가신 후 3년 동안 시묘살이를 하면서 무릎을 꿇은 자리가 구덩이가 패였고, 머리털은 빗지 않아 칼로 잘라야 할 정도였다.

그가 1947년 84세를 일기로 세상을 뜨니 동몽교관(조선 시대, 어린이를 가르치기 위해 각 군현에 둔 벼슬)에 증직됐다.

반드시 효도는 돈이나 재물로서가 아닌, 진정한 부모를 사랑하는 마음으로 실천하는 일이 아닐까. 추석이 가까워지면서 해정에 살고 있는 부모님이 생각나는 오늘에서는.

대목장 유익서

고창군 대산면 호은정(湖隱亭)은 정계원(鄭桂源)의 은거 터로, 율촌리 180번지에 있었던 장자였다.

이는 용오정사(龍塢精舍, 전북 유형문화재 제91호)와 고수면 예지리 세한정(歲寒亭) 등을 지은 구한말 호남지역 대목장 유익서(庾益瑞)가 지었다.

용오정사는 용오 정관원의 우국정신과 덕행을 기리기 위해 고종 22년(1885)에 세운 사당으로, 홍의재·경의당·상운루 등의 건물이 있다. 사당에는 정관원과 기삼연의 영정(초상)을 모시고 있다. 지붕 처마를 받치면서 장식을 겸하는 공포가 기둥 위와 기둥 사이에도 있는 다포계 건물로 내부 구조가 화려하다. 1934년 사당 덕림사를 세워 정관원을 주벽으로 하고, 정관원의 아들 극재 정방규를 추배했다.

자그마한 연못을 앞에 둔 서원 겸 사우 '용오정사'는 담을 두르고 모아 지은 세 채의 건물을 한데 묶어서 부르는 이름이다.

용오정사는 유익서의 솜씨다.

"본명은 진현(晉鉉)이고 초명은 창현(暢鉉)이며 익서(益瑞)는 자이고. 관향은 무송이니 희충(喜充)의 아들로 1882년(고종 19년) 성송면 낙양리에서 출생했다. 외종숙 남궁연에게서 목공의 기예를 배워 대목(大木)이 되어 1924년 42세 때 문수사(文殊寺) 해체 복원에 부편수를 맡고, 덕림사 용오정사 건축에 10개 기둥을 굽은 원목으로 조화있게 구축, 문화재 지정에 일조를 했다.

구한말에서 일제치하에 걸쳐 한식 주택이나 공청(公廳), 사찰 등의 고건축 등 큰 건축 일을 잘하는 도편수였다"

이기화 전 고창문화원장의 설명이다.

유익서는 정읍에 심묘한 솜씨로 증산교 계열의 보천교의 본부였던 '차천자궁'을 지었다던 그 목수다. 차천자궁이 소유권 분쟁으로 철거될 위기에 처하자 그 솜씨를 아까워한 사람들은 집을 헐어버리는 대신 뜯어 옮겼다. 하나는 뜯겨서 서울 조계사의 법당이 됐고, 다른 하나는 정읍 내장사의 대웅전이 됐다고 한다. 1936년 차경석이 사망하자 보천교는 강제 해산됐다. 일제가 십일전(十一殿)을 을 강제로 철거하려고 했다.

이종욱은 이를 서울로 옮겨와 태고사(조계사)를 지을 때 실무자였다. 또, 지난 2012년 겨울 정읍 내장사의 화재로 잿더미가 돼버린 대웅전은 차천자궁의 건물을 뜯어다 세운 것이라고 한다. 용오정사의 기둥은 자연스러움을 넘어서 차라리 파격에 가깝다. 서산 개심사 심검당과 부석사 무량수전처럼 말이다.

저 둥근 곡선을 보아라. 예로부터 '무위이무불위(無爲以無不爲)'라 했던가. '하는 것이 없으면서 하지 않는 것이 하나도 없다'는 경지가 아닐까. '크게 공교로운 것은 서투른 것과 같다'는 '대교약졸(大巧若拙)'의 미학을 용오정사가 담고 있는 것은 아닐까.

완판본 열녀춘향가

춘향가(春香歌)는 춘향과 이 도령의 신분을 넘어선 사랑의 이야기를 노래한 판소리 작품으로 열두마 당의 하나다.

이는 남원부사의 아들 이몽룡과 퇴기 월매의 딸 춘향의 신분을 초월한 사랑 이야기를 판소리로 짠 것이다. 춘향가는 근원설화를 바탕으로 17세기 말에서 18세기 초 무렵에 소리판에 등장한 이래 여러 명창의 손을 거쳐 성장한 이래 오늘날까지 전승되고 있는 대표적인 판소리이다.

춘향가는 여러 가지 설화를 바탕으로 형성된 적층문학(積層文學)이다. 대체로 〈열녀설화〉를 모태로 해 작품의 전반부가 이루어지고, 전반부의 문제를 해결하는 한 방식으로 〈암행어사설화〉를 수용, 후반부가 이루어져 있다. 플롯 형성에 작용한 설화는 〈열녀설화〉, 〈암행어사설화〉, 〈신원설화(伸冤說話)〉, 〈염정설화(艶情說話)〉 등이 있다.

〈열녀설화〉는 열녀에 관한 설화로 '지리산녀설화'(『동국여지승람(東國興地勝覽)』)와 '도미설화'(『삼국사기(三國史記)』「열전(列傳)」) 등이 있고, 〈암행어사설화〉는 암행어사와 기생 사이에 이루어진 인연을 이야기한 설화로서 『계서야담(溪西野談)』 등에 전하는 '노진 설화(盧禛說話)', '김우항(金宇杭) 설화', '박문수(朴文秀) 설화', '성이성(成以性) 설화' 등이 있다. 그리고 〈신원설화〉는 원통하게 죽은 여인의 혼을 달랬다는 설화로 남원 지방의

'박색녀(薄色女) 설화', 밀양 지방의 '아랑설화', '심수경(沈守慶) 설화', '춘양타령'(조재삼, 『송남잡지(松南雜識)』) 등이 있으며, 〈염정설화〉는 남녀 간의 애정을 다룬 설화로서 『동야휘집(東野彙輯)』에 전하는 '성세창(成世昌) 설화' 등이 있다.

춘향가에서 파생된 춘향전(春香傳)의 이본은 대략 100여 종 이상이 전하고 있다. 경판본 춘향전은 간략하게 정리되어 있고, 문장체 소설의 성격이 강하며, 『열녀춘향수절가(烈女春香守節歌)』(완판 84장본)는 19세기 말에 불리던 춘향가를 거의 그대로 판각한 것이다. 『남원고사(南原古詞)』계 춘향전은 서울에 있던 세책가(貰冊家)에서 유통되던 것으로 춘향전 가운데 가장 방대한데, 그 분량이 무려 10만 자에 이른다. 『옥중화(獄中花)』(1912)는 이해조가 박기홍의 춘향가를 산정(刪定)한 것으로 그 후에 족출(簇出)한 활자본 춘향전에 지대한 영향을 끼쳤다.

한국서예교류협회(회장 백종희)가 올해 문화체육관광부의 한글 문화 큰잔치 문화 예술 행사에서 '완판본 열녀 춘향가 100인 서예전'으로 공모 사업 대상에 선정됐다. 이에 다음달 9일 전주교대 앞 한글테마공원에서 전국의 서예인 100명이 참여한 가운데 묵향 가득한 세계로 젖어들게 할 것으로 기대를 모으고 있다. 완판본의 고장 전주에서 한글 서예의 진수를 통해 담아내는 행사로 눈길을 끌고 있다. 춘향아! 이리 오너라 업고 놀자.

사직단

남원 용정동(龍井洞)은 마을 안에 용정(龍井)이라는 샘이 있었던 바, 이곳에 용이 살 았다고 해서 이름이 지어졌다고 한다. 때문에 조선시대 국가의 안위와 향토의 수호신을 모신 남원도호부의 사직단(社稷壇)이 자리했고, 고려시대 이후 관내 사찰인 대복사의 음기 진압의 풍수지리가 인근에 널리 알려졌다.

'사직'이란 땅과 곡식을 의미한다.

즉 '사(社)'는 국토를 수호하는 신이며, '직(稷)'은 곡식의 풍요를 관장하는 신이다. 이에 나라를 세우면 왕이 반드시 사직단을 만들어 백성을 위한 제사를 지냈다. 따라서 사직은 종묘와 함께 국가자체를 의미하여, 국가의 존망은 곧 종묘사직의 존폐로 표현됐다.

현재 우리나라엔 보물 제177호 사직단 대문, 사적 제121호 사직단, 대구시 기념물 제16호 노변동 사직단, 전북 기념물 제79호 남원 사직단, 충북 기념물 제157호 보은 회인 사직단, 경남 기념물 제255호 산청 단성 사직단, 경남 기념물 제278호 창녕 사직단이 문화재로 지정됐다.

서울 종로 사직단은 조선 태조 3년(1394)에 세웟으며, 각 지방에도 이를 세우도록 해 원님이 고장의 평안과 풍년을 빌게 했으며, 가뭄이 심할 땐 주민들이 기우제를 지내기도 했다.

서울에 사직단이 세워짐에 따라 남원도 이 시기를 전후해서 만들어진 것으로 추정된다. 1910년 일제 침략으로 전국 사직단이 거의 파괴됐으나, 남원 유림들에 의해 유지 보존되어 오고 있는 등 조선 초에 세워져 현재까지 전해지는 제사 공간으로서 귀중한 자료이다. 전주읍성은 객사에서 보았을 때에 좌묘우사(左廟右祠)를 배치됐다. 좌측엔 공자묘(대성전)와 경기전과 조경묘를, 우측엔 사직단(현 기전여고 자리)을 배치했다.

전주향교는 1603년 이 좌묘우사, 즉 객사에서 남면한 바, 좌측에 문묘(공자의 사당), 우측에 사직단을 배치하는 옛 법도에 어긋난다고 해서 부성 밖 동편인 지금의 자리로 다시 이전했다.

2014년, 일제시대 '국폐소사(國弊小社)'였던 전주신사의 모습이 광복 후 최초로 공개됐다. 사직단 터에 도민의 성금과 강제 동원으로 건설돼 당시 일제의 만행을 엿볼 수 있다. 이때 전주엔 국폐소사 전주신사 외에 1914년 조성된 다가산 전주신사와 1919년 마쓰모토 테쓰조(松本哲三, 송본철삼)가 만든 길야산 개인 신사 등 3개가 있었다. 사직단이란 성황사(城隍祠), 여단(厲壇)과 함께 3사라 하여 고을의 평안을 기원하는 곳이다.

'동국여지승람'에 전주부 서쪽 3리에 사직단이 있다고 한 바, 지금의 기전여고 건물 동편의 작은 산봉우리를 말한다. 매년 두 번의 정례적인 제향이 있었으며 전주부사가 제주가 되어 향사했다. 남원 사직단을 잘 보존 관리하고, 전주 사직단을 복원해 민족정기를 살릴 방법을 찾았으면 얼마나 좋을까.

전북야사

백의종군로에서 이순신 장군을 만나다

　남원의 백의종군로를 걸으면서 충무공 이순신 장군의 정신을 가슴에 새길 수 있게 됐다. 남원시는 충무공 이순신 장군의 이동 자취를 재현하는 백의종군로를 복원하고 조성 완료했다.
　백의종군로는 충무공 이순신 장군이 억울한 모함으로 28일간 의금부에 하옥된 후, 관직이 없이 권율 도원수 휘하에서 백의종군할 것을 명받고 초계(합천)에 있는 도원수부를 찾아가는 640km의 여정을 말한다.
　백의종군로 복원사업은 해군사관학교 역사기록관리단과 순천향대학교 이순신 연구소의 고증에 의해 전국 구간이 확정됨에 따라 추진된 사업으로 서울→전주→남원→운봉→통영까지 이어지는 길이다.
　이순신 장군이 걸었던 충남 아산지역 백의종군로가 장군의 충심과 효심을 담은 역사탐방로로 꾸며지고 있다.
　순천향대 이순신연구소에 따르면 아산지역을 통과하는 이순신 '백의종군로' 30여km 구간을 기존의 '충의 길'이외에 '효의 길'과 '통곡의 길'로 나눠 청소년들의 순례프로그램을 대폭 개편했다. '충(忠)의 길'은 현충사 경내 이순신 고택부터 음봉면 삼거리 묘소에 이르는 길로 약 7km 구간이다.
　이 길은 1597년 4월 5일 이순신이 백의종군하러 가던 길에 음봉면 어라산에 있는 선영에 들러 참배하고 본가에 도착한 길인 동시에 1599년 2월 11일 장례식 날 상여가 나간 것으로 추정하고 있다.

'효(孝)의 길'은 현충사 고택에서부터 아산시 인주면 해암2리 게바위나루에 이르는 약 14km 구간. 장군이 백의종군 길에 본가가 있는 아산에 잠시 머물렀던 1597년 4월 13일, 여수 고음내에 있던 어머니 초계 변씨가 아산으로 오던 중 돌아가시자 시신을 게바위 근처 포구에서 마중했던 안타까운 사연이 서린 곳이다.

'통곡(痛哭)의 길'은 현충사 고택에서 곡교천을 건너 감타기마을(금곡)을 지나 넙티고개로 넘어가는 약 7km에 이르는 구간이다.

백의종군하는 죄인 신분으로 어머니 장례도 치르지 못한 채 아산을 떠나야 했던 1597년 4월 19일 "내가 오로지 한 마음으로 나라에 충성하고, 부모에 효도하고자 하였건만 오늘에 이르러 모든 것이 허사가 되어 버렸다"며 어머니 영전 앞에 통곡을 하고 떠난 길이다.

백의종군로는 근·현대화, 산업화를 거치면서 훼손된 구간이 적지 않지만 상당 구간이 거의 원형 노선에 가까워 문화관광자원으로 활용이 가능한 것으로 나타났다.

특히 남원의 여원재(여원치)를 올라가는 길에는 '유정복과(劉綎復過: 유정(임진왜란 당시 파병된 명나라 장수)이 두 번 지나가다)'라는 각석(刻石)이 있는 만큼 교육과 관광자원으로 활용이 가능하다.

조선시대의 9대 간선로 중 제7로인 삼남대로는 말 그대로 역사의 길이었다. 동작나루, 남태령, 과천, 인덕원, 청호역(수원), 진위, 성환역, 천안, 차령고개, 공주, 노성, 은진, 여산을 거쳐 삼례에 닿았다. 삼례에서 전주, 남원, 함양, 산청, 진주를 거쳐 통영으로 가는 제6로로 나뉜다.

삼남대로는 역사 속의 수많은 유배객들의 발자취가 남아 있는 길로 이순신장군도 이 길을 걸어갔다.

　백의종군로의 남원 구간은 오수 금암교에서 시작하여 뒷밤재~남원부~이백초등학교~여원치~운봉초등학교~주천~앞밤재에 이르는 53.1km에 이른다.

　이에 남원시는 구간별 백의종군로의 코스를 안내하는 종합안내판 6개와 야립 설명판 7개, 그리고 이정표 68개를 설치를 완료, 도보 탐방객들이 백의종군로를 따라 탐방할 수 있도록 했다.

　이백면 양가리 저수지에서 여원치에 이르는 코스는 정유재란 때 명나라 원군으로 참전하였던 유정 장군의 발자취가 기록된 비석들이 자리하고 있는 바, 이번 조성사업을 통해 제초와 잡목제거 등 정리 작업이 이루어짐으로써 통행이 가능하게 복원됐다.

　남원시는 10월 중 남원시민이 참여하는 역사유적지 걷기대회를 개최함으로써 청소년들이 호연지기를 기르고 시민들이 몸소 역사를 체감하는 이벤트를 열어 백의종군로를 널리 알리는 계기로 삼을 계획이다.

　걷기여행이 점차 관광 트렌드로 자리잡아 가고 있는 추세에 맞춰 백의종군로를 복원하게 된 것은 남원이 가진 다양한 문화유산을 관광자원화 하고, 시민과 관광객들의 나라사랑 정신을 고양하는 좋은 기회가 될 것으로 기대한다.

　익산시, 완주군, 전주시, 임실군 등도 활용 방안을 마련, 백의종군로를 걸으면서 충무공 이순신장국의 정신을 가슴에 새길 수 있는 기회를 마련하기 바란다.

부안 상사화

변산 마실길 주변에 '상사화'가 만개해 진풍경을 연출하며 탐방객들의 마음을 사로잡고 있다.

부안군은 특색 있는 테마 길로 조성한 부안 마실길 제2코스(송포~성천)에 붉노랑 상사화가 절정을 이룰 것으로 예상되면서 관광객들을 유혹하고 있다. 군은 부안 마실길 제2코스의 붉노랑 상사화가 최근들어 최절정에 이를 것으로 전망돼 전국의 사진작가와 관광객들의 발길이 이어질 것으로 예상된다고 했다. 특히 전국에서도 유명한 서해바다 일몰과 함께 붉노랑 상사화를 감상할 수 있어 무릉도원을 보는 듯한 황홀경을 선사할 것으로 기대된다.

마실길 1구간 코스인 송포 갑문에서 사망마을, 반월마을 작은당 사구 인근에 진노랑 빛의 상사화가 꽃망울을 터트리고 아름다움을 뽐내고 있다. 상사화는 꽃이 활짝 피면 진노랑 물감을 흩뿌려 놓은 듯 마실길 일부 구간을 온통 노랗게 물들여 장관을 연출하고 있다. 껑충한 연초롱 꽃대 끝에 왕관처럼 얹혀진 노랑 꽃술이 마실길을 찾은 탐방객을 황홀경에 빠져들게 하고 있다.

이같은 상사화와 가을의 전령사인 코스모스가 만발한 송포마을~격호항 구간은 썰물 시 바닷가의 희귀한 기암괴석들을 감상할 수 있는 새만금전시관~변산해수욕장 구간과 더불어 마실길의 대표적인 포인트로 큰 인기를 끌고 있다. 전 세계적으로 부안군 위도면에서만 자생하고 있는 흰색상사화인 위도상사화 군락지가 대단위로 조성된다. 위도면은 문화체육관광부 야생화 관광자원화 국비보조 사업에 선정돼 위도면 전막마을 주변에 위도상사화 대단위 군락지를 조성, 위도해수욕장 동산에 조성된 위도상사화 군락지와 함께 새로운 관광명소로 자리매김할 것으로 기대된다.

위도면은 매년 위도상사화 개화 시기인 8월 말경에 달빛 보고 밤새걷기 축제를 개최, 많은 관광객이 위도를 방문하고 있는 가운데 위도해수욕장 광장 군락지와 함께 새로 조성되는 위도상사화 군락지가 지역관광 활성화에 큰 역할을 할 것으로 전망했다.

전 세계에서 유일한 흰색상사화인 위도상사화는 잎이 있을 때는 꽃이 없고 꽃이 있을 때는 잎이 없어 '잎은 꽃을, 꽃은 잎을 그리워 한다'는 애절한 사연을 담고 있는 꽃이다. 부안 마실길 제2코스와 함께 대한민국 분단의 아픔이 있는 해안가 군부대 초소 및 철조망을 활용한 스토리텔링을 담고 있는 부안 마실길 제3코스(성천~격포항) 등도 걷기 명소다.

한 여름의 끝자락인 가을로 접어드는 8월 말부터 9월 초에 개화하는 위도상사화는 꽃과 잎이 서로 만나지 못하는 '화엽불상견(花葉不相見)'으로 이뤄질 수 없는 사랑을 상징한다. 붉노랑 상사화와 서해바다의 해넘이를 함께 볼 수 있겠지만 꽃과 잎이 서로 만나지 못하는 운명이 참으로 가슴을 저리게 만든다.

익산 오금산

익산시가 서동설화가 전하는 오금산의 편의시설이 새 단장을 마쳤다. 백제 무왕의 어린 시절 서동의 설화가 전하는 익산토성(사적 제92호)을 찾는 탐방객을 위해 관람로, 조망데크 등 편의시설이 새롭게 마련했다.

익산토성은 오금산(해발125m)을 둘러싼 백제시대 산성으로 서동이 어린 시절 마를 캐서 홀어머니를 모시다 오금(五金)을 얻어 후에 왕위에 올랐다는 설화가 전한다. 오금산(五金山)은 금마(金馬)의 서쪽에 있는 산으로, 5개의 봉오리로 되어 있다.

이 산에 어떤 홀어머니가 아들 하나를 데리고 살았다. 이 아들은 항상 산에 가서 마를 캐서 금마장에 갖다 팔았다. 사람들은 이를 마동이라고 불렀으며, 홀어머니에 대한 효성이 지극했다. 나이 열일곱쯤 되어 장가를 들 생각으로 마를 짊어지고 신라의 서울로 갔다.

그 근방 조무래기 아이들을 모아놓고 마를 쪄서 나누어 주면서 선화공주가 그를 좋아한다는 노래를 부르라고 시켰다. 삽시간에 소문이 임금 귀에까지 들어가게 됐다. 임금은 왕가에 이같은 불상사가 생겨서 되겠느냐고 하여 곧 공주를 잡아다가 죽여 없애려 했다.

왕비는 아무리 딸이 못 된 짓을 했을지라도 차마 죽일 수가 없어 왕 몰래 많은 보물을 주어 어디든지 가서 살라하고 빼돌리고는 왕에게는 죽여 없앤다고 했다.

  공주가 마동이를 본 후, 장차 큰 인물이 될 것 같아 금마로 왔다. 공주는 마동에게 신라에서 가져온 보물이 있으니까 이를 팔아 잘 살아 보자고 하면서 금덩이 하나를 내 주었다.

  마동이 오금산에서 마를 캘 때 많이 본 것이 아니던가. 마동은 바로 산에 가서 금덩이 다섯 개를 캐다가 공주에게 주었다. 공주는 신라에서는 대단히 귀히 여기는 보물이니 아버지인 왕에게 보내고 싶다고 말했다.

  사자암 지명법사를 찾아가 이를 신라 왕에게 보내고 싶다고 말했다. 이에 법사는 금덩이를 왕에게 전달했다. 마동이가 사는 산에서 금덩이 다섯 개가 나왔다고 해서 이 산을 오금산이라 부르게 됐다고 한다.

  마동은 후일에 백제왕이 된 바 바로 30대 무왕이다. 왕이 된 후에도 금마에 늘 다녔고 오금산에 어머니를 위로하기 위해 오금사를 세웠다고 한다. 한편 지금 오금산에는 용못이라고 부르는 방죽이 있는데, 옛날에 마동이 이 물을 길어다 먹고 자랐다는 말이 전해지고 있다.

  이번 공사는 정상부에 남측의 백제왕궁, 서동생가터, 쌍릉 등 백제왕도를 한눈에 볼 수 있도록 조망데크와 안내판을 설치해 관람객들의 역사적 이해를 돕고 휴식공간으로 활용하기 위해 마련했다. 백제왕도 핵심 유적의 보존 관리를 위한 단계적 보존 정비를 통해 그 흔적들을 잘 보존하기 바란다.

전주 가맥

맥주 한 잔이 자주 떠오르는 무거운 여름날이 계속되고 있다.

맥주 한 모금에 느껴지는 시원함과 상쾌함에 세상만사가 행복하게 느껴지는 기분은 무더운 날씨가 아니면 느끼기 힘들다. 지친 하루를 마치고 집에 돌아와 샤워 후 마시는 맥주 한 잔은 또 어떤가. '가맥'은 '가게에서 파는 맥주'의 줄임말로, 소형 상점의 빈 공간에 탁자를 몇개 놓고 북어포나 오징어 등 간단한 안주에 맥주를 파는 곳이다.

특히 전주 가맥 문화는 1980년대 완산구 경원동 일대 작은 가게들이 탁자와 의자 몇개를 놓고 맥주를 팔기 시작하면서 태동한 것으로 알려졌다. 다른 도시에서도 이런 가맥을 찾아볼 수 있으나 전주만큼 활성화하지는 않았다. 이는 예전에 이웃들이 동네 어귀의 평상이나 그늘에 앉아서 담소하거나 음식을 나눠 먹던 풍습에서 유래한 것으로 보인다.

전주 가맥집은 300곳 이상이 영업 중으로 알려졌고, 맥주 한 병에 2500-3,000원을 받는다. 특히 가맥집의 원조 격인 경원동 ㅈ슈퍼는 안주로 나오는 갑오징어로 술꾼들에게 인기가 높다.

전주시는 계속되는 폭염으로 전통시장을 이용하는 시민의 발길이 줄어들고 있어 특별한 행사 개최를 통해 전통시장 이용 활성화에 나서고 있다. 전주 모래내시장 문화관광형시장 육성사업단은 모래내시장길에서 치맥가맥 페스티벌을 개최하고 있다. 문화관광형시장 육성사업의 일환으로, 모래내시장의 생닭으로 튀겨 식어도 맛있는 치킨과 전주의 명물, 가게맥주를 모티브로 기획된 행사다.

치킨과 신선한 맥주 외에도 모래내시장 상인들의 회의를 걸쳐 선정된 먹거리 등이 판매되며 찾아가는 음악회, 7080 락콘서트, 뽕짝가요제, 댄스경연대회 등 다양한 부대행사도 진행되는 게 특징이다.

또, 지역의 독특한 음식문화로 자리한 가맥을 널리 홍보하고 한옥마을을 찾는 관광객에게 볼거리와 즐길거리를 제공하기 위해 지역기업과 소상공인 등이 참여하는 2017 전주가맥축제가 8월 10일부터 12일까지 전주종합경기장에서 개최됐다.

가맥축제는 단순하게 수익을 창출하기 위한 축제가 아니라, 전북만의 독특한 가맥문화를 널리 알려 지역을 찾는 관광객에게 먹거리와 볼거리를 제공, 다시 찾고 싶은 전북을 만들기 위한 관광마케팅 축제다.

따라서 먹고 마시는 형태에서 그치는 것이 아닌, 한 단계 더 나아가 축제 수익금 기부를 통한 나눔문화 확산, 지역경제 활성화와 함께 소상공인, 향토기업 모두가 동반 성장할 수 있는 토대를 만들기 위해 지속적으로 노력해야 한다.

시원하게 갈증을 풀어주는 '맥주' 한잔의 유혹이 강렬하다. 여기에 한밤의 열대야를 짜릿 시원하게 물리치고 싶다면 지금 당신은 전주 가맥집으로 오시라.

전주 오목교

 국립무형유산원과 남고산성 등 전주천 너머까지 확산시켜 2000만 전주관광 시대를 열게 만들 명품 인도교가 개통됐다.
 전주시는 지속가능한 관광구역 확대를 위해 추진해온 한옥마을과 국립무형유산원을 연결하는 인도교인 오목교 개설 공사를 완료하고 개통했다.
 오목교는 차량통행이 금지되고 보행자만 다닐 수 있는 인도교로, 국비 14억원과 도비 5억원 등 24억원이 투입돼 길이 86m, 폭 4m 규모로 개설됐다. 전통의 멋을 살린 오목교가 개통됨에 따라, 한옥마을을 찾는 관광객들의 발길이 전주천 너머로 이어져 국립무형유산원과 남고산성, 관성묘 등으로 연결되는 전주의 새로운 문화유산 탐방 관문이 될 것으로 기대된다.
 나아가, 시는 한옥마을과 전주시 미래유산 1호로 추진중인 서학동예술촌으로 연결되는 인근 남천교에 이어, 국립무형유산원 등 문화유산 탐방관문인 오목교가 개통되면서 역사문화 관광구역 확대로 지속가능한 관광도시로 도약할 수 있는 새로운 기반도 갖추게 됐다.
 예로부터 다리를 만드는 일은 공덕행(功德行)의 하나로 취급될 정도로 값진 것이었다. 상여 나갈 때 상여머리에서 부르는 향도가(香徒歌)에,

'입춘날 절기 좋은 철에/ 헐벗은 이 옷을 주어 구난공덕(救難功德) 하였는가/깊은 물에 다리 놓아 월천공덕(越川功德) 하였는가/병든 사람 약을 주어 활인공덕(活人功德)하였는가/부처님께 공양드려 염불공덕(念佛功德)하였는가'하는 대목이 있다.사람이 죽으면 저승을 간다고 한다. 저승을 가면 염라대왕이 제일 먼저 묻는 것이 바로 '공덕을 했느냐?'

라는 것으로, 이 가운데 하나라도 쌓은 공덕이 없으면 죄를 묻는다고 믿었다.

전주천 다리는 승암교(2004), 한벽교(1986), 남천교(2009), 싸전다리(1965), 매곡교(1994), 서천교(1997), 완산교(1970), 다가교(1981), 도토릿골교(1999), 구 진북교(1975), 쌍다리(어은1교, 1962), 어은교(어은2교, 1990), 진북교(1996), 서신교(1996), 백제교(1991), 사평교(2007), 가련교(1997), 추천교(2000), 그리고 또다른 오목교(1987)가 놓여 있다.

이번에 놓인 오목교는 인도교 설치를 위한 공사에 착수한 가운데 명칭 제정을 위한 시민공모와 전주시 명칭제정위원회 심의를 통해 인도교의 명칭을 통해 이같이 결정했다.

하지만 1987년에 놓인 오목교가 있는 만큼 이름을 결정하는데 신중을 기해야 했다. 고유명사 즉 다리 이름이 2개가 될 수 없지는 않은가? 그렇다면 오목1교, 오목2교로 불러야 함이 마땅하다고 생각된다.

승암산에서 오목대로 이어지는 혈맥이 1931년경 전라선 철도가 생기면서 단절됐다. 당시 남원에서 전주로 들어오는 기차가 이곳만 지나면 속도가 느려져 기차에서 뛰어내린 사람들이 많았다.

그러던 중 전주 유림들의 혈맥잇기 의견으로 오목대와 이목대를 잇는 구름다리 오목교가 생겼는데, 그후로부터 기차 속도가 빨라졌다고 한다. 먼저 놓인 오목교는 1980년경 전라선 철길이 아중리로 이전되면서 기린로 확장 공사와 더불어 1987년말 다시 설치된 것이라고 한다. 이번 오목교의 글씨는 백담 백종희씨가 한글로 썼다.

이는 하수정씨가 참여한 남천교에 이어 전주에 서예가 이름이 들어간 두 번째 사례가 된다. 이번에 놓인 인도교 오목교가 한옥마을뿐 아니라 인근 국립무형유산원, 남고산성 등 문화적, 역사적 관광구역까지 관광객의 외연 확대는 물론, 지속가능한 관광도시가 될 수 있는 가교 역할을 다하기 바란다.

*이후 원래의 오목교엔 오목육교라는 빗돌이 들어섰다.

남원 승월대

 남원은 200여 개가 넘는 달(月)과 관련된 지명을 갖고 있는 도시다. 선인들이 천상의 월궁을 본 떠 만들었다는 광한루원에서 시민들의 주요 등산로인 애기봉까지 이어진 달맞이 길이 펼쳐져 있다.
 달을 보러 나왔다는 승월대와 이성계 장군과 관련된 인월 달오름 마을 등 달과 연관된 지명과 마을이 100여 개가 넘는 것으로 알려져 있다. 남원시는 달의 도시 브랜드를 적극 개발하고 활용해 나가기 위해 광한루원에서 요천을 건너는 길목인 승월교에서 승월대에 솟은 달을 바라보던 풍습을 재현하는 차원에서 남원의 달을 설치했다.
 남원관광지의 활성화와 남원을 찾는 관광객에게 보다 나은 볼거리를 제공하기 위해 2002년 춘향문화예술회관 앞 광장에 야외 무대 시설과 최첨단 현대식 시설을 갖춘 춘향멀티미디어프라자를 설치해 매일 오후 8시 30분부터 밤 9시까지 춘향전을 내용으로 하는 레이져쇼를 실시하고 있다.
 특히 여름 휴가철에는 화요일, 목요일, 토요일 오후 8시 30분에 농악 상설 공연과 함께 레이져쇼를 병행하고 있다.
 남원관광지 앞으로는 도도히 흐르는 요천이 있다. 이 요천은 장수에서 발원하여 지리산의 몇몇 지류와 합세한 다음 남원 시내를 관통하여 흐른다. 금지면과 곡성에 다다르면서 또 몇 개의 지류와 동행하고 나서야 요천은 비로소 섬진강 본류와 만나게 되는 일급수이며 빼어난 경치를 자랑하는 대규모 하천이다. 요천 위로는 천상의 선녀가 머물렀다는 승월대와 사랑의 광장을 연결해주는 승월교(昇月橋) 라 불리는 다리가 있다.

팔월 한가위 보름달빛이 아름다운 밤이면 높은 누각에 드리운 황금 달빛 기둥을 타고 내려온 선녀들이 광한루원에서 새벽닭이 울 때까지 춤과 노래로 즐기다가 다시 하늘로 올라갔다는 전설이 있는 승월대 근처에 세운 다리라 하여 승월교라 부른다. 승월교 주변으로 광섬유를 이용한 분수가 좌우로 뿜어지면서 아름다운 무지개 분수 터널을 이루며 때로는 경쾌하고 때로는 감미로운 음악을 관광객들에게 선사한다.

마치 은하수를 보는 듯한 착각을 불러일으키게 연출된 야경은 색색의 조명과 함께 환상적인 분위기를 연출한다. 연인이 함께 손을 잡고 이 다리를 건너면 두 사람의 사랑이 더욱 돈독해진다는 이야기가 전해오고 있어 해가 지는 저녁이면 이곳을 찾는 연인들과 전국에서 찾아온 가족 단위 관광객들로 그야말로 발 디딜 틈이 없다.

남원의 달은 높이 7m에 지름 2.5m 둥근 원(달모양)의 LED 발광으로 구성되어 있으며, 레일 지주에 모터와 와이어를 설치하여 달이 위 아래로 천천히 움직이게 제작되어 날씨와 관계없이 매일 오후 8시부터 새벽 1시까지 재현된다.

남원의 달은 연중 떠오르며 관광객들과 시민들에게 자연요소를 활용한 남원의 해학을 보여주면서, 점진적으로 남원의 달에 관한 유산에 대해 심층적인 인문환경 연구의 계기가 될 것으로 기대된다. 달을 만나러 지금, 남원으로 가야겠다.

남원 몽심재

 남원시가 남원의 특색 있는 문화재를 전국에 알리기 위해 두 팔을 걷어 붙였다.

 시는 주제가 뚜렷한 특색 문화재 '남원의 숨은 보석 10선'을 선정했다. '숨은 보석 10선'은 △사대부 가문의 전통한옥이 옛 모습 그대로 보존되고 있는 몽심재(수지면 호곡리) △자비로운 부처의 미소가 주는 평온함과 법열을 맛볼 수 있는 양각 석불인 마애여래좌상(대산면 신계리) △교룡산성을 들어가는 석축 출입문인 홍예문(향교동 교룡산성 내) △초가지붕을 유지하고 있는 덕치리 초가(주천면 회덕리) △아름다운 마을 숲으로 평화로움을 보여주는 서어나무 숲(운봉읍 행정리) △선사시대의 문화유적인 암각화(대산면 대곡리) △소설 혼불에 등장하는 배경지 서도역(사매면 서도길) △만복사를 수호하던 우뚝 선 수호자 석인상(왕정동) △마을의 안녕을 지켜주던 남녀 석장승(운봉읍 서천리) △정자관을 쓴 훈장이 학동들을 가르치는 공안서당(운봉읍 수철길) 등이다.

 남원 몽심재 고택(국가민속문화재 제149호)은 지리산 서쪽 기슭에 자리잡고 있는 조선시대 후기의 집으로 박연당(1753~1830)이 세웠다고 한다. 건물의 원형이 대체로 잘 보존되어 있으며, 조선 시대 전라북도 지역 상류층 인사들의 살림집으로 전형적인 예이다.

평면 배치상 특이한 점은 안채 서쪽에 마루와 방을 두어 가정주부의 생활이 편리하도록 배려했고 대청 동쪽에도 도장을 설치하고 건넌방을 아래쪽 공간을 보다 확대하는 등 치밀한 배려를 볼 수 있다. 사랑채는 매우 호화롭게 지어져 방이 일곱 개에 모두 팔각기둥을 사용한 희귀한 예를 볼 수 있다.

아랫사람이 거주하는 문간채 동쪽에 대청 한 칸을 들인 것은 다른 상류층 가옥에서는 볼 수 없는 하층민에 대한 배려라고 볼 수 있다. 이러한 의미에서 조선시대 주거 건축물 연구 자료로서의 가치가 있고, 건축물 또한 주변 경관과 자연스럽게 잘 어우러져 고풍스러운 맛과 그윽한 정취를 느낄 수 있다.

행랑채의 북쪽, 높이 쌓은 대 위에 사랑채가 있다. 서쪽부터 4칸은 방이고 다섯째칸은 마루방이며, 둘째칸에는 아궁이가 설치되어 있다. 셋째칸에는 '몽심재'라는 현판이 걸려있으며, 기둥은 팔각형으로 다듬었다. 셋째와 넷째칸에서 기둥 밖으로 쪽마루를 연장시킨 것이 특이하다. 사랑채의 동쪽에는 3칸의 중문채가 있는데 가운데칸에 문이 달려있고, 문 앞에 돌층계가 설치되어 있다.

이에 남원시는 탐방객들과 사진 동호인들을 위해 지정된 문화재 진입부에 '남원의 숨은 보석 10선'이라는 안내판을 설치했다. 이는 개인 도보 여행객들과 사진 동호인 등에게 남원의 숨겨진 문화재와 문화현장을 돌아보게 해 남원의 특색 있는 문화재를 전국에 알리는 기회로 삼기 위함이다.

기존 주요 관광지를 스쳐가는 형태의 단체관광 보다는 특색있는 주제를 즐기는 여행형 관광객들에게 관심을 끌게 될 것으로 기대된다.

전주 복숭아

바야흐로 복숭아의 계절이다. 특히 '전주 복숭아' 등 유명 산지의 제철 복숭아는 중복과 말복의 보약으로 불릴 만큼 영양과 맛이 뛰어나다. 요즘 전국의 주요 산지를 방문하면 먹음직스러운 복숭아가 산더미처럼 쌓인 간이 판매장을 길거리 곳곳에서 만날 수 있다.

지역 브랜드에 개인과 영농법인의 이름을 내걸고 고객의 발길을 끈다. 복숭아가 최고의 맛을 내는 시기는 요즘부터 9월 하순까지다.

이 시기를 놓칠세라 '전주 복숭아 큰잔치'를 시작으로 주산단지 지방자치단체들이 복숭아 축제와 체험 행사를 열고 있다.전주복숭아의 명성은 오랜 역사 속에서 영위되어 왔다.

최남선의 '조선상식문답'에는 전주의 승도僧桃가 유명하다고 나오지만 어떤 종류인지는 잘 나타나지 않는다. 1900년대부터 1970년대까지 70여 년 동안 복숭아하면 전주 복숭아를 떠올릴 정도로 복숭아 집산지이자 근대 개량 품종의 시발지로서 명성을 누려왔다.

복숭아는 우리 민족에 있어 다양한 의미를 가지고 있다. 첫째는 귀신을 쫓는다는 속신이 있는 것으로 이런 의미에 기인하여 복숭아는 다른 과일과 달리 제상에 올리지 않고 있다. 둘째는 〈서왕모와 천도복숭아〉라는 전설에서 유래된 장수의 의미이다. 특히 복숭아가 지닌 불로장생의 상징은 서왕모와 동방삭의 전설로 유명하다.

중국 상상의 산인 곤륜산(崑崙山) 서쪽에 서왕모(西王母)가 살고 있었다. 그녀는 불사의 명약으로 3천 년에 한 번 열매가 열리는 복숭아나무를 가지고 있었다.

신선술을 좋아한 한 무제(漢武帝)는 그녀를 만나 복숭아를 얻어먹지만 살생을 많이 하고 수행이 부족하여 신선이 될 수 없었다. 그러나 무제의 부하인 동방삭(東方朔)은 서왕모의 천도를 훔쳐 먹고 삼천갑자를 살아 장수의 상징이 되었다는 내용이다.

천도(天桃) 복숭아는 천상에서 열리는 과일로 이것을 먹으면 죽지 않고 장수한다는 전설이 있어 이 전설에서 유추하여 복숭아가 장수의 의미를 지니게 된 것이 아닌가 한다. 즉 민화에 많이 등장하는 복숭아는 이러한 의미를 지니고 있다.

이밖에 복숭아의 빛깔에서 유추된 간사하다는 의미와 태몽으로는 아들을 상징하기도 한다.

복숭아나무는 중국이 원산지인 과수로, 악귀를 쫓을 뿐만 아니라 열매는 신선이 먹는 불로장생의 선과(仙果)라 하여 고대 중국에서부터 주술적인 나무로 신성시해 왔다. 기원전 2세기쯤의 문헌인 『회남자(淮南子)』에 보면 하(夏)나라에 천자 자리를 빼앗고 악정을 펼쳐 백성의 원망을 산 인물이 있었다.

어떤 이가 복숭아나무로 만든 큰 방망이로 그를 후려쳐 죽게 하였다. 이 일이 있은 뒤로 귀신은 복숭아나무를 무서워하게 됐다고 전하고 있다.

시중에 나온 천도복숭아는 당도가 높고 복숭아 특유의 감칠맛이 우수하며 향이 진한 것이 특징이다. "지금, 탱탱한 복숭아에서 꿀 같은 단물이 넘쳐흐른다."

고창 갯벌

 석양이 내려앉은 바람공원의 아름다움 속에 잊지 못할 추억을 선사할 '2017 고창갯벌축제'가 6월 28일부터 30일까지 고창군 심원면 만돌, 하전 갯벌체험장 일대에서 펼쳐졌다.
 축제장을 찾는 대다수의 방문객들이 수도권에 거주하는 외부관광객으로, 새로운 활로를 모색하고 있던 어촌과 새로운 즐거움을 찾는 도시민이 상생하는 체험형 축제로서 그 가치를 인정받아 해양수산부 지정 우수축제로 선정되기도 했다.
 고창갯벌체험축제는 유네스코 생물권보전 핵심지역이며 람사르습지로 지정된 고창갯벌에서 그동안 별도로 운영됐던 수산물축제와 갯벌축제를 통합해 더욱 알차고 내실 있는 체험축제로 마련됐다.
 태고의 생명이 살아 숨 쉬는 곳, 상쾌한 바닷바람이 손짓하는 청정 고창갯벌은 생물 다양성이 풍부하고 생태적 가치와 독특한 자연경관, 광활한 갯벌자원을 보유한 곳으로 바지락·동죽·가무락(모시조개) 갯벌체험, 염전체험, 전통어업체험, 모래체험, 머드체험 등 생태체험관광을 주도하며 각광받고 있다.
 갯벌 위로 쪼르르 기어가는 게도 보고, 바지락도 캐면서 한참을 웃고 떠들다보면 마음에 추억이 한가득 쌓인다. 석양노을 내려앉은 바람공원의 아름다움 속에 잊지 못할 추억을 선사하는게 고창갯벌축제다. 구시포에서 해안 도로를 따라 계속 북쪽으로 가면 장호어촌체험마을에 닿는다. 장호에서 구시포해수욕장까지 모래밭이 4km나 이어져 '고창 명사십리'라고 불린다. 이곳에서는 동죽이 많이 나는데, 한 시간이면 3kg짜리 그물망 바구니를 가득 채울 수 있었다.

타우린 등의 성분이 간 기능 보호에 효과적이며 효능면에서도 가장 으뜸인 고창 바지락은 심원면 하전리 일대 850ha에서 연 1만여 톤(국내 생산량의 30% 이상) 정도를 생산하고 있다. 갯벌축제는 주행사장인 심원면 만돌갯벌체험장과 2행사장인 하전갯벌체험장에서 바지락을 주제로 펼쳐지며, 다채로운 먹거리 체험도 준비되어 있다.

펄갯벌, 모래갯펄, 혼합갯펄이 조화를 이루는 만돌갯벌체험장에는 바다가 한 눈에 들어오는 바람공원이 있어 전국에서 관광객이 끊이지 않는 관광명소로 자리잡았다. 바람공원은 1.5km에 이르는 해송 숲 사이로 산책로가 조성되어 군민과 관광객의 쉼터가 되고 있으며 바람광장, 해넘이광장, 사구(모래언덕)체험장을 비롯하여 빨강색 풍차와 바람개비 등도 세워져 있다.

해넘이 광장에 자리하고 있는 전망대는 전국에서 가장 아름답다는 서해안 일몰을 감상할 수 있으며, 바람공원 소나무 숲 사이 오토캠핑장은 새로운 힐링의 시간을 제공했다.

또한 바람공원의 아름다움과 모래체험, 공예체험 등 방학을 맞은 아이들과 함께 안전하면서도 재밌고 알차게 즐길 수 있는 '멋있는 바람공원축제'가 준비됐다.

이에 트랙터 갯벌버스를 타고 청정 갯벌을 신나게 달려 조개캐기 체험도 해보고, 천일염을 밀대로 밀어 소금을 생산하는 염전체험도 하면서 자연을 느끼고 경험하는 유익한 시간이었다.

정읍 다원(茶園)

 차밭 하면 어디가 가장 먼저 떠오르는가. 보성, 하동 모두 맞다. 하지만 내장산을 품고 있는 정읍도 빼놓을 수 없는 곳 중 하나다. 1,000년을 이어온 깊은 차향을 좇아 정읍으로 가면 좋다.
 정읍에 차밭이 있어?'라며 의아해하는 이들도 있겠지만, 조선시대에는 이곳 정읍에서 생산된 차가 지방 토산품으로 진상되기도 했다.
 《조선왕조실록》〈세종실록지리지〉(1454)와 《동국여지승람》(1530)에는 정읍현에서 생산된 차는 지방 특산품으로, 고부면에서 생산한 작설차는 약재로 사용했다는 기록이 남아 있다. 일제강점기인 1913년에는 일본인 오가와(小川)가 천원다원(川原茶園)을 조성하기도 했다. 천원다원은 우리나라에 선보인 최초의 근대식 차밭이다.
 천원다원에서 생산된 차는 1923년부터 전량 오사카로 수출되었다. 당시 천원다원의 모습은 오가와가 자신의 차밭 규모를 홍보하기 위해 제작한 사진엽서에 담겨 있다. 1918년에서 1932년 사이에 제작된 것으로 알려진 이 사진엽서는 정읍 자생차의 역사를 연구하는 데 귀중한 자료가 되고 있다.
 정읍 자생차가 명성을 얻은 것은 일본이나 인도 등의 외래 차나무 품종과 섞이지 않은 자생 품종을 온전히 보존하고 있기 때문이다. 지금껏 자생차의 맥을 이어올 수 있었던 건 정읍이 품고 있는 천혜의 자연환경 덕분이다. 정읍은 노령산맥에서 흘러내린 내장산을 품고 있으며, 섬진강 물줄기가 시작되는 옥정호와 동진강에 접해 있다. 게다가 정읍은 일교차도 크다. 이처럼 토양뿐 아니라 기후 면에서도 차의 재배지로 최적의 조건을 갖추고 있다.

정읍 지역에는 내장산 벽련암, 두승산 관음사, 입암산을 비롯한 10여 곳 30여 ha에서 차나무가 자생하고 있다. 이곳 차나무의 수령은 300~400년에 이른다. 정읍의 차 역사를 1000년으로 보는 이유다.

정읍지역 다원(茶園)들이 녹차 만들기 체험 인파로 북적이고 있다. 정읍시농업기술센터는 황토현다원, 현암다원, 태산명차 등 다수의 다원에서 녹차 만들기 체험 프로그램을 운영하고 있다.

농업기술센터는 2015년 제정된 차 산업 발전 및 차 문화 진흥에 관한 법률 시행에 맞춰 차 생산과 가공, 판매, 체험을 연계해 6차 산업화함으로써 높은 부가가치를 창출하기 위해서 차 산업 육성에 주력하고 있다. 프로그램은 찻잎 따기부터 차 만들기, 시음에 이르기까지 전통제다법 전 과정을 직접 체험하고 만든 차는 가져갈 수 있다.

찻잎을 직접 따고 뜨거운 솥에 넣어 살청(발효되지 않도록 하는 작업)한다. 이어 손으로 비비고 다시 솥에서 건조하는 과정을 체험한다.

자생차 체험은 5월부터 11월까지 5개 다원에서 진행된다. 차 만들기 외에도 다원별로 전통다도 체험과 차 음식 체험, 천연염색, 떡메 치기 등 다양한 프로그램을 운영하고 있다. 체험객들이 찻잎을 직접 따고 만든 차를 마시면서 힐링의 시간을 갖고 있다. 바로 이같은 프로그램이 입소문으로 알려지면서 많은 도시민들이 체험 프로그램에 참여하고 있다.

군산 근대문화

군산시가 근대문화 건축자산 진흥구역 지정을 위한 첫발을 뗐다.

근대역사박물관, 고우당, 동국사, 신흥동 일본식 가옥 등 근대건축물 밀집지역의 건축자산을 토대로 전국적인 관광지로 발돋움하고 있는 바, 근대문화 건축자산의 체계적 관리와 관광자원화 방안을 모색하기 위해 월명동, 영화동 일원을 건축자산 진흥구역으로 지정하기 위한 전북도 건축위원회 심의를 마치고 원안 가결로 통과됐다.

군산은 한국근대 문화유산의 보고이다. 이영춘가옥(도 유형문화재 제200호)은 구 개정병원 본관 동쪽 언덕 위에 자리하고 있는 가운데 특히 서구식·일식·한옥의 양식이 결합된 이와 같은 사례는 도내의 주거 건축에서 그 사례를 볼 수 없으며 다른 도에서도 흔치않은 사례다.

구 군산세관본관(도 기념물 제87호)은 벨기에서 수입해 온 적벽돌로 되어 있는 유럽 양식의 건물로, 서울역사와 한국은행본점 건물과 같은 양식이다. 군산 동국사 대웅전(등록문화재 제64호)은 일본 사찰 건축 양식을 따랐다.

군산 발산리 구 일본인 농장 창고(등록문화재 제182호)는 현금과 서류뿐만 아니라 일본인 대지주가 불법 수집한 수많은 한국의 서화와 도자기 등 골동품을 보관하던 건물로, 일본인이 자행한 수탈의 역사를 잘 간직하고 있다. 군산 신흥동 일본식 가옥(등록문화재 제183호)은 일본인이 건립한 일본식 2층 목조 가옥으로, 영화 '장군의 아들'과 '타짜'를 촬영하기도 했다.

구 일본 제18은행 군산지점(등록문화재 제372호)은 일제강점기에 일본으로 곡물을 반출하고 토지를 강매하기 위한 목적으로 설립한 금융기관 건물 가운데 하나이다. 구 조선은행 군산지점(등록문화재 제374호)은 일제강점기 군산을 배경으로 한 채만식의 소설 '탁류(濁流)'에 나오기도 하는 등 군산의 근대사를 상징하는 건물이다. 구 조선식량영단 군산출장소(등록문화재 제600호)는 일제에 의한 호남평야지역 쌀 수탈의 역사를 간직한 증거물로 가치가 있다.

현재 군산엔 월명동, 영화동 일원은 건물 1,310여채 중 441동이 건축자산으로 조사된 가운데 우수건축자산 가치가 있는 건물은 상급 9동과 중상급 55동의 일부가 존재하는 것으로 파악되고 있다. 뒤돌아볼 겨를 없이 빨리 달려왔던 우리들의 근대화 발전 만큼 고도경제성장 이후 산업구조의 변화와 지역개발의 뒷전에 밀려 문화재적가치가 발견되기 전에 사라지는 경우가 허다하다.

근대문화유산의 보호에 대한 사회적 관심도 상당히 높아져 다양한 근대문화유산답사 프로그램이 생겨나기 시작하였으며 대중매체가 근대문화유산을 다루는 사례도 부쩍 늘어나고 있다. 건축자산의 보전과 활용을 통한 지역특화로 침체된 지역활성화를 유도해 나갈 계획인 만큼 민원이 발생하지 않도록 촘촘한 접근이 필요하다.

운일암 반일암

　진안군 주천면이 피서객 맞을 준비를 끝내고 운일암 반일암을 개장, 8월 15일까지 일반인들에게 선보인다. 코앞으로 다가온 개장을 앞두고 주천면은 음수대와 화장실을 점검하고 인명구조 및 자동경보 장치 등의 정비를 완료했다.

　금남정맥의 지붕으로 불리는 운장산(해발 1126m) 아래 5㎞가량 펼쳐진 운일암 반일암(雲日巖半日巖)은 9,000만 년 전 화산활동을 통해 만들어진 것으로 알려져 있으며 거대한 기암괴석들이 곳곳에 가득 차 장관을 연출한다. 진안·무주 지질공원 영역 안의 지질명소로 꼽히기도 한다. 운일암반일암은 주천면 대불리와 주양리 사이에 있는 계곡으로, 1990년 12월 27일에 관광지로 지정됐다.

　진안읍에서 북쪽으로 정천을 거쳐 24㎞를 달리면 주천면에 이르고 운장산 쪽 주자천 상류를 2㎞가량 더 올라가면 운일암 반일암이 시작된다. 용소 바위·족두리 바위·천렵 바위·대불 바위 등의 기암괴석이 겹겹이 자리 잡고 있으며, 금강의 발원지인 노령산맥의 지붕이라 불리는 운장산 자락에서 솟구치는 맑고 시원한 냉천수가 그 사이를 휘감아 흐른다.

　특히 족두리 바위, 천렵 바위, 대불 바위 등의 기암괴석이 즐비하고, 부여의 낙화암까지 뚫려 있다고 전하는 용소가 유명하다. 한여름에도 계곡물이 차고 숲이 우거져서 피서객의 발길이 끊이지 않으며 가을 단풍으로도 유명하다.

반일암은 진안군의 주천면 대불리에 소재한 바위의 이름이지만, 주천면 주양리에서 무릉리를 거쳐 대불리까지 걸쳐 있는 계곡을 지칭하기도 한다. 이 계곡은 운장산과 동북쪽의 명덕봉과 명도봉 사이에 발달한 계곡으로 길이는 약 5km에 이르며, 주자천 계곡이나 대불천 계곡, 운일암 반일암이라고도 불린다.

지금으로부터 70여 년 전에는 양 옆은 깎아지른 절벽이고, 따로 길이 없어 오로지 하늘과 돌과 나무와 오가는 구름뿐이어서 운일암이라는 이름이 붙여졌다. 또한 깊은 계곡이라 햇빛을 하루에 반나절밖에 볼 수 없어 반일암이라 불렸다고 한다.

운일암이라는 이름에 얽힌 전설은 다양하다. 시집가는 새색시가 새파란 물이 흐르는 깎아지른 절벽 위를 가자니 너무 겁이나 울면서 기어갔다 하여 운일암이라 했다고도 하고, 또 옛날에는 전라도 감영인 전주와 용담현의 사이에 가장 가까운 통로는 이 길뿐이었던지라 항시 이 길을 통과해가야 했는데 어찌나 길이 험하던지 공물을 지고 가다 보면 얼마가지 못하고 해가 떨어진다 하여 떨어질 운(隕)자를 써서 운일암이라 불렀다고도 한다. 이 지명들은 해동지도와 지방 지도, 호남 지도에 표기되어 있다.

운일암 반일암 지역 일대를 흐르는 주자천은 감돌고기의 최대 집단 서식처이다. 현재 감돌고기는 한국의 멸종 위기 야생 동·식물 적색 목록(어류)에서 EN(Endangered, 위기)에 속해 있어 지역적 보호가 시급하다. 구름만이 오가고 햇빛을 볼 수 있는 시간이 반나절 밖에 되지 않는다고 해서 붙여진 그 이름이 영원하기를 바란다.

장성 백비(白碑)와 이상진 회화나무

 청렴이 어느 때보다 강조되는 시기에 박수량 선생의 백비가 공직자들에게 소리 없는 울림을 주고 있다.

 조선 중기 때의 문신 박수량(1491~1554) 선생의 비석엔 아무런 글자도 없다. 전남 장성군 황룡면 금호리에 있는 그의 묘 앞 비석은 그래서 '백비'(白碑)라고 불린다. 형조판서, 한성판윤, 우참찬, 중추부사 등 38년 동안 조정의 고위 관직을 두루 거쳤던 그는 서울에서 변변한 집 한 칸 갖지 못했을 만큼 청렴했다. 암행어사 탐문에서도 "시골집에서도 끼니때 굴뚝에 연기가 나지 않는다"는 보고가 올라왔을 정도다.

 박수량 선생은 64살을 일기로 세상을 떠나면서 묘를 크게 하지 말고 비도 세우지 말라고 유언했다. 하지만 명종이 청백리의 죽음을 슬퍼해 서해 바다에서 빗돌을 골라 하사했다.

 자손들은 "청백했던 삶을 비문으로 쓰면 오히려 그의 청렴을 잘못 알려 누를 끼칠 수 있다"며 백비를 세웠다. 임금의 하사품을 무시하지 않고 선대의 유언도 지킨 셈이다.

 최근 청백리의 표상으로 꼽히는 박수량 선생의 백비가 새삼 관심을 끌고 있다. 정부 부처 공무원들이 호남의 대표적인 선비의 고장인 장성을 찾아 백비를 견학하는 현장학습을 하고 있기 때문이다.

대표적인 친일파 이완용(1858~1926)은 전북과 인연이 깊다. 이완용은 구한말인 1898년 전라관찰사(지금의 도지사)를 지냈고, 인생 끝까지 일제에 기생하다 죽어서 묻힌 곳 또한 익산이었다. 이완용의 공덕비가 한때 부안군 줄포면 면사무소 후정에 세워져 있었다는 사실을 아는 이는 드물다. 1898년 가을 밤, 갑자기 큰 해일이 들이닥쳐 줄포 지역 주민들은 가재도구를 잃고 피신하는 일이 벌어졌다.

줄포항의 배들은 지금의 십리동 마을과 장동리 원동 마을의 똥섬으로까지 밀렸다. 이완용이 전라도 관찰사가 되어 부안 변산구경을 나섰을 때의 일이었다. 이완용은 줄포에 와서 이같은 참상을 살피고 부안군수 유진철에게 난민구호와 언뚝거리 제방을 증수토록 지시했다. 제방은 견고하게 수리됐고 오늘의 대포가 생겼다. 이후 일제때 서반들 매립공사가 이뤄져 오늘의 줄포시가지가 형성되었다고 한다.

이 일이 있고 난 이듬해 부안군수와 주민들은 이완용의 구호사업을 기리는 비를 장승백이(지금의 장성동)에 세웠다. 이른바 공덕비다. 하지만 광복과 함께 매국노를 칭송하는 이 비는 수난을 맞았다. 비석은 개인에 의해 보관돼 오다 1973년 당시 줄포면장 김병기씨가 3,000원에 구입, 줄포면 면사무소 후정에 세워 놓았지만 1994년 '일제 잔재 없애기 운동'이 벌어지면서 철거됐다. 지금은 줄포면사무소 지하 창고에 반파된 채 거꾸로 선채 보관돼 있다.

한국매니페스토실천본부는 2017 전국 시군구청장 공약이행 및 정보공개 평가에 대한 최종 결과를 발표했다. 전주시와 남원시, 완주군, 부안군은 공약이행 완료분야, 2016 목표 달성 분야, 주민 소통 분야에서 SA 등급을 받았다. 또, 군산시와 진안 무주 순창군은 합산 총점이 70점을 넘어 A 등급을 받았다. 익산과 김제 등 재보궐선거 및 단체장 공석 지역은 등급 결과 표출에서 제외됐다.

　무장읍성 안, 객사 왼편 나무숲에는 커다란 아름드리 나무 아래로 이곳을 줄곧 다스려온 수령이나 군수들의 공덕비와 영세불망비 등이 질서정연하게 늘어서 있다.

　마당 한켠의 즐비한 선정비와 공덕비, 원님들의 전시행정의 표본인가, 아전들의 위로비인가. 유독 눈에 띄는 것은 돌이 아닌, 철로 만든 비석이다. '김영곤(金永坤) 선정 불망비(1852년 건립)'가 바로 그것이다. 참판을 지낸 김영곤이 바로 그 주인공이다.

　그는 무장출신의 관리로 갑신정변 전후로 선덕비가 이곳에 세워졌다. 삐딱하게 서있는 선정비도 눈길을 끈다. 아전의 텃세가 얼마나 드셌는가를 보여주는 증거에 다름 아니다.

　언젠가 공덕비를 세우라고 재촉했을 원님에게 '아나 공덕'하고 비웃는 모습같아 보이기도 한다. 고개를 틀어 올린 그 '비웃음'에 당대의 상황이 고스란히 집약돼 있지 않은 것인가. 원님들을 골탕 먹인 아전들 때문에 무장면의 발전이 이처럼 더딘 것인가.

　민선6기 3주년을 맞았다. 또 2018년 지방선거가 6월 13일로 예정되어 있으니 민선6기는 사실 이제 1년도 채 남지 않았다. 20년을 넘어선 민선 자치는 시행착오를 겪었지만 지역특화 사업 추진, 행정서비스 수준향상, 주민참여 기회 확대, 지역문화 활성화 가능성 등 적잖은 성과를 거뒀다.

　어려운 경제 여건과 안전과 복지에 대한 국민적 수요가 높은 상황에서 정부는 물론 지방자치단체의 책임도 점차 무거워지고 있다. 박수량선생의 백비(白碑)와 한옥마을 내 고하문예관 바로 앞, 완산구 교동 244-1(향교길 25)에 자리한 400여 년의 역사를 간직한 이상진의 회화나무는 청렴과 선비정신을 상징하는 불사조처럼 가지를 하늘을 향해 솟아 있다. 민선시대를 이끄는 도지사,교육감, 시장, 군수, 도의원, 시군의원들이 반드시 이곳을 한 번 방문하기를 바란다.

남원 월매집

　남원 광한후 월매집을 들어선 관람객들은 청사초롱이 반갑게 맞이해 주는 정문 뒤로 여느 시골집과 같이 정겨운 마당을 지난다.
　시나브로, 모닥모닥 장작불이 피어오르는 부엌에서 익살스럽게 장난을 치는 향단과 방자를 보고 미소 짓다가, 춘향의 치마폭에 결혼 서약을 집필하는 몽룡의 모습을 보며 가슴 설레하기도 하며, 춘향전을 한 장 한 장 읽고 있는 듯한 경험을 하게 될 터이이다.
　춘향전의 절정이라 할 수 있는 두 인물이 부용당에서 술자리를 갖는 장면 등 볼수록 빠져 드는 장인의 손길이 깃든 월매집에서 이미 많은 관광객들의 발길이 멈추고 있다.
　남원시가 월매집을 새롭게 단장해 관람객들의 발길을 사로잡고 있다.
　남원엔 춘향의 집인 월매 집, 춘향과 이몽룡이 헤어진 오리정, 박석고개, 암행어사로 돌아온 이몽룡과의 해후 장소인 남원부청, 춘향의 무덤으로 알려진 남원시 주천면 지리산 구룡계곡에 위치한 춘향 묘 등은 춘향 문화를 생성하는 중요한 소재였다.
　박석고개(박석티)설화는 남원에서 춘향전의 근원 설화로 전해 내려오는 이야기로, 정노식의 '조선창극사'와 차정언의 '해동염사'에 실려 있다. 춘향은 관기 월매의 딸로 얼굴이 워낙 못생겨서 나이 삼십이 넘도록 통혼

하는 사람조차 없었다.

춘향이 어느 날 요천에서 빨래를 하다가 이도령을 보게 됐다.

그 뒤로 그에게 연정을 품어 오던 춘향은 드디어 병을 얻었다. 이에 춘향의 어머니 월매가 딸의 병을 낫게 하기 위해 계책을 세우고는 방자를 꾀어 이도령을 광한루로 유인했다. 월매는 얼굴색이 곱고 자태가 우아한 춘향의 몸종 향단을 치장시켜 광한루로 보냈다.

광한루에 놀러 나온 이도령은 아름다운 향단에게 첫눈에 반해 술자리를 갖게 됐다. 향단은 이도령에게 계속 술을 권하여 취하게 한 뒤, 술에 취한 그를 춘향의 집으로 데려와 그녀와 동침토록 했다.

아침이 되어 그가 잠에서 깨어 보니 그 옆에는 절세가인이 아닌 박색 춘향이가 있었다. 놀란 이도령은 급하게 방문을 열고 도망치 듯 마당으로 뛰어나왔다. 월매가 춘향의 방문 밖에서 기다리고 있었다. 월매는 급히 도망쳐 나오는 이도령에게 춘향과 첫날밤을 같이 보냈으니 그 증거로 정표를 달라고 했다.

그 뒤 이도령은 아버지 남원부사를 따라 서울로 올라갔다. 날마다 이도령을 사모하며 기다리던 춘향은 이도령으로부터 아무런 소식이 없자 광한루에서 목을 매어 죽었다.

그리해 남원부 사람들이 춘향을 불쌍히 여겨 이도령이 떠난 고개에 그녀의 시체를 장사 지내고 박색터라 불렀던 바, 이곳이 오늘날 박석고개로 불린다고 한다.

춘향 문화는 세계화의 시대적 테마와 트랜드가 되기에 충분한 콘텐츠를 가지고 있다. 블루오션의 핵심 키워드다. 월매가 따라주는 탁주 한 잔을 마시고픈 오늘이다.

전주 관통로와 익산 전국체전

 최명희의 단편소설 '만종'은 등단 이후인 1980년 발간된 전북대학교 교지인 '비사벌 8집'에 실린 작품이다.
 작품의 시공간은 1980년 제61회 전국체전 준비로 개보수공사가 진행 중인 전주 경기전과 전동성당, 중앙초등학교, 태조로 등이다.
 작품은, 전주시에서 전국체전을 계기로 도시 전체를 단장한다며 대공사를 진행함에 따라 전시적인 효과만을 생각할 뿐 과거의 전통이나 정신적 뿌리를 고려하지 않음을 지적하는 내용을 담고 있다.
 '만종'에는 전주한옥마을과 전동성당, 경기전과 조경단, 풍남초등학교와 완산초등학교, 중앙초등학교 등 전주를 연상시키는 다양한 단어들이 살아 있다.
 당시, 경기전에는 맹오리 영감이라는 터줏대감이 있고, 그 맞은 편 전동성당에는 봉사할멈이 있다. 이 일대는 요즘 전국체전 준비를 이유로 재단장이 한창이며, 공무원의 불도저가 파헤친 것은 단순히 낡은 건물만이 아니라, 거기 함께 묻어둔 우리네 추억과 거기에 기반을 둔 삶 전반이 나타나는 등 주인공의 즐겁고 아름다웠던 어린 시절에 맞추어져 있다.
 오늘날 전주 관통로는 그 명칭이 도시계획상 공식 명칭이 아니다.

1980년 10월 8일 제61회 전국체전 때 전주에서 개최될 무렵에 동서간 도로를 개설하면서 비공식적으로 누가 호칭한 것이지 공식적으로는 충경로로 명칭하고 있다.

1980년 개최 예정인 전국체전 개최지가 전주로 결정되면서, 도시 정비 일환으로 동서 관통도로 공사가 1979년 6월 26일 착공됐다. 총 공사비 51억7,200만 원을 들여 전주 천변에서 병무청까지 1,283m에 이르는 구간을 폭 25m로 1980년 10월 2일 준공했다. 관통로는 1977년 5월에 건설부 고시로 도시계획도로로 결정됐기 때문이다.

이 가로명은 1883년 12월 24일 임진란 때 우리 전주의 수성에 공이 많았다고 하는 충경공 이정란 장군의 애국정신을 기리기 위해서 충경로라는 이름이 최초로 지어졌다.

팔달로 역시 전국체전과 관련돼 놓인 도로다.

팔달로는 1963년 전국체전 전주 개최(10월 4일 개막)를 앞두고 그 해 9월에 개통했다. 당시는 12칸 도로라고 했으며, 1967년 10월 공모로 팔달로란 이름을 붙였다. 제안자는 청포 이철수 씨였으며, 이를 계획한 사람은 박정근 도지사다.

팔달로는 그렇게 만들어져 오늘도 전주시민들이 이용하고 있다. 옛날 전라감영 동편 입구 정문을 팔달문이라 했다. 팔달문 누상에는 신문고가 있어 도민의 진정 건의를 창달하는 문화가 있었다. 예나 지금이나 고전도시이며 문화도시인 전주가 생산도시로 전환한 새 면모를 갖추는 의미로 4통8달을 뜻하여 팔달로로 명했다.

포정루(八達門, 팔달문)는 전주우체국 사거리, 아관원 사거리, 성원오피스텔(구 전주극장), 중앙동 풍년제과 사거리의 4지점을 연결한 4각형의 부지가 전라감영의 관아가 자리했다. 전라감영의 정문은 포정루(布政樓)

였다.

　포정루는 명견루(풍남문)가 보이는 도청 동쪽 경계와 전주완산경찰서 동쪽 경계를 잇는 경목선도로 중앙지점 즉 전주상공회의소 앞 사거리로 보인다.

　1743년(영조 20년)에 관찰사 조영국이 신축되어 신문고가 설치되면서 백성들의 민원을 전라감사에게 직소할 수 있었다. 백성들이 이 문을 지날때는 관리들의 선정을 바라고 아울러 널리 백성들에게 퍼져나가기를 바라는 의미를 담았다.

　안쪽에는 팔달, 바깥 쪽에는 포정이라는 편액이 있었다. 전주의 중심도시 팔달로 역시 사통팔달이라는 보편적인 의미와 함께 전라감영의 출입문이었던 이 포정루에서 기인한다.

　1909년 무렵, 2층 누각 건물이 팔달문이며 그 앞에는 32개의 선정비가 있다가 1954년 4월 25일 안길진 전주시장 때 다가공원으로 옮겼다. 이승만 대통령의 지시 때문이었다.

　2018년 전북에서 15년만에 익산에서 제99회 전국체전이 개최된다. 전북지역에서 전국체전이 열리는 건 2003년 제84회 대회 이후 15년 만이다. 특히 기초자치단체에서 주관하는 전국체전은 전북에선 처음이다. 익산시는 기존의 체육 인프라를 최대한 활용하면서 부족한 체육시설을 보강하는 등 대회 준비에 만전을 기하고 있다.

　아직도 익산하면 이리역 폭발사고, 공업도시 등 삭막하고 부정적인 이미지로 기억하는 사람들이 있는데 전국체전을 계기로 역사와 문화가 어우러진 아름답고 살기 좋은 지역으로 도시브랜드 가치를 쇄신하겠다는 계획이다.

　시설 인프라를 갖추는 것과 동시에 기초질서, 친절, 나눔 배려 등 질적 성장을 통해 도시의 품격을 한 단계 업그레이드 할 수 있도록 다각적인 노력을 해 나가야 함이 마땅하다. 무엇보다도 대회 성공의 열쇠는 시민들의 관심과 참여다.

반값 등록금

"정(丁) 모(某)가 이와 같은 경지에 이르렀으니 훗날 반드시 명성을 떨칠 것이다."

정조는 성균관 유생들이 제출한 '〈중용강의〉 80여 조에 대한 답안지' 중 정약용의 대답이 가장 뛰어나다며 이처럼 칭찬했다. 성균관 유생 정약용은 성균관에서 치르는 시험에 번번이 높은 성적으로 선발되어 정조에게 서적과 지필을 하사받는 우등생이었다.

하지만 관직 등용문인 과거 시험에는 무려 열아홉 차례나 떨어졌다. 왜? 집권당의 부정부패와 견제 때문이었다. 부패한 조선 사회에 비판적인 정약용의 답안지가 좋은 점수를 받기는 힘들었던 것.

정약용뿐 아니라 걸출한 인재를 배출한 성균관은 조선 시대 국립대학이었다. 유생들은 요즘 수능 시험처럼 '생원진사시'라는 시험을 치르고 성균관에 입학했다. 사학에 다니는 15세 이상 유생 중 학업 성적이 우수한 자, 3품 이상 관리의 자제로 〈소학〉에 능통한 자는 시험 없이 특례 입학을 하기도 했다.

최항, 정약용과 같이 훌륭한 위인들을 배출한 성균관은 조선 오백 년 역사를 찬란히 이어나가도록 한 원동력이다. 왕이 사는 궁궐, 왕실의 사당인 종묘, 그리고 나라와 백성의 안녕을 위해 제사를 지낸 사직단과 더불어 조선에서 가장 중요한 곳으로 여겨진 성균관.

왕은 성균관 유생들을 위해 학비와 숙식비를 제공하고 특별한 시험을 열어 특혜를 주기도 했을 만큼 성균관에 대한 관심이 높았다고 한다. 사당이나 학교로서의 역할에만 그치지 않았다.

장차 나라를 이끌 관리를 키우는 곳이었으므로, 왕과 조정의 신하들은 그들의 목소리에 귀를 기울였다. 조정에서 바르지 못한 일을 했을 때, 성균관 유생들은 오늘날 학생자치회에 해당하는 '재회'를 열어 의견을 모아 '유소'를 올렸다. 뜻이 받아들여지지 않으면 식사를 거부하며 식당에 나가지 않거나, 성균관을 비워 두고 밖으로 나가 버리기도 하는 등 적극적으로 행동을 취하기도 했다.

전국 최초로 반값등록금 실현의 든든한 밑거름인 전북 부안 나누미근농장학재단 정기후원이 6,000명을 돌파했다.

무엇보다도 지역인재 육성과 대학생 반값등록금 실현을 위해 설립한 나누미근농장학재단 후원회가 16개월 만에 가입자수 6,000명을 돌파하는 기염을 토해내며 매월 6,700만원의 후원금이 자동이체 형식으로 차곡차곡 쌓이기 시작하면서 반값등록금 실현이 꿈이 아닌 현실로 다가왔다.

무엇보다도 부안에 전혀 연고가 없는 정치인을 비롯 기업, 유명 연예인 역시 인재육성에 적극 동참하고 있을 정도로 전국적인 관심 속에 운영되고 있다.

나누미근농장학재단 이사장인 김종규 부안군수는 "앞으로는 이 아이들이 대학교에 진학할 때는 학비 부담이 없도록 장학기금 300억원과 후원회원 1만명을 확보해 전국 최초로 교육 자치를 실현하는데 최선을 다하겠다"고 약속하며 기념 촬영을 한 그 말이 오랫동안 이어지기를 바란다.

도문대작(屠門大嚼)과 함라 반지

예로부터 팔도 감사 중에 전라감사와 평안감사가 제일이라는 말이 전해오고 있다.

전주는 산물이 풍족하고 평안도는 여색으로 호강할 수 있다는 뜻에서 나온 말이다. 익히 알려진 대로 전북은 비옥한 들과 너른 바다에서 생산되는 넉넉한 농수산물이 있어 푸짐한 음식 문화가 발달한 곳이다. 전주는 눈처럼 희고 소담스러운 백산자가 유명했다.

백산자를 전주에서 잘 만드는 것은 좋은 전주엿이 생산됐기 때문이다. 세종실록 3년(1421년) 1월 13일조에 의하면, 예조에서 진상하는 물목을 아뢰면서 "백산자는 오직 전주에서만 만드는 것"이라고 했다.

'봄철이면 고사리고 비취나물을, 가을에는 호박가지, 무, 버섯들을 말렸고, 끓는 물에 슬쩍 데쳤다가 말리는 고춧잎, 날것대로 썰어 말리는 고지나물은 종류를 헤아릴 수 없었다. 그뿐 아니라 서해안 생굴을 소금 탄 물에 깨끗이 서너 번 씻어 헹군 뒤 소금 뿌리고 끓는 물에 탄 고춧가루 넣어서 버무려 담근 어리굴젓.(하략, 최명희 '혼불중에서')

고전소설 '춘향전'과 최명희의 소설 '혼불'을 보면 전북의 다양한 음식이 소개되고 있으며, 채만식의 소설 '탁류'에는 뱅어요리가 일품으로 소개된다. 고창 도산 김정회고가는 집안대대로 전승돼온 즙장의 맛이 일품이다.

소설 '남부군'에서 이태가 회문산에 가기 전, 전주 오목대 부근에서 떡을 사먹고 출발하는 장면이 나온다. 기록에 의하면 전주의 고속버스터미널 부근과, 삼천 부근에도 떡전거리가 각각 있어 지나가는 길손들이 떡을 사먹었다.

먼 옛날에 이 거리는 전주를 통과점으로 정하고 전라좌도쪽에서 상경길에 오르거나 한양으로부터 하향길을 잡아 내려오는 나그네들이 거쳐갔으니, 과거를 보러 괴나리 봇짐으로 집을 나선 선비와 상사치들이 떡한 입을 오물오물 먹으면서 건너갔다.

하지만 지난 1960년대 전주비빔밥으로 유명세를 탔던 옴팡집이 흔적도 없이 사라지고, 전주의 명주였던 장군주와 간을 맞출 때 썼던 전주즙장(全州汁醬, 白氏醬)이 거의 실전하는 상황을 맞이하고 있는 것이리라.

즙장은 여러 달 발효시키는 것이 아닌, 담가서 먹는 속성장이며 별미장의 하나다. 이보다 앞서 1766년에 발간된 '증보산림경제'의 9권 '치선(治善)'편에서는 '전주즙장'이 별도로 언급된다. 이는 고문헌에서 소개하고 있는 즙장류 중 유일하게 지역 이름이 붙은 장이다. 이어 1930년대 발간된 서유규의 '임원십육지'에서도 전주즙장에 관한 기록이 보인다.

익산시 함라면은 전통 '반지김치'로 유명세를 떨치고 있다. 이는 전체를 버무리는 일반 김치와는 달리 김치소만 버무려 멀건 배추 속에 차곡차곡 넣고 지푸라기로 꽁꽁 묶은 후 단지 속에 넣고 젓국을 부어 숙성시키는 게 특징이다. 지금의 물김치와 비슷하지만 맛에서는 확연히 다르다.

'병이류에서 소개한 대만두는 보만두라고도 불리며 자잘한 만두들을 거대한 만두피에 한데 넣고 다시 한번 복주머니처럼 묶은 음식으로 평안도 의주 지방 사람들이 중국 사람들만큼 대만두를 잘 만든다. 백산자(박산. 쌀로 만든 백당을 고물에 묻혀 먹는 한과)는 전주, 석이병은 금강산, 다식은 안동, 엿은 개성, 약밥은 경주 등이 잘한다'

바로 인근의 함열에서 허균이 '도문대작(屠門大嚼)'을 펴냈지만 이를 아는 사람들이 드물다.
이는 광해군 시절 당쟁에 휘말려 함라에 귀양을 온 허균이 귀양지에서 그간 자신이 먹어본 팔도 음식들을 지역별로 기록한 책이다. 조리서가 거의 없던 조선 중기 팔도 음식을 기록한 것이라 사료적 가치가 높다.
미륵사지에 가면 김장독 하나가 있다. 오늘날의 김치 냉장고에 해당된다. 전주 학인당에는 250여 년 된 땅샘이 있다.
냉장고 회사의 홍보물과 방송에 나오게 할 수는 없나. 익산 왕궁리유적에서는 백제 사비기 왕궁의 부엌(廚)터로 추정되는 건물터가 발견되기도 했다. 백제시대의 음식을 파는 곳, 옷을 파는 곳을 만들어 관광객들을 끌어들일 수 없나. 그것이 어렵다면 이를 체험할 수 있도록 했으면 어떨까 한다.
세계문화유산 미륵사지에 오면 백제인들의 옷을 입고 그들의 음식을 맛볼 수 있는 날은 언제일까.

익산교도소 세트장

영화나 드라마를 보면 교도소 촬영 장면을 종종 볼 수가 있다.

교도소 촬영 장면은 교도소에 수감 된 주인공이 다시 사회로 돌아가기 전까지의 이야기를 담아 시청자들의 호기심을 자극해 극의 몰입도를 높인다. 사용되거나 또는 교도소 그 자체가 중심무대가 되어 사람들이 살아가는 이야기를 담아내기도 하지 않나.

매번 이같은 교도소 촬영 장면을 볼 때 마다 교도소 구석구석이 어딘지 낯이 익다. 한 번도 교도소를 가본 적이 없는데, 이렇게 눈에 익는 이유는 무엇일까? 우리나라 유일의 '교도소 촬영 세트장' 때문은 아닐까

익산시는 최근에 교도소세트장 뒤쪽에 위치한 보조촬영장 약 4000㎡ 부지에 해바라기 꽃씨를 심었다.

익산시 성당면에 자리한 교도소세트장이 오는 8월 이후엔 해바라기 황금물결로 출렁일것으로 기대된다. 다시 찾는 행복한 관광도시 원년을 맞아 성당면 교도소세트장에 해바라기 꽃밭을 조성했다.

폐교를 세트장으로 활용한 익산교도소세트장이 특성을 살린 포토존과 의복체험 등에 이어 해바라기 꽃밭 조성으로 관광객들에게 특별한 추억을 선사하게 될 것 같다.

전국 최초의 교도소 세트장인 성당면 교도소세트장은 2005년 영화

'홀리데이' 촬영장으로 조성된 이후 '해바라기', '타짜', '7번 방의 선물', '이름 없는 여자' 등 250편이 넘는 영화와 드라마가 촬영됐다.

교도소 촬영장은 애시당초 성당초등학교 남성분교였다. 하지만 영화 '홀리데이'가 촬영되면서, 익산시와 영화제작사가 함께 폐교가 된 남성분교를 리모델링하여 지금의 모습을 갖추게 되었다.

이곳은 몇 년 전 1,000만 관객을 돌파한 '7번방의 선물'의 주 촬영 무대로 쓰이면서 더욱 대중에게 알려지게 되었고, 최근에 종영한 MBC드라마 '전설의 마녀' 역시 이곳에서 촬영 돼 촬영이 없는 날이면 교도소 세트장을 구경하는 사람들의 발길이 이어지고 있다.

진짜보다 더 진짜 같은 '익산 교도소'대한민국 '유일' 성당 교도소 세트장 촬영지가 각광을 받고 있는 만큼 내년 전국체전 개최지 및 대한민국 테마여행 10선 선정 등을 기회로 삼아 관광 인프라 확충 등을 통해 수요자 맞춤형 관광 상품 개발에 더욱 박차를 가해 나가기를 바란다.

교도소 세트장은 높은 담장으로 둘러싸여 있으며, 그 안에는 망루, 면회장, 취조실, 수감실 등이 갖춰져 있는데 어찌나 진짜 같은지 운동장과 복도에 서보면 실제 교도소에 들어와 있는 것 같은 착각마저 들 때가 많다. 오는 8월부터 10월 중순까지 해바라기가 만개해 황금물결의 장관을 이뤄 이곳을 찾는 관광객과 지역주민들의 눈길과 발길을 사로잡게 된다는 말에 내 마음은 이미 바로 그곳으로 풍경을 그려보고 있다.

전주 남천교

한벽당(전북 유형문화재 제15호)은 승암산 기슭인 발산 머리의 절벽을 깎아 세운 누각으로 옛사람들이 한벽청연(寒碧晴烟)이라고 해서 완산8경의 하나로 꼽았다.

슬치에서 시작된 상관계곡의 물은 의암, 공기, 은석등 크고 작은 많은 골짜기의 물이 합해지면서 만마, 죽림, 신리, 색장등 여러 동네 옆을 거쳐 흐르며 계속해 좁은목을 굽어들어 한벽당 바윗돌에 부딪쳐 흰옥처럼 물살이 부서지면서 남천으로 흘러갔다.

전주부성은 호남에서 가장 도시였으며, 조선 왕조의 발상지이며, 또한 영호남의 중요한 통로로서 교통이 번화한 곳으로 인물의 왕래가 빈번한 곳이었다. 그래서 전주천에는 예로부터 전주 인근지역으로 왕래하기 위해 남천교, 싸전다리(현 전주교) 서천교, 그리고 완산교 등의 의 다리가 만들어졌다.

전주에서 임실 남원 순창 지역으로 가기 위해서는 남천을 건너야 하기 때문에 여기에는 오래 전부터 다리가 놓여졌다. 남천교는 현 전주교 상류 170미터 지점 강암서예관을 못미친 자리에 위치했다고 한다. 이 다리는 1753년 유실되었다가 정조대인 1790년 김응록, 박사덕 등이 복구사업을 시작 1만 4,000냥의 돈을 모아 1791년 8월 공사를 시작해 12

월 완공했다.

　이때 다시 만든 다리 모양을 보고 안경다리(眼鏡橋), 오룡교(五龍橋)라고도 불렀다. 다섯 개의 창을 가진 무지개 모양의 다리였다. 각 창 머리에는 용머리를 새겨 놓은 바, 승암산이 화기(火氣)을 머금은 형세여서 이를 방지하기 위한 것이었다.

　이후 다시 무너 진 1901년 관찰사 조한국이 개축했지만 1907년 수해를 입어 부서지자 같은 해 백남선의 후원으로 재수축하였으나 3년후 홍수로 유실돼 현존하지 않는다.

　바로 옆 남천교 개건비는 1791년 만들어진 남천교의 개건 경위를 기록한 비석으로 1794년에 세워졌다가, 1862에 다시 선보였다. 원래는 현재의 전주교와 남천교 중간에 위치에 있었으나, 전주교대 교정에 위치한 후 새로 만들어진 후 최근에 지금의 남천교 옆으로 이전했다.

　앞쪽에는 개수 내력과 공사에 힘쓴 자들의 명단이 기록됐고, 2면의 측면에는 건립연대(동치 원년 임술; 1862)가 적혀 있고 후면에는 돈을 낸 지방 군현별 액수의 명단과 건륭(乾隆;청 고종) 58년(1794)의 명기가 새겨져 있다.

　남천교 누각 '청연루'의 야간 경관조명이 아름다워진 모습으로 관광객들을 맞고 있다. 교동 한옥마을과 서학동을 이어주는 남천교 위에 세워진 청연루는 무엇보다도 한옥마을을 찾는 관광객들에게 청연루의 야경은 전동성당 야간 경관과 함께 또 다른 명소가 되고 있다.

　답사 안내시 바로 이곳에서 풍욕을 통해 또 다른 세상을 꿈꾸고 있는 까닭이다. 더욱이 전주천에서 불어오는 바람을 맞으며 무더위로 지친 몸을 이끌고 나온 오늘에서는.

군산 박대

 군산 박대향토화사업단이 제22회 바다의 날을 기념 '전국박대요리경연대회'를 연 군산근대역사 박물관 일대는 참가한 요리사들의 열기와 고소한 음식냄새, 그리고 시민과 관광객들의 참여 열기로 뜨거웠다.
 경연 대회는 전통의 맛에 현대적인 감각, 그리고 대중성을 절묘하게 맞춘 컨텀프러리팀이 '배추 속에 숨은 박대, 박대 미니 버거, 박대 갈비' 등 3 종류의 요리로 해양수산부장관상을 받았다.
 특히 박대의 살과 배추의 아삭한 식감을 살려냈고, 살을 바른 뼈를 튀여 바삭하게 먹도록 했으며, 박대 살을 주재료로 하는 페티와 갖은 야채가 들어간 햄버거와 박대를 손질, 만든 갈비 등의 요리로 눈길을 사로잡았다.
 군산박대는 서해연안 바다 속 모래와 갯벌에 서식하는 참서대과의 길이 20~30cm정도의 흰 살 생선으로 가시가 거의 없고 살이 많아 어린이·노약자는 물론 누구나 쉽게 먹을 수 있다. 특히 맛이 고소하고 담백하여 구이, 찜, 탕, 박대묵 등 다양한 방법으로 요리가 가능한 생선으로 지역민들에게 오래전부터 사랑을 받아온 군산의 지역향토 음식이다.
 이에 군산시는 서해 청정해역의 수산물을 이용한 가공산업을 집중육성 중인 군산시는 지역에서 즐겨먹는 박대를 명품화 시키고 전국에 유통하기 위해 적극적으로 지원, 육성하고 있다. 군산신영시장협동조합은 2014년 8월 군산의 대표적인 특산물인 박대를 진공포장재로 상품화한 '별미찬 박대'를 출시했다.

　전통시장이 대형마트에 밀려 설 자리가 갈수록 좁아지고 있는 가운데 군산신영시장 상인들이 협동조합을 설립하고 수산물포장재를 출시하여 대형마트와 경쟁에 나선 것이다.

　'별미찬 박대'는 신영시장협동조합이 포장재 사업의 일환으로 외부지원없이 자체적으로 출시, 박대 가공을 시작으로 지역농수산물에 협동조합 공동브랜드를 부착하고 위생적으로 소포장하거나 명절선물세트용으로 판매, 경쟁력을 높이고 전통시장 활성화에 기여하고 있다.

　앞서 2012년 5월엔 군산시가 아리울수산과 함께 특산품인 '박대'를 이용한 최첨단 HACCP 위생가공 공장 건립을 했다. 박대 가공공장은 성산면 여방리 715-1번지에 자리한 가운데 최신 위생시설인 HACCP 시설 등을 갖추고 있다.

　공설시장, 수산물센터 등 전통시장에서 소규모로 판매되던 군산 박대는 위생적이고 안전한 가공공장 설립에 따라 '사랑海 황금박대'라는 브랜드 명으로 전국에 유통 판매되고 있다.

　박대구이, 박대졸임, 박대탕, 박대묵 등 다양한 가공품을 편리하게 맛볼 수 있고 향후 홈쇼핑과 인터넷을 통해서도 판매되고 있다.

남원 실상사

최근에 남원 실상사 극락전 건칠불좌상 머리 부분에서 고려시대 '대반야바라밀경'이 발견됐다.

뽕나무로 만든 종이에 은가루로 사경한 뒤 절첩장. 이른 바, 종이를 병풍처럼 이어붙인 형태로 제작한 사례는 극히 드물다는 점에서 가치가 있다는 평가다.

정도상씨의 연작소설집 '실상사'는 남원 지리산 자락의 절 실상사(實相寺)를 배경으로 했다. 소설집을 이루는 각 개별 소설의 이름부터가 '봄 실상사' '여름 실상사' '가을 실상사' '겨울 실상사' '내 마음의 실상사'로 절과의 연(緣)이 참 깊다.

'봄'은 젊은 시절의 이상과 첫사랑에 대한 미련을, '여름'은 명품으로 상징되는 자본주의적 욕망을 추구하다 영혼과 육신이 피폐해진 여대생의 이야기를 다루고 있다. '가을'은 도시의 삶에 끝내 적응하지 못한 젊은이를, '겨울'은 성공을 위해 수단을 가리지 않는 인물의 분열된 자화상을 형상화한다.

사적 제309호 남원 실상사는 실상사와 백장암 약수암을 포함한 일대로서 지리산 북쪽 기슭에 있다.

실상사는 신라 흥덕왕 3년(828)에 증각대사 홍척이 창건했으며, 제자 수철대사와 편운대사도 이 절에서 배출됐다. 조선시대 정유재란 때 화재를 입어 200여 년 동안 폐허로 남아 있었고, 승려들은 백장암에서 머물며 그 명맥을 이어왔다.

숙종 때 다시 지었고 고종 때 화재를 입어 작게 지은 것이 현재의 모습이다.

중요문화재로는 백장암 3층석탑(국보 제10호), 실상사 수철화상능가보월탑(보물 제33호)과 탑비(보물 제34호) · 실상사 석등(보물 제35호), 부도(보물 제36호) · 실상사 3층석탑(보물 제37호), 증각대사응료탑(보물 제38호)과 그 탑비(보물 제39호), 백장암 석등(보물 제40호), 실상사 철제여래좌상(보물 제41호) · 백장암 청동은입사향로(보물 제420호), 약수암 목조탱화(보물 제421호) 등이 있다.

불교문화재연구소는 2005년 실상사 건칠불좌상에 대한 X-선 조사를 실시했지만 머리 안에 복장물이 들어 있다는 것만 확인했을 뿐 무엇인지는 의문으로 남아있었다.

이번 조사 결과는 개금으로 변형된 불상에 대해 표면의 개금층을 제거하지 않고 비파괴적이고 과학적인 조사방법을 활용, 원형을 찾아냈다는 점에서 괄목할 만한 성과의 하나로 평가받고 있다. 그러나 아직까지 정확하게 밝혀지지 않고 있는 건칠불상 제작기법을 이해하는 단초가 될 것으로 보인다.

서로 상처를 주고 받으며 살아가는 인간들, 그들은 실상사를 찾아 가쁜 숨을 고르며 고요에 잠기기도 한다. 그런 의미에서 소설 '실상사'는 반성을 통한 성찰의 상징으로 여전이 당신의 손을 거쳐 마음으로 읽히고 있다.

십이동파도선

전북의 수중문화재 조사는 새만금 방조제 건설을 계기로 고군산군도 등에서 이루어졌다.

방조제를 건설하는 대규모 물막이 공사로 인해 주변 바닷속 물길이 변화했고, 덕분에 펄 속에 묻혔던 유물이 발견되어 발굴로 이어졌다.

2002년 군산 비안도 수중 발굴 이후 2003~2004년에 군산 십이동파도, 2006~2009년에 군산 야미도에서 발굴조사가 진행되었고, 그 결과 고려시대 청자를 운반하던 배인 '십이동파도선'을 비롯한 도자기, 닻돌, 철제 솥, 시루, 밧줄 등 1만 5,000여 점의 유물이 발견됐다.

십이동파도는 군산의 정서쪽으로 45㎞ 지점에 위치하고 있는 섬으로 일명 '동바루'라고도 불리는 섬이다.

십이동파도는 12개의 섬이 깨져 있는 것처럼 산발적인 지형 형태를 띠고 있으며, 이런 섬의 형태를 한자로 옮겨 '십이동파도'라 불리게 됐다. 1970년대까지 사람이 살았으나 현재는 사람이 살지 않는 행정구역상 군산시 옥도면 장자도리에 속해 있는 무인도다.

국립전주박물관과 문화재청 국립해양문화재연구소가 2017년 9월 24일까지 국립전주박물관 기획전시실에서 특별전 '침몰선에 실렸던 고려 사람들의 꿈'을 가졌다.

주목할 만한 것은 고려시대 청자 운반선인 '십이동파도선' 선체 일부가 그 동안 10년 이상의 보존처리를 마친 후 닻돌, 시루, 밧줄 등 선상생활용품과 함께 전시됐다.

십이동파도선은 고려 11~12세기 초에 활동했으며, 2003~2004에 군산시 옥도면 십이동파도 해저에서 발굴됐지만 선체는 갑판을 포함한 상부는 남아 있지 않았다.

주요 선적품은 고려청자였으며, 그외 철제솥, 청동숟가락 등 소량의 유물을 포함, 모두 8,743점이었다. 파편으로 된 청자를 포함하면 더 많은 청자가 실려있었을 것으로 추정된다.

가장 큰 성과는 최초로 우리나라 고대선박 이물비우와 닻구조물의 발굴이며, 배에 쓰인 나무는 소나무, 느티나무, 굴피나무, 참나무, 상수리나무 등이다.

그동안 우리나라에서는 완도선(1984), 달리도선(1995), 십이동파도선(2004), 태안선(2007) 등 모두 13척의 고선박이 발견됐다.

십이동파도선은 1983~1984년도 전남 서해안에서 조사된 완도선(12세기초), 1995년도 목포시 관내에서 조사된 달리도선(14세기)과 함께 고려시대의 한선(韓船) 발달 과정을 밝히는 길잡이가 되고 있다. 때문에 십이동파도 수중발굴조사는 조사환경이 우리나라 다른 지역과는 다르게 밀물과 썰물에 따른 조류의 영향을 받지 않아 수중촬영, 실측 등 종합적인 발굴조사가 이루어져 수중 고고학의 토대를 마련하는 학습의 장이 되고 있다.

순창 훈몽재

조선 유학의 큰 별 하서(河西) 김인후선생(1510-1560)이 걷던 길이 복원을 목전에 앞두고 있다.

순창군은 쌍치면 둔전리부터 복흥면 하리까지 약 5km 구간에 조성중인 '선비의 길' 조성사업이 공정률 70%를 넘어서 올해 말 완공한다.

선비의 길은 훈몽재와 초대 대법원장을 지냈던 가인 김병로 선생의 생가를 연결하는 구간으로, 선비의 길 조성은 물론 훈몽재 대학암 주변 쉼터, 포토존, 수변 전망대, 안내판 설치 등이 이뤄진다.

훈몽재는 김인후선생이 1548년에 순창 점암촌 백방산 자락에 지은 강학당이다. 최초로 하서선생이 훈몽재를 지은 곳은 대학암 위쪽이었다고 하며, 임진왜란 때 소실된 훈몽재는 선생의 5대손인 자연당 김시서에 의해 1680년경 원래의 터 인근에 '자연당'이라는 이름으로 복원됐다가 퇴락했다.

이후 후손과 유림들에 의해 점암촌에 복원됐으며, 하서 선생과 김시서, 송강 정철, 율곡이이를 모시는 어암서원이 부근에 건립됐으나, 흥선대원군의 '서원훼철령'에 의해 철폐되고 한국전쟁때 소실됐다.

선생은 주자의 이기이원론을 계승하는 견해로, 성경의 실천을 학문의 목표로 삼아 이를 조선왕조의 통치이념으로 확립하는데 기여했다.

가르칠 훈(訓), 어릴(어리석을) 몽(蒙)이란 이름 그대로 어린아이들부터 하서 선생에게 가르침을 구하는 선비들까지 모여 학문을 닦는 공간이었다.

당대에는 영남의 퇴계, 호남의 하서라 불릴 정도로 성리학의 대가로 꼽혔고, 후대에도 정암 조광조, 퇴계 이황과 함께 조선 성리학의 개산조(처음 세우거나 종파를 새로 연)로 인정받았다고 한다.

사미인곡으로 유명한 송강 정철이 어린 시절 훈몽재에서 선생의 가르침을 받았고, 동쪽의 추령 천변에 있는 대학암은 정철이 하서 선생과 대학을 논했다는 전설이, 인근 마을에는 정철의 공부를 위해 사두었던 논이라는 정철배미라는 지명이 남아있다.

순창군은 전통예절과 유학을 공부하는 교육의 장으로 활용되고 있는 훈몽재를 중심으로 조선시대 선비의 기개를 느끼고 사색하며 걷는 색다른 걷기 길을 만들 생각이다.

주변에 송시열 선생의 친필과 영광정, 낙덕정 등 유학과 관련된 관광자원이 산재돼 있어 선비의 길이 완공되면 조선 유학과 관광이 결합된 독특한 문화유산 탐방길이 조성될 것으로 기대하고 있다.

특히 내장산 훈몽재 가인연수관 추령장승촌, 산림박물관을 연계하는 서부 관광 코스를 한층 강화시키고 전북 토탈관광의 한축으로도 활용할 수 있을 것으로 기대하고 있다.

조선 유학을 느낄 수 있는 독특한 문화 탐방길로 만들어 나가겠다는 사업이 차질없게 진행되기를 바란다. 현재 조성된 전주 선비의 길은 얼마나 잘 활용되고 있는지 되묻고 싶다.

전주 쌍다리

전주 천변을 걷다보면 유독 눈에 띄는 다리가 하나가 있다.

인도와 찻길이 함께 서있는 작고 허름한 '전주천 쌍다리'는 지난 1962년 세워져 50년을 훌쩍 넘겼다.

언뜻보면 난간도 밧줄과 쇠 파이프로 대충 엮여 있고, "차가 다닐 수 없겠구나" 싶을 정도로 좁은 모양새가 세월의 무게를 고스란히 보여준다. 먼저 진입하는 차량을 기다리는 양보의 다리로 통하고 있는 이 다리를 알고 있는가.

쌍다리는 2017년으로 55세를 맞은 잠수교다. 도토릿골을 지나 더 북쪽으로 올라가면 쌍다리가 보이고, 이곳을 건너면 바로 어은골이다.

이는 옛날 벼슬을 하지 않은 선비들이 은둔했던 은사골로도 잘 알려진 곳으로, 숨은 잉어의 혈 같은 골짜기 형상을 이루고 있다고 해서 어은골 또는 어은동으로 불렸다.

'전주천에 있는 고기가 숨었다가 가는 곳'이라서 어은골로 통한다는 말도 전해진다.

어은교(漁隱橋)는 말 그대로 고기 '어'와 숨길 '은'자를 써서 물고기와 연관이 있음을 알려주는 상징으로 틀림없다. 한글학회 지명 총람에는 어은동(엉골) 동쪽, 숲정이와의 사이에 있는 자리로 적혀 있다.

어은골은 배산임수 지형으로 뒷편인 서쪽에는 화산이 있고, 앞 편인 동쪽에는 전주천이 무심히 흐르고 있다.

1960~1970년대는 온통 '똥통 천지'였다. 전주 시내 분뇨를 이곳에 부어 놓으면 서신동이나 중화산동 사람들이 거름으로 사용하기 위해 퍼가는 바람에 코를 막고 이를 지켜보는 일이 아주 많았다.

징검다리가 고작이었던 개설 당시에는 어엿한 위용을 과시했겠지만 지금은 왜소하고 남루한 모습으로 시민들을 만나고 있다.

애시당초 전주천 바닥으로 차량 교행은 어렵고 사람만이 왕래가 가능한 좁은 다리였다. 하지만 어은골에 인구가 늘어나면서 제 옆에 차량 교행이 가능한 다리를 만든 후, 약간 띄워 놓았다. 그렇고 보니 다리가 두개가 되어 사람들이 쌍다리로 부르고 있다. 무엇보다도 양보의 미덕이 돋보이는 다리다. 통도사의 삼성반월교처럼 말이다.

하지만 낮은 높이 때문에 장마철이면 불어난 물에 잠겨 걸핏하면 진입이 통제되고 안전문제가 불거지면서 '고향의 강' 정비사업의 일환으로 철거하고 현대식 교량으로 교체하기로 결정한 바 있다.

하지만 그 계획이 전면 재검토 되고 보존이 유력시되고 있다는 소식이 들리면서 기분이 들린다.

쌍다리는 지역의 역사와 문화적으로 가치가 있는 다리로 철거보단 지역의 스토리텔링을 가미해 보존해야 함이 마땅하다.

전주천의 햇살은 물 위에 물감처럼 번져가고, 낙조는 이에질세라 시시각각 색깔과 파장을 달리하며 주변을 붉게 물들이고 있다. 전주의 어제와 오늘, 내일의 모습이 떠올리려면 언제나 쌍다리를 맘껏 밟은 가운데 소곤소곤 귓속말을 한번 해보기를 바란다.

전주 6지구

"혹시 전주에서…… 철길 옆동네에서 살지 않았나요?" (중략)나는 전주 사람이었고 전주에서도 철길 동네 사람이었다. 주택가를 관통하며 지나가던 어린 시절의 그 철길은 몇 년 전에 시 외곽으로 옮겨지긴 하였지만 지금도 철로연변의 풍경이 내 마음에는 고스란히 남아 있었다. 그렇다는 대답을 듣고나서도 전화 속의 목소리는 또 한번 뜸을 들였다."혹시 기억할는지 모르겠지만 난 박은자라고, 찐빵집 하던 철길 옆의 그 은자인데……." (중략) 박은자. 그러나 나는 그 이름을 또렷이 기억하고 있었다.(하략)

전주출신 소설가 양귀자는 단편소설 '한계령'을 통해 1960년대 주택가를 관통하며 지나가던 어린 시절의 철길과, 또 철길 옆 찐빵집 딸 '은자' 등 1980년대 이전 전라선이 이설된 전주시의 풍경을 묘사하고 있다. 전라선이 전주 시내를 관통하고 달렸던 적이 있다.

지금의 덕진광장 자리에 있었던 덕진역에서 전북대 구 정문 앞으로도 철로가 지났다. 기린로는 그 철로가 있던 자리이며, 시청 또한 철로의 흔적을 안고 있다.

특히 한옥으로 아담하게 지어진 역사(驛舍)는 전주다운 풍모를 자랑했었다고 전한다. 슬픈 이야기이지만, 옛 기차길 터널 '한벽굴'은 일본이 일제강점기를 틈타 한벽당의 정기를 자르고 철길을 만들었는데 전라선 터널이었다.

'한계령'은 어린 시절 추억의 철길, 가슴 저리는 그리운 풍경 속으로 들어가게 만든다.

전주역 앞 6지구가 40년 만에 '첫 변신'을 하면서 옛 명성을 되찾을지에 대한 관심이 고조되고 있다.

전주역 앞 첫 마중길이 윤곽을 드러내고, 전주역사 전면 개선을 위한 사전타당성조사가 시작되면서 역세권 개발에 대한 기대감이 커지기 때문이다. 전주역에서 명주골사거리까지 백제대로 약 1km 구간을 문화광장과 명품가로숲 길 등으로 조성하는 첫 마중길 사업이 마무리단계에 접어들고 있다.

전주의 6지구는 고유 명사가 아닌, 보통 명사이다. 1지구에서 5지구까지의 개발이 이미 완료되었음에도 불구하고, 6지구처럼 지명으로 사용되지 않았기 때문이다.

6지구 개발은 1982년에 끝나게 되고, 1981년 5월에 전주역이 현 시청 자리에서 우아동으로 이전하게 된다.

특히 지난 1970년대 후반 전주시의 늘어나는 도심팽창 현상을 충족시키기 위해 조성된 육지구 공공업무지구는 완주군청, 한국전력공사, 전북농협, 농어촌공사 등 도내 굵직굵직한 기관과 공기업 등이 입주하게 되면서 최고의 황금상권을 형성한 바 있다. 이번 기회에 육지구라는 명칭을 변경할 수는 없는 일일까.

하늘이 내린 '효의 고장' 익산

익산시가 효행의 고장으로 다시금 명성을 올렸다.

익산시가 제45회 어버이날을 맞아 훈훈한 효행자 수상 소식을 전했다. 올해 제45회 어버이날을 기념 효행 수상자로 도지사 이상 정부포상 수상자 16명 가운데 익산시에서 6명을 배출하면서 따뜻한 감동을 전달했다.

국민훈장 목련장을 서훈받은 조정현씨는 십여 년간 노인복지시설에 종사하며 노인복지향상에 힘쓰는 한편 노부모를 극진히 보살핀 공로를 인정받았다. 도지사 표창으로 효행 일반부문 수상자는 남궁택씨, 서금원씨, 효행 청소년부문에 김모군, 효 실천 단체에 익산시노인종합복지관, 팔봉환경사랑회가 각각 선정됐다.

특히 남궁택(금마면, 72세)씨는 100세가 훌쩍 넘은 고령의 노모를 극진히 모시는 숨은 효행이 밝혀져 화제를 모았고, 김 모 군(고3)은 어려운 가정형편 속에서도 조부모를 극진히 모시고 효행을 펼치는 등 지역사회에 잔잔한 감동을 주고 있다. 효 실천 단체로 도지사 표창을 받은 익산시노인종합복지관은 18일 복지관 대강당에서 독거노인들을 대상으로 고희찬을 열어 효 실천을 이어가고, 이 자리에서 효행 수상자들에게 상장이 전수될 예정이다.

전북 기념물 제61호로 지정된 삼세오충렬유적(三世五忠烈遺蹟)이 익산시 용안면 현내로 448-29(중신리)번지에 자리하고 있다. 이곳은 3대에 걸쳐 나라를 위해 목숨을 바친 해주오씨 오충신(五忠臣)의 무덤과 사당인 충렬사가 있다.

충렬사는 1681년에 세웠으며, 오응정과 그의 아들 욱과 직, 직의 아들 방언을 모셔 사충사라 하다가 근래에 오응정의 아들 동량도 함께 모심에 따라 오충사라 부르고 있다.

오응정은 1574년 무과에 급제, 여러 관직에서 공을 쌓았으며 정유재란을 맞아 왕을 의주까지 호송했다. 선조 30년(1597)에 아들 욱, 동량과 더불어 남원성 전투에 참여했지만 참패하자 화약더미에서 아들과 함께 순절했다.

이를 기리어 1759년 용안에서 오응정을 제사하고 그에게 자헌대부 병조판서의 벼슬을 내렸다. 오응정의 차남 직은 광해군 때 도원수 강홍집 밑에서 요동심하전투에 출전했다. 강홍립이 후금군에게 항복하자 이에 격분해 부차(富車)에서 적과 싸워 온 몸에 화살을 맞고 전사했다. 직의 아들 방언은 병자호란 때 남한산성에서 적과 싸우다가 인조가 삼전도에서 굴욕을 당하자 샛강에 투신자살했다.

성당면 갈산리엔 남궁관 효자정려각이 자리하고 있다. 낭궁관은 아버지가 병석에 있을 때 아버지의 변을 맛보아 병세를 파악했으며, 손가락을 잘라 그 피를 아버지의 입에 넣어 들였다. 끝내 부친이 사망하자 3년간 여묘했다. 교관(教官)을 증직하고 정려(旌閭)를 하사받아 갈산리 장전에 효자각이 자리하고 있다.

사람이 지배욕이나 출세욕을 가지고 있다고 해서 그것 자체를 뭐라고 할 수 없다. 그런데 '효경'의 인용문을 보면 우리가 알고 있는 것과 다른 의미로 다가온다.

　원문엔 분명히 '입신행도(立身行道), 양명어후세(揚名於後世)'로 되어있음에도 불구, 현실적으로 '행도(行道)'는 빠지고 그냥 '입신양명' 네 글자만 널리 알려져 있다. 그만큼 우리는 '효경'의 원문을 왜곡하면서 까지 효도를 출세욕과 결부시켜서 오해하도록 만들고 있다.

　혹여, 부모님을 기쁘게 하는 길로서 다른 욕망이 있을 수 있는데, 출세욕이 반드시 다른 길보다 더 가치 있다고 생각하게 만들 수 있게 하고 있지 않은지 반성을 해본다.

　최근 전통적인 효의 개념을 현대적 의미로 바꿔야 한다는 주장이 설득력을 얻고 있다. 통상 60대 이상의 나이에 접어들면 우리사회의 전통 가치관인 효를 기준, 사회의 '어른'으로 대접 받기 원하지만 최근 급격한 사회변화에 따라 상향식의 일방적 효행을 기대하기 어려운 실정이다.

　이에 따라 노년세대가 사회구성원으로서 모범을 보이면서 젊은세대를 감싸안고 사랑을 전하는 자세를 가져야 하며, 이를 통해 자발적인 공경을 이끌어 내야 한다는 논리가 다시금 주목받고 있다.

정순황후

조선 제6대왕 단종의 비 정순왕후(定順王后, 1440-1521년) 송씨(宋氏)의 능은 경기도 남양주시 진건면 사릉리(思陵里)에 있다. 강원도 영월군은 매년 단종문화제를 통해 단종의 정비로 정읍 칠보 태생인 정순왕후의 선발대회를 개최하는등 선양사업을 벌여오고 있다.

숙부인 수양대군(세조)에게 왕위자리를 빼앗기고 강원도 영월로 유배됐다 죽음을 맞이한 단종을 기리기 위해 영월군은 매년 4월 3일간의 일정으로 단종문화제를 개최해오고 있다. 단종문화제에서는 정순왕후의 후덕을 기리기 위한 선발대회도 열어 수차례에 걸쳐 정읍출신 여성이 정순왕후에 뽑히기도 했다.

정순왕후는 판돈녕부사 송현수의 딸로 성품이 공손하고 검소하며 효우(孝友)가 있어 가히 종묘를 영구히 보존할 인물로 평가를 받아 단종의 정비에 올랐던 인물. 하지만 단종이 유배돼 죽음을 맞이하자 왕후로서의 뜻을 제대로 펼치지 못하고 말년을 외롭게 살다가 후세들에게 많은 아쉬움을 남겨주고 있다.

정순왕후는 본관이 여산 송(宋)씨로 칠보면 시산리 동편마을이 태생지로 알려져 있다. 왕비로 간택돼 단종과 식을 올렸지만 수양대군이 권력을 잡으면서 단종이 폐위되자 서인으로 강등된 뒤 정업원에서 염색일을 하며 82세 일기로 세상을 떠난 비운의 여인이다.

이에 정읍시는 정순왕후의 생애를 기리기 위한 관광자원화 사업의 일환으로 왕후의 동편마을 일원에 대한 정비사업을 추진하고 있다. 이에 태생지를 비롯 태산선비 문화의 중심인 무성서원과 상춘곡 관련 문화자원, 호남제일정(湖南第一亭)으로 이름높은 피향정 등을 연계해 관광자원으로 개발한다는 계획으러 생태형 연못을 조성하고 등의자와 나무다리 등을 설치하며 교목류와 관목류 등 나무도 심어 쾌적한 공간으로 조성할 계획이다.

극단 명태의 〈정순〉이 제33회 전북연극제 최우수수작품상을 수상했다. 이에 따라 〈정순〉은 오는 6월 대구에서 열리는 제2회 대한민국연극제 전북 대표로 참가하게 된다. 〈정순〉은 조선 1453년 계유정난을 배경으로 정순왕후 송씨에 대한 이야기를 담았다.

심사위원들은 "정순왕후의 일상적 생활양식과 단종 서거 후 한 사람을 그리워하는 여성의 한을 물과 나무로 비유하며 상징성을 키웠다"며 "권력의 희생양이면서도 자신의 삶을 포기하지 않고, 파란 많은 생을 살아가는 정순의 모습은 매우 인상적이다"고 했다.

작품의 전반적 진행은 피비린내 나는 정쟁과 개인의 삶을 대비 시키며 연출적 완성도를 높였으며, 그동안 잘 다뤄지지 않았던 여인 '정순'의 삶을 조명했다는 점이 가점을 받아 수상 가능성이 조심스럽게 점쳐진다.

전주 가재미골과 부채

 어느 누구는 인후동 가재미골은 풍수지리설을 들어 마을의 지형이 마치 가재미(가자미) 모습 같다고 하며, 또 누구는 가잠동(可潛洞), 가장곡(可葬谷)을 가재미골이라고 한 바 감여가(堪輿家)의 설에 의한 것으로 보는 등 옛 지명에 이견이 많다.
 단오날 임금에게 올리는 진상품으로 가장 양질의 부채로 이름 나 있었던 전주부채는 견고하고, 구성이 섬세하며, 운치가 있는 특성을 갖는다. 특히 조선시대 전라감영 내에 선자청(扇子廳)을 두어 부채를 제작, 관리했었고, 부채를 만드는 선자장들이 반석리(현 서학동)와 가재미골(현 인후동)에 많이 거주했었다.
 부채에 관한 우리나라 문헌 가운데 가장 오래된 기록으로는 『삼국사기』 견훤조에 견훤이 고려 태조(재위 918~943)에게 공작 깃으로 만든 둥근부채인 공작선을 보냈다는 기록이 있어 이미 이 무렵 전주에서 부채가 제작됐다. 그래서 부채는 접부채보다 방구부채가 먼저다. 삼국사기 견훤전에 보면
 "고려 태조 왕건이 즉위함을 후백제의 왕 견훤이 듣고 그해 가을 8월 사절을 파견하여 하례하고 공작선과 지리산 죽전을 보냈다"고 했다.
 이로 미루어 보아 우리나라도 고려초 이전에 이미 부채가 있었음을

알 수 있다. 우리나라 부채는 나라간의 선물로서 여러 나라에 보내졌으며, 전주부채는 고려시대에 일본 등에 수출됐다는 기록이 보이며, 특히 조선시대에는 전주에 선자청을 두어 부채를 생산, 관리하도록 했다.

선자장에는 합죽선과 태극선 두 종류의 부채가 있다. 합죽선은 접었다 폈다 할 수 있도록 만든 부채로, 철저히 수공예품으로 전수하고 있다. 단오 때 진상되었던 전주의 태극선은 대나무와 태극무늬의 비단헝겊, 손잡이를 고정시키기 위해 사용되는 사북장식 등을 재료로 사용했다고 한다.

조선조에는 부채를 만드는 장인들이 주로 반석리에 살았다는 기록도 보인다.

전라감영에 소속되었던 선자청이 언제 사라졌는지는 정확히 알 수 없지만, 아마도 단오선을 공납하는 제도가 필요 없어진 일제 강점기 전후였을 것으로 추측된다. 선자청에서 근무하며 부채를 만들던 '경공장'이나 선자청에 납품을 하던 '외공장'의 장인들은 일제 강점기를 겪으면서 선자청을 벗어나 지금의 전주 중앙동에 터를 잡게 된다. 당시 중앙동에는 부채를 도매로 전국에 공급하는 중간상인 이였던 송지방(지금의 남문 근처)을 비롯, 삼화 상회, 무궁화 공예사 등이 자리를 잡고 있었기 때문이다.

구전하는 60년대 이야기 중에는 중앙동 근처에 비단 장사와 사복(부채를 고정하는 금속제 고리)을 만드는 곳이 있었고, 오거리에도 사복을 만드는 곳이 있었다.

일제 강점기에 중앙동 작업의 형태를 보면 일본인들이 자본을 대고, 장인들이 작업을 관리하면서 밑에 많은 일꾼들을 거느리고 있는 형태였다. 단선(태극선, 한지선 등) 쪽에는 한경필 선생과 그 제자인 방춘근 선생이 주를 이루었고, 합죽선 쪽에는 문준하 선생 아버지와 문준하 선생이 많은 일꾼을 거느리고 작업을 하고 있었다.

해방이 되면서 일본인 자본이 사라지고 중앙동이 발전하면서 부채 장인들은 이분 들을 주축으로 인후동의 가재미와 안골, 아중리의 석수리로 터를 옮겨 새로운 자본가를 중심으로 공방들을 형성하게 된다.

가재미골은 그때부터 부채골로 형성된다. 당대의 부채의 명인인 방춘근 선생과 이기동 선생, 엄주원선생이 가재미에서 모두 터를 잡고 산 것을 보면 알 수 있다. 국가문화재 김동식선생, 도 문화재 방화선선생이 바로 이곳 출신이다.

다른 부채에 비해 공간의 면 분할과 강한 색상대비가 돋보이는 태극선은 2년 이상 묵은 왕대나무를 겨울에 베어내 부챗살을 만들고, 이에 '고급 비단' 양단을 붙여 응달에서 말린다. 각종 모양으로 끝을 오려내 한지로 테두리를 치고, 소나무 재질로 손잡이를 끼우는 등 여러 단계 공정을 거쳐야 비로소 완성되지 않나.

전주에서 예술성 뛰어난 '부채장인' 선자장의 작품을 곳곳에서 만날 수 있는 까닭이다. 인위적인 바람에 익숙한 우리들에게 부채의 아름다움과, 느리고 비우는 철학의 가치를 일깨워 줄 수 있도록 가재미골을 전주 부채의 산실로 다시 만들 수는 없는 것일까.

전주성

 조선시대 전라감사가 부임할 때 전주성의 4대문 중 어느 문으로 입성하였을까?
 서울이 전주의 북쪽에 있으니 거리상으로 북문이 가장 가깝다. 따라서 북문으로 들어왔을 것이라고 생각되지만 사살은 그렇지 않다. 북문을 놓아두고 서문도 비켜서 남문으로 들어왔다. 가까운 북문을 두고 전주성을 반바퀴나 돌아 입성하는 것은 남문이 정문이기 때문이다.
 조선시대의 전주는 지금의 전북과 전남을 총괄하는 관찰사가 파견되는 '감영'의 도시였다. 전주성이 처음 축조된 연대는 분명치 않다.
 전라감사 조현명은 「명견루기」에서 태조가 위화도 회군을 단행하던 1388년(우왕 14)에 전라감사 최유경이 쌓은 것으로 전해지고 있다고 했다. 최유경은 고려말 우왕 14년에서 공양왕 1년까지 전라관찰사로 있었다. 전주성 수축에 관한 확실한 연대를 알 수 있는 것은 1734년(영조 10)이다. 이 때 전주성이 너무 오래되어 퇴락했다는 이유로, 전라감사 조현명이 부성을 크게 개축하고, 4대문을 다시 쌓았다.
 이 가운데 선화당은 지방행정의 총책임자인 관찰사가 직무를 보는 장소로 오늘날에도 도청이 자리잡고 있다. 전주성에는 남문(풍남문), 서문(패서문), 동문(완동문), 북문(공북문) 4개의 문이 있었다. 유일하게 남아 있는 남문은 1768년에 건립된 것으로 중앙에 무지개문(홍예문)을 내고 그 위에 중층의 문루를 세웠다.

전주성이 개축된지 30여 년이 흐른 후 안타깝게도 1767년(영조 43) 3월 전주에 큰 불이 나, 민가 1천 여 호를 불태우고, 문루도 모두 불탔다. 그러나 전주부성은 안타깝게도 군수물자를 조달하기 위한 전초기지로 삼았던 일본 제국주의에 의해 우리의 문화와 전통은 전혀 고려되지 않은 문화파괴가 이어졌다.

전주시가 아시아 문화심장터로 조성하는 구도심 100만평 중 핵심지역인 옛 4대문안 역사도심 내의 개발행위를 제한한다.

시는 천년 전주의 역사와 문화가 간직된 옛 4대문안과 역사도심 주변 지역을 체계적으로 보존, 관리하기 위해 중앙동과 풍남동, 노송동 일부 지역(148만㎡)에 대해 7층 이상의 건축 행위를 금지하는 개발행위허가 제한지역으로 지정, 고시했다.

건축행위가 제한되는 옛 4대문안 역사도심지역은 1970~1980년대 다양한 전주의 근대 문화유산과 풍남문, 전동성당, 객사, 전주부성 성곽 및 옛길 등 다양한 문화재와 역사문화자원을 간직하고 있다.

이들 지역은 다양한 역사와 문화를 간직하고 있는 만큼 아시아 문화심장터의 핵심공간인 역사도심을 체계적으로 보전, 관리해나가겠다는 전주시의 주장에 힘을 얻으려면 건물주와 시민들의 공감대 형성이 무엇보다도 중요하다.

육십령

지리산은 거대한 면적과 높이를 자랑하는 물리적인 공간임과 동시에 정신적이고 신화적인 공간이다.

유, 불, 선 사상뿐만 아니라 각종 무속 신앙이 그 안에서 배태되었으며 수많은 설화를 품고 있다. 또, 현대사의 비극을 고스란히 안고 있는 지리산 빨치산에 대한 기억은 이를 배경으로 하는 위대한 문학 작품들을 탄생시켰다.

남명 조식의 시조는 지리산이 이상향의 공간으로 그려진다. '두류산 양단수를 예 듣고 이제 보니 도화 뜬 맑은 물에 산영조차 잠겼에라 아이야 무릉이 어디오 나는 옌가 하노라'

어쨌든 이미 '삼국유사(三國遺事)'에서 '영재우적(永才遇賊)'이라고 해서 지리산과 덕유산 중간의 육십령 통로에 기거하고 있던 도적떼들의 이야기가 등장한다.

'신라 때부터 요해지였으니, 행인이 이곳에 이르면 늘 도적에게 약탈당하므로 반드시 60명이 되어야만 지나가곤 했는데, 그것이 이름이 됐다'

'신증동국여지승람'은 육십령을 이렇게 소개하고 있다. 산이 험하고 고개가 높으면 도적이 많은 것은 흔한 일이지만, 들머리에서 60여 명이나 패를 지어 고개를 넘어야 했다니 그 험한 지경을 설명하고도 남는다.

육십령의 유래는 함양 감영에서 이 고개까지의 거리가 60리(24km)이고 장수 감영에서도 이 고개까지도 60리여서 이런 이름이 붙여졌다 하는 설과 이 고개를 넘으려면 크고 작은 60개의 고개를 넘어야 겨우 닿을 수 있어 붙여졌다고 한다.

아무튼 삼국시대 신라와 백제의 국경이었고 주변에 여러 고갯길과 협곡을 거느린 육십령도 시대의 변화 앞에서는 어쩔 수가 없었다.

오늘날 육십령은 자동차로 훌쩍 넘어 가는 옛 고개일 뿐이다. 더구나 대전통영고속도로의 터널이 남덕유의 너른 품을 관통해 버리기 때문에 일부러 찾아 넘지 않으면 올라 설 일도 없는 고갯길로, 사람들이 쉬어가는 곳이기도 하다.

크고 작은 60개의 고개를 넘어야 닿을 수 있다는 '육십령 옛 고갯길'의 경관이 복원된다.전북도가 장수군 장계지역 '육십령 옛 고갯길'에 대한 대규모 투자를 밝혀 밀원수림 조성과 함께 동부권 관광 기능 활성화에 기대감이 커지고 있다.

최근들어 전북도가 장수군 명덕리 일원 백두대간 호영남 경계지역 육십령 옛 고갯길 주변에 지역특화조림 나무심기 행사를 가졌다. 옛 고갯길 지역특화 조림은 동부산악권 고원 지역특성에 적합한 향토 수종을 식재, 백두대간 기능회복 및 산악 관광자원 인프라구축으로 지역경제 활성화에 기여할 것으로 보인다.

인근에는 한국마사회 장수 경주목장과 논개 생가, 할미봉 등의 관광지가 있다. 육십령 옛 고갯길 지역특화 조림으로 인해 호영남간 동서화합

의장 분위기를 조성하고 백두대간 기능회복, 산악 관광자원 인프라구축으로 지역경제 활성화에 나름의 기여를 할 것으로 기대를 모은다.

임실 둔덕이씨

전북 민속문화재 제12호로 지정된 이웅재고가(李雄宰古家)는 임실군 오수면 둔덕리에 자리하고 있다. 둔덕리는 오수천을 따라 오수천, 둔남천, 율천(월평천) 등 세 개의 물줄기가 합수되는 지역으로 일찍부터 진양하씨, 삭녕최씨, 순천김씨, 흥성장씨, 청주한씨, 전주이씨, 남원양씨 등 7개 성씨가 함께하는 마을이다.

전국에 둔덕리라는 마을 이름이 많이 있다. 둔덕이란 나즈막한 산으로 길죽한 언덕을 이룬 형상을 둔덕이라고 부른다. 바로 이같은 지형을 배후로 형성된 마을들이 대부분 둔덕리라 이름 지어진다.

오수에서 남서방향으로 해삼 모양의 낮은 산이 길게 십여리 정도 독립된 산맥을 이루고 있다 마치 길게 성을 만든 것 같고 해서 장성산(長城山)이라 부른다. 장성산과 나란히 큰 시냇물이(섬진강 상류) 흐르고 냇물 양편으로는 비옥한 들녘이 있어 농경사회에서 자급자족하기에 적합한 마을이다. 장성산의 형세가 지네 모양이라고 해서 지네혈이라고도 한다.

둔덕리는 백제때부터 형성된 천수백년이 넘는 유구한 역사의 마을이다. 북으로는 임실의 응봉산맥, 남으로는 남원의 풍악산맥, 동으로는 장수 팔공산맥, 서쪽으로는 순창의 원통산맥이 감싸고 있어 예로부터 오수에 역참이 있었다고 한다.

백제시대에는 신라를 방어하는 군사주둔지였다. 둔덕리 뒷산이 성(城)재라고 불리우고 아직도 성곽을 축조했던 흔적이 남아 있다. 고려조 부터는 진주하씨 남원양씨 흥성장씨 순천김씨 삭령최씨 등이 입향 했으며 조선조 초기엔 전주이씨 춘성정이 들어왔다. 전주이씨의 세손 번창으로 이웃에 여러 마을이 형성되어 남원부 둔덕방(면)으로 발전했다. 때문에 춘성정 후예들을 세칭 둔덕이씨라 칭한다. 더러는 둔데기 이씨라고도 한다.

올해 생생문화재사업의 중심이 되는 이웅재고가는 전주이씨 효령대군파 춘성정 이담손이 1550년대 전후로 정착한 이래 현재까지 17대 종손으로 이어진 500년 된 종가이다. 소유자의 16대 선조 춘성정이 지은 집이라고 전하며, 여러 번의 수리를 거쳐 오늘에 이르고 있다. 북에서 남으로 비탈진 대지에 동남향으로 건물이 있다.

둔덕리 둔데기 마을의 전주이씨 오백년 종가이야기를 모티브로 하는 '오백년 종가와 함께하는 둔데기 생생월령가'를 갖는다. 생생월령가는 500년 종가에 생기와 활력을 주고, 문화재를 적극 활용해 문화유산의 가치를 높이기 위해 마련됐다.

'삼계석문 화전놀이 가세'를 시작으로 지역주민의 삶을 풀어내는 '둔데기 고부찬가'을 비롯, 둔데기 일대의 세시놀이를 월령별로 체험할 수 있는 '둔데기 생생월령가', 삼계강사 선비가 되어보는 '둔데기 Local School 체험' 등 다양하다. 생생문화재사업을 통해 이웅재고가를 비롯한 오수면 둔덕리 일대의 삼계강사, 삼계석문, 구로정, 단구대 등을 탐방하고 농경문화를 체험, 지역의 소중한 문화유산의 가치와 역사를 알리는데 큰 몫을 할 것으로 기대하고 있다.

솟을대문이 돋보이는 정읍 영모재

정읍 진산동 영모재(등록문화재 제213호)가 2017년 4월 8일 삼짇날 행사를 갖는다. 당초는 음력 3월 삼짇날이 지난 30일 목요일이어서 잠정 올 삼짇날 행사를 1일 진행할 예정이었지만 한주를 미뤄 갖는다. 구한말 궁중에서 쫓겨난 악사들이 기녀들에게 그림, 글, 음악, 춤 등 기예를 가르치고 선비들이 풍류를 즐겼던 장소에서 눈과 입이 즐거운 '화전놀이'를 즐기며 선조들의 미풍양속을 체험한다는 계획이다.

또, 국내에 유일하게 보존된 풍류방인 '영모재'의 대문과 본체에 남아 있는 순수회화와 실용회화에 대한 설명을 듣는 등 흥겨운 시간을 보낼 생각이다.

정읍 진산동 영모재에 가거들랑 요즘은 아주 보기 힘든 솟을대문, 국내 유일의 재각 대문간채 벽화, 그리고 '쌍희'(囍)'자 등이 들어간 (전통)꽃담에 눈길을 한 번 주시기를.

특히 솟을대문 안쪽 중앙의 보에 그려진 두 마리의 학 위에 올라 앉아 피리를 불고 있는 두 신선과 이 문의 중앙의 넓은 벽면에 그려진 봉황, 호랑이, 현무, 해태도 등과 이 문의 바깥쪽 두 기둥 위의 달나라에서 방아를 찧고 있는 토끼 등 모두 쌍으로 그려진 가운데 다양한 희노애락과 기복을 기원했던 민중들의 소박한 소망들이 고스란히 담고 있다.

솟을대문 좌우 벽면과 홍살문 목조 기둥에 그려진 그림들은 학과 봉황, 백로, 기러기, 원앙, 참새, 현무, 잉어, 오리 등을 소재로 풍속화, 신선도, 문자도(文字圖), 민화 산수화, 화훼도(花卉圖), 소과도(蔬果圖), 어해도(魚蟹圖) 등 다양한 민화들로 빼곡히 채워져 있다.

'길이 사모하는 마음을 담은' 영모재(永慕齋) 가운데 문화재로 지정된 것은 청양 영모재(충남 청양군 청양면 장승리, 충남 유형문화재 제154호), 영모재(충북 영동군 상촌면 임산리, 충북 유형문화재 제176호), 봉두리 영모재(경북 성주군 금수면 봉두리, 경북 문화재자료 제281호), 논산 영모재(충남 논산시 연산면 고정리, 충남 문화재자료 제367호), 진주 원계리 영모재(경남 진주시 수곡면 원계리, 경남 문화재자료 제400호), 옥천 도농리 영모재(충북 문화재자료 제75호), 보은 불목리 영모재(충북 문화재자료 제85호), 그리고 정읍 진산동 영모재(등록문화재 제213호) 등을 꼽을 수 있다.

지금으로부터 1백 여년 전 풍류와 주거가 동시에 이루어졌던 전형적인 누각 형태의 풍류방으로, 이곳의 주인이던 김평창(본명 김상태)이 구한말 평양과 정읍에 있던 기생학교(권번)의 이사장격인 예기조합장으로 명인, 명기로 등급을 가리는 심사 장소로 농산재를 이용했다"

영모재에 살고 있는 이희찬씨의 설명이다. 농산재는 지난 2005년 11월 11일 근대문화유산 등록문화재 제213호로 거듭 태어나며 라진 것이 있다면 본래의 이름 '농산재' 대신, 기존의 앞마당을 관통했던 차도 때문에 솟을대문을 현재의 도로 안쪽으로 옮겨지며, 1915년 4월 22일 붙여진 상량문에 표기된 '영모재' 이름 그대로 등록 문화재로 지정됐다.

'하루는 증산께서 정읍 김평창의 집에 가시니 평창은 한평생 거문고 소리 속에서 사는 사람이라. 사람들이 이르기를 "살려면 김평창 같이 살아야 하리라" 하더라'

영모재에 대한 기록은 이처럼 증산도 도전에도 소개되어 있다. 순수 회화와 실용회화 모두를 한꺼번에 볼 수 있는 곳은 국내에서 정읍 영모재가 유일한 것으로 보고됐다. 자칫 원형의 모습이 사라질 위기지도 모르는 영모재 솟을대문 좌우 벽면과 홍살문으로 만들어진 목재 건축물에는 지금은 흔하게 접할 수 없는 진귀한 민화들이 벽화(壁畵)로 장식돼 있다.

솟을대문의 민화들은 본을 떠 그려져 붙여졌던 흔하고 본을 뜬 그림이 아닌, 모두가 섬섬옥수 수작업을 통해 하나씩 그려져 채워진 작품들이이어 사료적 가치 또한 매우 크다는 평가다.

이용찬씨는 본채에 그려진 벽화와 솟을대문의 벽화 또한 을묘년(乙卯, 1915년)에 그려졌던 것으로 추정된다고 말했다.

솟을대문 안쪽 중앙의 보에 그려진 두 마리의 학 위에 올라 앉아 피리를 불고 있는 두 신선과 중앙의 벽면에 그려진 봉황, 호랑이, 현무, 해태도 등과 바깥쪽 두 기둥 위의 달나라에서 방아를 찧고 있는 토끼 등 모두 쌍으로 그려져 있어 원형 보존이 더욱 절실해 보인다.

솟을대문에 그려져 있는 민화 벽화들은 다양한 희노애락과 기복을 기원했던 민중들의 소박한 소망들이 고스란히 담겨져 있을 터이다.

특히 영모재의 꽃담을 통해 '관념을 넘어선 아름다움의 재발견'을 한다. 각양각색으로 피어나고 있는 꽃들과 산들 바람에 잠에서 깨어나고 있는 나무들, 그리고 창가로 들려 오는 참새들의 재잘거림이 어쩜 이렇게 다정스럽고 사랑스런 느낌으로 다가오는 것일까.

솟을대문 좌우로 '쌍희(囍)'자가 자리한 가운데 꽃담의 절정을 이루고 있다. 행랑채가 좌우로 달려 있어 마치 학이 날개를 펴고 머리를 살짝 들어 날아오를 듯한 솟을대문, 그리고 대문을 들어서기 전 화방벽마다 반듯하게 써놓은 글자로 인해 부자라도 된듯 마음이 봄날의 햇살처럼 뜨거워진다.

마이산

'비변사호남지도-진안용담현(備邊司湖南地圖-鎭安龍潭縣)'은 조선 후기 비변사(備邊司)에서 제작한 전라북도 진안 지역의 고지도다.

이는 비변사(備邊司)에서 제작한 호남 지방의 지도책 중 지금의 진안군에 해당하는 진안현과 용담현 지도이다.

이 지도는 1739년(영조 15)에서 1750년(영조 26) 사이에 만든 것으로 추정된다. 채색 필사본으로 7책으로 구성되어 있다. 1책부터 6책까지는 제주(濟州), 대정(大靜), 정의(旌義) 3개를 제외한 53개의 고을이, 7책에는 전라도 전도와 전라좌도 지도, 전라우도 지도 등 3개가 수록되어 있다.

이 지도는 경위도 개념인 방안[모눈]이 표시되어 있어 지리적 위치를 보다 정확히 표기하려는 의도로 제작됐고 진안현과 용담현의 산천과 치소의 위치를 파악할 수 있는 지도이다.

특히 진안현과 용담현의 자연 지리 정보는 물론 인문 지리 정보를 상세히 수록하고 있어 행정·군사면에서 활용되었음을 알게 해준다.

진안현은 지금의 진안군 진안읍, 상전면, 부귀면, 마령면, 성수면, 백운면에 해당하고 읍치는 진안읍 군상리 일대에 있었다.

백두대간과 금남 정맥 사이의 고지대에 위치한 산간 고을로 북쪽은 금강 수계, 남쪽은 섬진강 수계에 해당한다. 고을의 진산은 북쪽의 부귀산(富貴山)으로 읍치의 산세가 이곳에서 갈라지고 있다. 읍치에는 관아 건물뿐만 아니라 대동고(大同庫), 진휼청(賑恤廳) 등의 고을 재정과 관련된 시설물도 그려져 있다.

고을 남쪽에는 마이산이 그려져 있고, 마령면(馬靈面)에는 원래 마령현이 있었던 곳이다. 남서쪽에는 백운동(白雲洞) 계곡도 표시되어 있다. 지도 중앙에 용담현 치소 건물이 그려져 있고 산과 하천의 흐름을 주로 표기하고 있다.

마이산 탑영제 호반가에 담락당 하립과 삼의당 김씨 부부 시비가 자리하고 있다. 탑영제 물 속에 마이봉 부부가 잠겨 이리저리 흔들리고 있다. 밤에 썼던 한 편의 시를 남편을 위로할 요량으로 담락당에게 건넨다.

'붉으레한 내 얼굴에 꽃 또한 붉고 붉어 두 붉은 게 서로 마주 열심히만 보나니 붉고 붉고 더 붉고 붉어지다간 내 얼굴이 꽃보다 한결 붉어지겠네'

진안군이 마이산을 명실상부한 국내 최고의 관광지로 개발하고 있다. 지난 2012년 마이산 종합개발계획을 수립, 집중 투자하면서 관광명소화를 위해 노력하고 있다.

북부 마이산 상가가 마이산 관광단지로 이전하면서, 기존건물에 대해 특산품과 공예품 등의 전시와 홍보, 판매를 할 수 있는 '명인명품관 조성사업' 추진에 박차를 가하고 있다.

관광객 증가와 관광활성화를 위해 무조건적 개발이 아닌, 마이산의 보존과 개발이 합하는 공생의 원칙에 따라 마이산 주변개발을 추진하는 가운데 사람과 자연이 함께하는 희망 진안을 만들어 가기를 바란다.

경기전 용매와 한벽당 심매경

'매화의 일생은 차가움에도 향기를 팔지않는다' 매화는 지조를 굽히지 않는 참된 선비처럼 결코 향기를 팔지 않는다. 조선 중기 문신 상촌 신흠이 수필집 '야언(野言)'에서 찬탄한 말이다.

"오동은 천년을 늙어도 가락을 품고(桐千年老恒藏曲), 매화는 한평생 추워도 향기를 팔지 않는다(梅一生寒不賣香). 달은 천 번을 이지러져도 그대로이고(月到千虧餘本質), 버들은 백 번을 꺾여도 새 가지가 올라온다(柳經百別又新枝)."

질풍노도 같은 난세에 매화처럼 꿋꿋하고 향긋한 현인달사들이 그립다.

선조 가운데 퇴계 이황은 매화(梅花)를 끔직히도 사랑했다. 매화를 노래한 시가 무려 1백수가 넘는다고 한다. 선생은 평생토록 매화를 항시 지근에 가까이 두고 사랑을 쏟았다고 하며, 이를 사랑하는 연인을 보듯 애지중지했다.

나이가 들어 모습이 초췌 해지자 매화에게 그 모습을 보일 수 없다면서 그 화분을 다른 방으로 옮기라고 했다. 임종 직전 그는 "저 매화에 물을 주어라(命淮盆梅)"고 말할 정도였지 않은가.

고려 말 포은 정몽주는 '홍무 정사년 일본에 사신으로 가서 짓다(洪武 丁巳奉使日本作)'란 글에서

"매화 핀 창가엔 봄빛이 이르고/ 나무로 지은 집 빗소리 요란하네(梅窓春色早 板屋雨聲多)"

라고 읊었다. 외국에 사신으로 가서도 조국을 걱정하는 충신의 단심(丹心)이 짙게 배어 있음을 본다.

매화는 다른 나무보다 꽃을 일찍 피워 낸다고 해서 '화괴(花魁, 꽃의 우두머리)'로 불린다. 추위 속에도 강인하고 고고하게, 다른 나무보다 꽃을 일찍 피워낸다고 해 '화괴로 불린다.

그래서 언제나 아름답다. 고결한 향기를 전하는 청매(靑梅), 뒤틀리고 흐드러진 고매(古梅), 달빛이 교교하게 내려앉은 월매(月梅) 등 봄기운을 실은 꽃잎들이 화사하다.

그러나 설중매(雪中梅)는 더 운치가 있고 매혹적이다. 엄동설한 속에서도 은은한 향기를 뿜어 자신의 존재를 알리므로서 매화는 꺾일지언정 굴하지 않는 선비의 절개를 느끼게 해주려고 하는 오늘에서는.

순천 선암사 선암매(천연기념물 제488호)와 강릉 오죽헌 율곡매(천연기념물 제484호), 장성 백양사 고불매(천연기념물 제486호)는 물론이거니와 통도사 지장매와 화엄사 화엄매도 빼놓을 수 없다.

예로부터 동양인들은 덕성과 지성을 겸비한 최고의 인격자를 가리켜 군자라 불렀다.

겨울의 언 땅 눈속에 핀 매화는 모진 한파에 시달려온 우리 민족 가슴 속에 늘 향기롭게 피어 있다. 그래서 매화는 시가 되고 그림이 되었으며

노래 속에 우리 민족의 마음에 꽃이 되기도 했다.

　길고도 길었던 겨울이 끝나가고 있다. 남녘의 제주도부터 전해지는 꽃소식은 봄이 다가오고 있음을 일깨워주고 있다. 매서운 추위가 옷깃을 여미게 하고 있는 가운데 전주 한옥마을 매화나무에서 매화 꽃망울이 모습을 드러내고 있다.

　붉은 꽃을 피워내는 홍매(紅梅)는 이제 막 개화를 준비하기 시작했다지만 백매(白梅)는 하얀 꽃을 소담하게 피워냈다.

　경기전 정전 동편에는 겹청매, 녹악매, 홍매 등의 매화가 자생한다. 이 가운데 푸른색이 돌 정도로 투명한 백색의 꽃잎 15장이 겹쳐피는 겹청매는 줄기가 누워 구부러져 자라는 와룡매이다.

　용이 비상하는 것처럼 하늘로 오르다가 다시 땅을 치고 솟구치는 형상을 하고 있다고 해서 '용매'라 불리는 경기전의 대표적 수목이다. 마치 구름을 연상시키듯 나무 위를 덮고 잎들과 용의 뿔처럼 반대 방향으로 방향을 비튼 가지 끝은 누구도 본 적 없는 전설 속의 용을 연상시킨다.

　또, 한벽당 바로 밑 바위에 '매화향기를 찾아 가는 작은 소로'라는 뜻의 심매경(尋梅逕)이란 암각서가 있다.

　모진 바람을 잘 이겨낸 '꽃심의 땅' 전주에 '툭툭툭' 매화 꽃망울이 터지고 있다. 그윽한 향기가 가득한 '암향부동(暗香浮動)'을 눈으로 경험할 수 있는 이곳에서 이를 탐한 사람들의 고매한 정신과 매화의 고결한 아름다움을 느껴보기 바란다.

이야기꾼 '전기수'

조선시대의 '거리의 이야기꾼' 전기수(傳奇叟)를 알고 있나.

'전기수'란 말 그대로 '기이한 이야기를 전해 주는 노인'이란 의미로, 거리에서 사람들을 모아놓고 재미있게 소설을 읽어 주는 사람을 일컬었다. 오늘날의 구연동화 선생이라 할 수 있다. 다시 말해, 일종의 '길거리 선생님'이자, 조선의 또 다른 '인기 연예인'이었다.

조선 후기엔 전문적이고 직업적인 이야기꾼들이 상당히 많았다. 대표적으로 강담사, 강독사, 강창사 등이 있었다.

강담사는 민간에 전해지던 이야기를 많이 기억하고 있다가 남에게 들려주는 사람, 강독사는 거리에서 사람들을 모아놓고 이야기책인 소설을 전문적으로 읽어 주는 사람으로, 흔히 전기수라 했다.

또, 강창사는 어떤 이야기를 '창(唱)'에 얹어 구현하는 사람으로, 흔히 판소리 광대, 판소리 소리꾼이라 불렸다.

조선 후기에는 소설이 매우 유행했다. 하지만 여전히 글을 읽을 줄 모르는 문맹자가 많았고, 책값이 워낙 비싸서 책을 빌리거나 사서 보기가 쉽지 않았다.

김홍도의 풍속화를 보면, 시골 사랑방에서 목청 좋은 사람이 부채를 살랑살랑 부치며 소설을 낭독하고, 동네 사람들이 일하면서 그 소리를 듣고 있는 모습이 나온다.

　전기수는 주로 동대문 밖에 살았다. 한글로 된 소설을 잘 읽었는데, 「숙향전」, 「소대성전」, 「심청전」, 「설인귀전」 같은 것들이었다. 매달 1일은 초교(종로 6가) 아래에서, 2일은 이교(종로 5가) 아래에서, 3일은 이현(배오개) 시장에서, 4일은 교동(낙원동) 입구에서, 5일은 대사동(인사동) 입구에서, 6일은 종각(보신각) 앞에 자리잡고 소설을 읽곤 했다.

　'워낙 재미있게 책을 읽는 까닭에 구경하는 청중들이 빙 둘러싸고 있다. 그는 읽다가 아주 긴박해서 가장 들을 만한 대목에 이르러서는 문득 읽기를 딱 멈춘다. 그러면 청중들은 하회(下回)가 궁금해서 다투어 돈을 던진다.(조수삼「추재집」)'
　'종로거리 담뱃가게에서 소설을 듣다가 영웅이 뜻을 이루지 못한 대목에 이르러 눈을 부릅뜨고 입에 거품을 물면서 연초(담배)를 썰던 칼을 들고 앞으로 달려들어 책 읽는 사람을 쳐서 그 자리에서 죽게 하였다.(정조실록)'

　한국국학진흥원과 문화체육관광부가 2017년 3월 10일까지 '제9기 아름다운 이야기 할머니'를 모집한다. 이들은 세대를 뛰어넘는 정서적 교감과 교육적 효과가 큰 것으로 입소문을 타면서 이야기할머니가 세대간 따스한 정을 나눌 예정이다.
　우리의 일생은 이야기와 함께 살아가고 있다고 해도 과언이 아니다. 어릴 적, 할아버지와 할머니가 들려주시던 옛날 이야기를 듣고 자란다. 성장하면 친구들과의 수다, 인터넷이나 휴대전화를 이용한 채팅, 그리고 게임 속의 스토리 등 우리네 일상은 늘 이야기가 함께 하고 있다. '전기수'가 다시 도내 14개 시군에 나타나 내 앞에서 '조근조근' 이야기책을 낭독해 주면 정말 좋겠다.

함열 3부잣집

 우리 민족의 미적 감각과 향토적 서정성이 담겨있는 익산 함라돌담길이 골목길 투어 상품으로 각광을 받고 있다.
 이 돌담길은 전문 장인이 아닌 마을 주민들 스스로가 세대를 이어 만든 것으로 민족의 문화유산이라는 점을 중시해 문화재로 등록됐다.
 함라 돌담길은 토석담이 주류를 이루고 있으며 이외에도 토담, 돌담, 전돌을 사용한 담 등 다양한 형태의 담이 혼재되어 있다. 무엇보다도 담 지붕의 한식 기와가 아닌 세민트 기와를 써서 처리됐으며 높이는 일반 농가의 담장이라는 점과 주택의 규모가 그리 크지 않은 점에 비해 높은 것이 특징이다.
 익산 시내에서 황등면을 지나 함라에 다다르자 함라산 중턱에 자리한 3부잣집이 한눈에 들어온다. 이곳은 와우산이 마을 전체를 감싸고 있어 예로부터 부자가 많이 배출된 마을로 통한다.
 조선시대 3부자집 땅을 밟지 않고서는 한양에 다다를 수 없었을 정도였다고 하니 그들이 지녔던 재력을 가히 짐작케한다. 고래등 같은 웅장함에 지나는 이들의 발길을 멈추게 하는 조해영 가옥, 김안균, 이배원 가옥이 시선을 사로잡는다.
 함라 3부자집은 한옥의 정수 보여준다. 마을 한편에 자리한 문화재자료 제85호 '함열향교대성전'이 함께 있어 전통마을로서의 품위를 더해주고 있다.

세 가옥의 주인들은 특이하게도 한 마을에 함께한 만석꾼들이다. 당대 우리나라에는 90여명의 만석꾼들이 있었던 바, 그들 중 세 명의 만석꾼이 작은 한마을에 모여 살았다는 것을 보면 옛 함라지역 명성과 풍요로움이 어땠는지 알 수 있다.

특히 본인들의 이익에 치중하지 않고 넉넉했던 수확만큼 동네 주민들에게 나눔을 실천한 함라의 3부자는 우리나라의 노블리스 오블리주로 전해지고 있다.

솟을대문을 지나치다 동편 별체의 허물어진 울타리 사이로 발길을 옮기니 고래등 같은 고택이 나타난다.

'고택(古宅)' 말 그대로 오래된, 옛날의 집을 말하며 우리 한옥을 예로 들 수 있다. 물론 고택을 한옥으로만 단정 지을 순 없지만 한옥만큼 익숙하게 떠오르는 고택이 있을까? 고즈넉한 모습과 향긋한 나무 냄새에 취해 한껏 자연을 느낄 수 있는 한옥이지만 도시생활에 너무나 익숙해진 현대인들에게는 불편함, 껄끄러움으로 다가올 수 있다.

3부잣집는 비슷한 시기에 집을 짓기 시작했는데, 지역에서 서로 비교되는 부자들이었고 집마저 가까웠으니 규모나 아름다움에 있어서 서로 경쟁하지 않을 수 없었다. 이렇게 탄생한 것이 1900년 초반 한국 상류가옥의 변천 과정을 고스란히 간직한 3부자집이다.

그렇다고 이들이 부의 축적에만 경쟁적이었던 것은 아니었다. 베풂에 있어서도 경쟁적이어서 빈민구제나 사회봉사에도 재물 쓰기를 아끼지 않았다고 한다. 새삼, 근대 최고의 명창으로 불리는 임방울의 호남가중 '풍속은 화순이요 인심은 함열이라'라는 한 구절을 실감케 한다.

오늘이 오늘이소서, 매일이 오늘이소서

'새 해의 행운이 깃들기를 기원하는 그림' 세화의 소재 중에 닭이 있다는 점이 매우 흥미롭다. 닭의 빛을 불러온다는 상징성이 어둠과 귀신을 쫓아낸다는 의미로 연결되며, 전통사회에서는 그 피에 영묘한 힘이 있다고 믿어 마을에 돌림병이 돌 때면 이를 대문이나 벽에 바르기도 했다.

올해 정유년(丁酉年)은 '붉은 닭'의 해다. 예로부터 내려오는 역법에 따르면 정유년의 '정'은 불의 기운을 의미한다. '붉다'는 것은 '밝다'를 의미하기도 해, 즉 '총명함'을 상징한다.

옛날 사람들은 닭이 우는 소리와 함께 새벽이 오고 어둠이 끝나며, 밤을 지배하던 마귀나 유령이 물러간다고 믿었다.

닭의 볏은 관을 쓴 모습과 유사하고, '볏'과 '벼슬'의 발음이 비슷해 과거 급제를 희망했던 선비들은 자신의 방에 닭의 그림을 걸어두기도 했다. 닭의 생김새로 인해 닭은 입신출세와 부귀공명을 뜻하기도 했다.

"지금 신(臣)에게는 아직도 전선(戰船) 12척이 남아 있나이다. 죽을힘을 다해 막아 싸운다면 능히 대적할 수 있사옵니다."

1597년 정유(丁酉)년 7월 14일 칠천량 전투 패전 직후 이순신장군은 선조에게 이같은 비장한 장계를 올렸다. 원균이 이끈 조선 수군이 왜군에게 궤멸되자 선조는 수군을 아예 포기하려고 했다. 그러나 전라도 해역에서 육군과 합류해 한양으로 진격하려던 왜군의 전략을 간파한 이순신장군은 바다에서 결사항전을 내걸었다.

두 달여 뒤 정유년 9월 16일 운명의 날이 밝았다. 나중에 조선 수군은 명량(鳴梁)에서 왜선 300여 척과 맞닥뜨렸다. 이순신장군은 세계에서 다섯 번째로 빠른 울돌목 조류를 이용, 적선을 유인한 뒤 함포 공격 등을 적절히 구사해 수적 열세를 만회했다.

단 한 척의 아군 배도 잃지 않고 적선 30여 척을 수장시켰다. 그해 도요토미 히데요시가 일으킨 정유재란에서 거둔 우리의 가장 결정적인 승리였다. 육로에서 남원과 전주를 잇달아 함락하고 충청도 직산까지 진격한 왜군은 명량해전 패전 직후 예봉이 꺾여 남해안으로 물러나게 됐다.

안타깝게도 1597년 8월 12일, 왜군은 5만 6,000명의 대군을 이끌고 남원성을 공격하였고 16일 결국 함락됐다. 남원성을 수비하는 명나라 병사 3,000여 명과 조선군 1,300여 명 등 4,300여명과 성내 주민들이 10배가 넘는 왜적과 싸웠지만 명군 부총병 양원은 홀로 도망치고 전라병사 이복남이 이끄는 조선군 등 성안의 1만여 명이 전사했다.

남원성전투는 대량 살육과 코베기가 자행됐다. 살육상황은 당시 왜군의 종군 승려였던 경염(慶念)의 일기와 도요토미 히데요시 발행 감사장에 잘 나타나 있다.

왜군은 수많은 문화유산을 침탈하고 도공을 납치해 갔다. 그 중 사가현 아리다로 끌려간 도공 이삼평을 비롯한 기술자 150여명과 가고시마로 끌려간 박평의(朴平意) 등 도공은 오늘날 일본 도자기 산업을 일으킨

장본인들이다.

　이삼평은 아리따야끼의 도조(陶祖)로 일본 도자기의 조상으로 추앙받고 있으며, 박평의 등은 사쓰마야끼를 만들어 일본 도자기의 양대 산맥으로 발전시켰다.

　가고시마로 끌려간 도공들은 남원을 잊지 못해 단군사당(玉山宮)을 짓고 매년 남원성이 함락된 8월 16일에 우리 식으로 제례를 올리고, 고향에서 부르던 '오늘이 오늘이소서'를 부르며 망향의 한을 달랬다.

　이 노래는 오늘날 우리는 잊어버렸지만 끌려간 도공의 후손들은 지금까지도 옛 모습 그대로 간직하면서 부르고 있다니 역사를 망각한 우리가 부끄러울 수밖에 없다.

　교룡산 아래 자리잡은 만인의총은 무심한 세월은 흐르고 연못엔 물고기가 한가로이 노닐고 있다. 현재 남아 있는 남원성 성벽 일부의 모습, 세월의 무상함이 느껴진다.

　'오늘이 오늘이소서 매일같이 오늘이소서 저물지도 새지도 말고 날이 샐지라도 매일같이 오늘이소서'

　주차장 쪽 잔디광장을 바라보면 연못 옆으로 탑 하나가 모습을 드러낸다. '오늘이소서' 노래탑을 통해 4백년을 이어져 온 그 노래를 불러본다. 정유년 처절했던 남원성전투를 기억하는 모든 사람에게 '오늘이 오늘이소서, 매일이 오늘이소서' 노래 소리가 환청처럼 들려오고 있다.

치미

 우아한 백제 건축의 진수 '치미'를 아는가.

 부여 왕흥사터 동승방터 남쪽에서 나온 치미는 우아한 곡선미와 수려한 장식문양 등에서 백제 특유의 조형미가 잘 드러난다. 왕흥사 터 동승방터 남쪽에서 나온 백제 치미의 측면을 보면, 음각된 불꽃모양 장식선 사이에 정교한 백제스타일 연꽃무늬가 돋을새김으로 올려졌다.

 백제시대 건축의 진수로 평가되는 6세기 경의 지붕 장식기와 '치미'가 처음 세상에 나왔다. 지난해 국립부여문화재연구소가 공개한 이 치미는 충남 부여군 규암면에 있는 백제 고찰 왕흥사터를 2013부터 2014년까지 발굴 조사한 결과 나온 것이다.

 연구소 쪽은 당시 왕흥사의 승방으로 추정되는 동건물터 양끝에서 지붕에 올렸던 것으로 추정되는 치미를 각 1점씩 발굴수습한 뒤 복원, 공개하게 됐다.

 왕흥사터 치미는 왕흥사지 창건 당시(577년경)에 만들어진 것으로 보고 있다. 이는 마름모꼴의 틀 안에 연꽃, 구름, 풀꽃 등의 무늬를 새겨 외면을 장식했고, 위로 치솟는 꼬리 부분을 날카롭게 표현, 새가 꼬리를 세워 날아오르는 듯한 느낌을 준다.

 앞서 미륵사지에서 출토된 백제 치미는 새의 날개 모양으로 장식된

몸통 및 종대부는 활처럼 힘차면서도 그 선이 유연하다.

통상, 궁궐건축물의 경우 용머리 모양의 용두, 또는 독수리 모양의 취두 등이 있다. 이같은 용도의 기와로 고대건축물에서는 거대한 새의 꼬리를 형상화한 치미를 만들어서 올렸다. 그 치미는 건축물의 규모에 따라서 그 크기도 다양하지만, 익산 미륵사지에서 발굴된 이는 그 거대함이 보는 사람을 압도하기 충분하다.

이는 버선코 같은 꼬리 끝과 함께 우아함을 도하고 있다. 깃의 44cm 높이에서 경사지게 상단과 하단을 따로 만들어 결합한 2단의 치미로, 동원 승방지 출토품이며 전체 높이는 99㎝다, 치미 후미 깃 끝마다 구멍이 뚫려 있다. 이같은 구멍은 꼬리와 배에도 있으며, 이는 치미를 장식하던 장식품을 꽂았던 것으로 보인다.

'치미'란 사찰이나 궁궐 건물의 지붕의 용마루 양끝에 놓이는 일종의 장식기와로, 이를 지붕에 설치하는 것은 용마루 끝을 깨끗하게 처리하기 위한 장식적인 의미와 화재나 재앙을 피하기 위한 벽사적인 의미가 있는 것으로 알려져 있다.

김부식이 〈삼국사기〉 '백제 본기'에 묘사한 대로 '검소하지만 누추하지 않았고 화려하지만 사치스럽지 않았다'는 절제와 균형의 미학을 신봉했다.

연꽃 무늬가 소담하게 겹으로 피어오른 와당과 허리선이 한없이 부드러운 제례용 기대 등에서 먼 옛날의 예술혼을 가슴 저리게 실감한다. 1400여년 전 백제 사람들은 그렇게 곡선을 사랑했다. 단순할 수도 있는 지붕 장식을 화려함과 위엄을 갖춘 예술품으로 승화시킨 백제 최고 수준의 장인 정신을 충분하게 엿볼 수 있다.

음식은 짜지만 인심은 싱거운 전북

쌉쌀함과 감칠맛이 독특한 전주 '고들빼기김치는 양반이 아니면 못 먹는다'는 말이 있을 정도로 고급 김치로 사랑받아 왔다. 단백질, 칼슘, 비타민이 풍부한 고들빼기는 고채(苦菜), 또는 약사초라고 한다. 동의보감에는 이뇨작용과 위 기능 강화, 산성체질 개선에 효과가 있다고 기록돼 있다.

전주의 김치는 맵고 맛이 진하며 고들빼기김치 등 별미 김치가 많다. 전주 김치는 고춧가루와 젓갈을 많이 쓰고 간이 세며 맛이 진하다. 김치 양념으로 통고추를 갈아서 많이 쓰고, 젓갈과 찹쌀풀이나 밥을 갈아서 섞어 빛깔이 진하고 감칠맛이 있으며, 김칫국물은 적은 편이다. 특히 반지, 고들빼기김치, 파김치 등이 특별히 맛이 있다.

예로부터 전라감영이 있던 전주를 '4불여'(不如)의 고장으로 일컬어왔다. 양반이 아전만 못하다는 반불여리(班不如吏), 기생이 통인만 못하다는 기불여통(妓不如通), 배맛이 무맛만 못하다는 이불여청(梨不如菁), 아무리 좋은 술이라도 안주만 못하다는 주불여효(酒不如肴)가 바로 그것이다. '주불여효'는 천하에 알려진 소문난 명주라 하더라도 전주의 여염집이나 주모들이 내 놓는 안주맛을 따르지 못한다는 말이다.

이같은 표현들은 전주의 음식이 오래전부터 유명하였다는 것을 비유하는 말로서 전주가 음식의 고장임을 다시 한 번 확인하게 한다. 전주의 가장 큰 지리적 특성은 산간지대의 산물과 평야지대의 산물이 모두 모여 교환되는 '결절지(結節地)'라는 것이다.

전주 음식과 관련된 내용이 고려시대 '동국이상국집(東國李相國集)' 제문 중에 남아 있다. 이규보는 전주의 지방관리로 내려와 성황제를 보고 다음과 같은 치고문(致告文)을 남겼다.

'삼가 채소·과일과 맑은 술을 제소로서 성황대왕의 영전에 제사 지냅니다. 내가 영전에 이 고을에 부임하여 나물 끼니도 제대로 못하였는데, 어떤 사냥꾼이 사슴 한 마리를 잡아와서 바치기에 그 이유를 물었더니, 그가 이 고을에는 예부터 매월 초하루에 저희들로 하여금 사슴 한마리와 꿩·토끼를 바쳐 제육(祭肉)을 충당하게 하고, 그런 뒤에 아리(衙吏)들이 공봉(公奉)을 받아서 주찬(酒饌)을 갖춰 성황에 제사를 지내는 것이 하나의 관례였습니다'

우리 지역에서는 김치를 흔히 '지'라고 부른다. 배추김치는 배추지, 갓김치는 갓지, 파김치는 파지라고 한다. 전라도 김치의 종류는 약 30여 종이고, 계절마다 별미 김치가 있다. 전라도 김치는 다른 지역에 비하여 매운맛과 짠맛이 세고, 깊고 진한 맛이 난다.

김치에 쓰는 젓갈 전라도는 서해와 남해를 끼고 있어 해산물이 풍부한 까닭에 젓갈의 종류도 아주 많다. 김치에는 새우젓, 황석어젓, 멸치젓, 잡젓 등을 많이 사용한다. 1월은 갓김치, 2월은 파김치, 미나리김치, 3월은 나박김치, 4월은 봄배추김치, 5월은 열무김치, 6월은 오이김치, 11월은 동치미, 김장배추 등을 들 수 있다.

전주의 대표적인 김치로는 고들빼기김치와 갓김치, 파김치를 들 수 있다. 고들빼기김치는 약간 쌉쌀한 맛이 매력적이며, 오래되면 독특한 맛이 난다. 요즘 재배되는 고들빼기는 쓴맛이 적어서 삭히지 않고 담근다. 갓김치와 파김치는 고들빼기와 같은 방법으로 담그는데 재료를 소금물에 삭히지는 않는다.

전북은 서해바다와 넓은 호남평야를 끼고 있어 예로부터 먹을거리와 인심이 풍부했다. 특히 전주는 서울, 개성다음으로 우리나라에서 손꼽히는 음식문화가 발달한 곳이다. 전북을 대표하는 전주음식은 일반적으로 다양한 밑반찬과 젓갈음식이 많다. 음식의 맛과 특성은 '음식은 짜지만 인심은 싱겁다'라는 옛말과 같이 짠 듯 하지만 달고 인근에서 나는 풍부한 해산물과 넓은 평야의 오곡, 각종 산나물과 야채로 즐겨먹는 음식이 매우 다양할 뿐 아니라 특히 젓갈, 김치의 종류는 이루 헤아릴 수가 없다.

우리나라의 김장문화가 2013년 유네스코 인류무형문화유산으로 등재됐다. 이로써 한국의 대표적인 식문화인 '김장문화'가 전 세계인이 함께 보호하고 전승하는 문화유산으로 자리매김하게 됐다.

김장문화에는 단지 음식의 장만뿐만 아니라 공동체 아이덴티티의 나눔이라는 상징적 정서가 숨어 있다.

김장문화는 그 자체로도 의미가 깊지만 이렇게 담근 김치가 실제로 몸에도 좋다는 사실은 이미 잘 알려져 있다. 김치가 조류독감과 사스에 효과가 있다는 연구결과가 그 후 발표됐다.

일본 기무치의 경우, 김치처럼 자연 발효를 시키지 않고 사과산과 구연산 등 여러 가지 인공 첨가물을 넣어 부드러운 신맛을 낸다. 이는 젖산 발효가 일어난 뒤 자연스레 생기는 신맛을 일본인들이 싫어하기 때문이다. 중국의 파오차이는 재료들을 소금, 식초, 설탕, 바이주(白酒)로 섞어 만든 물에 담가 고온 발효시킨다. 때문에 저온 발효로 숙성시키는 김치와 달리 2~3일이면 바로 먹을 수 있다.

  전주시가 명품김치산업화 사업단 창립총회를 열고 명품 전주김치 산업 육성에 힘을 모으고 있다. 명품김치 산업화 사업은 2017년부터 오는 2021년까지 모두 68억 원을 투입해 전주김치를 지역전략산업으로 육성키로 했다. 김장문화의 유네스코 인류무형유산 등재가 김치의 과학적인 우수성을 전 세계에 다시 한 번 인식시킬 수 있는 계기로 작용하길 기대해 본다.

완산종

 예로부터 전해내려오는 풍남수성(豊南守城)은 전주시 완산구 전동의 풍남문(豊南門)을 가리킨다.
 풍남수성(豊南守城)의 한자는 풍년 풍(豊), 남녘 남(南), 지킬 수(守), 성 성(城)으로 '풍남문을 지킨다'는 의미에 다름 아니다.
 전주를 상징하는 풍남문은 보물 제308호로 옛 전주성의 남문으로, 조선시대 전라감영의 소재지였던 전주를 둘러싼 성곽의 남쪽 출입문이다.
 조선왕조가 건국되자 전주는 태조 이성계의 관향으로 중시됐으며, 호남지역을 관할하는 전라도의 수부(首府)가 됐다.
 임진왜란 때 전주성을 지킨 전의이씨의 후손 충경공 이정란 선생 추향제가 전주성 수성을 기념해 매년 완산구 동서학동 충경사에서 봉행되고 있다. 참석자들은 종종 '풍남수성가(작사 송하선, 작곡 이준복)'를 합창한다.

 '남고산성 쌓인 돌은 옛-날을 되새기고 전주천 흐르는 물 그-날을 얘기한다. 아-아-충경공 임진왜란때 그 님이여, 거룩하고 깊으신 뜻 전주성을 지키셨네.(1절)/임진왜란 위급할 때 의-병을 모집하여 왜놈들을 무찌르고 민-심을 수습했네. 아-아-충경공 슬기로운 그 님의 뜻, 전주성을 수호하고 왕조실록 보전했네.(2절)

충경사는 임진왜란 당시 700명의 의병을 이끌고 전주성을 왜적으로부터 지킨 공으로 충경이라는 시호를 받은 의병장 이정란 선생을 모신 사당이며, 충경로는 전주 시내의 도로명의 하나다.

그래서 충경공을 추모하기 위해 매년 가을 제사를 거행하고 있다. 임진왜란 당시 이정란 장군과 의병들의 모습을 재현한 '약무전주시무국가(若無全州是無國家, 전주가 없었더라면 나라도 없다는 의미)' 행사가 전주시내 객사 등 도심에서 펼쳐진 적도 있으며, 그가 지난 좁은목에 사람들은 의미도 모른 채 약수물을 떠가고 있다.

웅치전투(熊峙戰鬪)는 임진왜란 초기의 전투 중의 하나다. 1592년 음력 7월 7일 전라도 웅치 방어선에서 벌인 전투로 김제군수 정담(鄭湛)과 휘하 관군과, 의병이 합류했고 나주 판관 이복남 해남군가 변응정 등이 나섰으나 4명의 장군들과 군사 수백이 전사하고 패배한다. 웅치에서 관군과 의병이 패하자 이정란 장군이 전주성 안으로 들어가 백성들을 수습하고 전라감사 이광도 성을 굳게 지켰다.

올해는 완산종(풍남문) 소리를 들을 수 없을 것 같다. 지난 4월 초 풍남문 서편 종각의 기둥 뒤틀림 현상이 발견돼 공사중이기 때문이다. 전주시는 무게가 2톤에 달하는 '완산종'이 36년간 매달려 있고, 해마다 제야 타종식 등을 치르면서 하중을 견디지 못한 게 그 원인으로 추정되고 있다.

그럼에도 불구하고 제야의 종 타종은 없지만 전주시 제야축제는 여전히 열릴 계획이다. 가족 모두 건강하고 남편 건강과 사업이 잘 됐으면 좋겠다는 새해 소망을 담은 풍선을 하늘로 띄워 보내는 이벤트가 벌써부터 기대된다.

진안 매사냥

황해도 안악군 '안악 1호' 고구려 고분벽화와 중국에 있는 '삼실총', '각저총', '장천1호' 등의 고구려 고분벽화에 매사냥 장면이 등장한다.

일본의 역사서 서기(書紀)에는 백제의 귀족 주군(酒君)이 일본 왕실에 매사냥을 전파했다는 기록이 나온다. 고대 국가의 왕과 귀족의 레저였던 매사냥은 고려시대에 절정을 이루며 조선시대에도 이어졌다. 고려의 충렬왕 때부터는 매사육과 매사냥을 전담하는 관청인 응방이 생겨나 조선조 숙종 때까지 이어졌다.

이 매사냥은 고려조에 이르러서 더욱 성해 충렬왕 때인 1275년, 궁중 안에 응방이란 기구를 두었으며, 그 뒤 응방도감이라는 벼슬아치를 둘 정도로 국가에서 적극 장려했다.

중종 이후 왕실이 쇠락하면서 왕과 귀족의 전유물이었던 매사냥은 일반 백성들도 즐길 수 있는 오락으로 발전했다. 그러나 일제강점기와 한국전쟁을 거치면서 매사냥은 이 땅에서 점차 자취를 감추었다.

'시치미 떼다'라는 속담도 매사냥에서 나왔다. 매 주인이 자신의 매임을 표시하기 위해 붙이는 이름표(소뿔을 갈아 길이 5㎝ 정도의 조각에 이름을 새김)를 '시치미'라고 한다. 현재 국내에는 진안 박정오 응사(전북 무형문화재 20호)와 대전 박용순 응사(대전무형문화재 8호) 두 사람이 매사냥 기능

보유자로 남아 명맥을 이어가고 있으면서 유네스코 세계무형유산에 등재됐다.

진안에는 수천년 동안 이어온 매사냥 전통이 남아 있다. 오늘날까지 그 전승의 방법이나 사냥법, 도구 제작 등의 기능 전승이 다른 지역보다 우수하다.

하지만 안타깝게도 6.25 한국전쟁을 겪으면서 사라졌는데, 그나마 상흔이 적었던 진안에서 명맥을 이어올 수 있었다. 뿐만 아니라 진안군 백운면 일대는 날짐승이 많았고 고원지대라 눈이 많이 내리면 매의 먹이가 되는 꿩이 마을 가까이 몰려와 예부터 매사냥이 성행했었다.

박정오응사(매사냥 보유자)는 12월이면 진안군 백운면 백암리 야산에서 이를 시현하고 있다. 그는 그물 등을 통해 매를 직접 잡아서, 꿩 사냥을 할 수 있도록 매를 길들이고, 매와 함께 사냥을 하며, 사냥도구(그물, 시치미, 매방울 등)를 제작하는 능력 등 네 가지를 인정받고 있다.

최근들어 전북도는 유네스코 인류의 무형유산으로 등재된 '매사냥'의 계승·보전을 위해 진안군 백운면에 '매사냥 체험홍보관'을 조성하고, 시연행사를 가졌다.

그동안 매사냥 홍보체험관이 없어 전수 학생들의 매사냥 교육 및 내방객 체험에 어려움이 있었다. 이에 매사냥 체험홍보관' 개관으로 매사냥 관광객에 대한 교육, 체험, 홍보공간 확보와 전승 활동 환경이 조성되면서 전북의 위상강화가 이루어졌다. 진안의 매가 그동안 잠들어있던 '킬러 본능'을 일깨우고 있다.

전주 강당재

 전주시가 중화산1동과 완산동을 잇는 다가공원 강당재 도로 확장을 통해 인근 주민들의 교통 불편을 해소키로 했다.

 전주시는 앞으로 폭 4m로 협소한 다가공원 주변 소로인 강당4길 145m 구간을 차량 교행이 가능한 폭 5m의 도로로 확장할 계획이다.

 '강당재'는 중화산1동과 완산동을 잇는 오래된 고개로, 과거 화산서원(華山書院)의 강당이 있는 고개를 선비들이 오르내리면서 공부를 했다고 전해지면서 붙여진 이름이다.

 이 도로는 용머리로와 서원로가 생겨난 이후에도 많은 차량과 시민들이 이용하고 있으며, 다가공원을 산책하는 시민들이 중화산동에서 다가산 정상으로 넘어오는 주요 산책로로도 이용되고 있다.

 기독교 교세가 확장되면서 신흥학교는 1920년에 60명에 불과하던 학생 수가 1921년에는 200여 명으로 증가한 바, 주일에는 학생과 교직원들이 단체로 교회 예배에 참석했다.

 경기전에 인접해 있던 향교를 서원너머로 옮기고 화산서원을 설립, 요즘말로 학교군을 형성한 현재의 예수병원 주위는 항상 선비들로 들끓었다. 노송이 우거진 오솔길로서 아침 저녁으로 학문을 닦는 교실(강당)을 향해 오르내리는 고개라고 해서 강당재로 부르고 있다.

전북 문화재자료 제4호로 지정된 화산서원비에 따르면 화산서원 1578년에 건립, 조선 전기의 대학자 이언적과 송인수의 위패를 모시고 제사지내던 곳이다.

하지만 1868년 서원철폐령에 따라 헐렸다. 지금은 송시열이 비문을 짓고 송준길이 글씨를 쓴 이 비석만 남아, 이곳이 예전에 선비들이 글을 읽던 학문의 전당임을 전해주고 있다.

이 겨울, 용머리고개를 느끼고 싶다면 과감히 1번 국도를 버리고 곁길로 돌아가길 권하고 싶다. 마을 사람들은 이곳을 '빙고리'로 부르는 바, 조선시대에는 빙고(氷庫), 즉 얼음을 보관하는 창고가 있었기 때문이다. 하지만 다가산 자락에 예수병원과 기숙사가 들어서면서 마침내 빙고는 자리를 빼앗긴 채 역사의 뒤안길로 사라졌다.

빙고리가 끝나는 지점에서 길의 흐름을 따라 반원을 그리고 올라가면 엠마오사랑병원으로 오르는 길과 강당재로 오르는 길이 나타난다.

가파르지도, 길지도 않지만 강당재 정상에 올라서면 벌써 머리는 맑아지고 눈은 시원해진 것을 만끽하게 된다.

탱자나무 울타리와 거기 매달려 있을 샛노란 탱자가 금방이라도 나타날 것 같은 강당재. 그러나 딱 거기까지다.

강당재 도로 확장이 이루어지면 그동안 인근 주민들의 오랜 숙원 사업이 해소될 뿐만 아니라, 교통사고 위험도 크게 감소될 것으로 보인다.

김치현과 이승갑

"몸은 아프지만 참 행복합니다. 지금처럼 휠체어가 아니라, 담에는 꼭 올 곧게 서서 밝은 얼굴로 인사드리겠습니다."

전주 교동아트센터(교동미술관 관장 김완순) 첫 개인 초대전의 주인공은 만인을 바라보며 이처럼 말했었다. 당시 전시개막식 참여를 위해 주변의 만류에도 불구, 입원치료 중인 광주에서 자신의 주치의이기도 한 막내 처남과 함께 병원 엠브란스를 타고 휠체어에 의지해 나타났던 김치현 작가의 눈은 맑고 상기돼 있었다.

색의 연금술사라 불리며 마지막 순간까지도 왕성한 창작활동을 벌이던 서양화가 김치현씨가 몇년 전, 별세했다.

그는 지난 2006년 대장암 진단을 받았지만 화가로서의 삶을 불태웠다. 조선대 미술과와 동 대학원을 졸업한 후 투병생활 전까지 교단에서 학생들을 가르쳤으며, 전북미술대전 초대작가, 전라미술상 운영위원장 등으로 활동했다.

올해(제6회) 김치현청년미술상은 한국화가 탁소연씨가 수상했다. 김치현청년미술상 위원회가 수여하는 이 상은 교육자이자 화가였던 고 김치현작가의 유지를 받들어 전북 청년작가들의 창작활동을 지원하기 위해 제정했다.

최근에 전라미술상 운영위원회는 '제22호 전라미술상' 수상자로 박승만 작가를 선정했다.

전라미술상은 1994년 고 이승갑 사장(전북화방)의 상금 협찬으로 시작돼, 지역 미술인에게 시상해오고 있다.

'이 친구와의 인연은 6,000겁을 넘어 7,000겁쯤 될 것이다. "형이 운명하였습니다" 하며 손으로 가리킨다. "뭐뭐 무슨 소리야, 형이 어떻다고..." 야, 이 친구야 일어나봐, 여태까지는 무효로 하고 다시 시작하자. 대답도 안하네, 거기가 그렇게도 좋은가. 그는 밀양출신으로 1976년에 전주로 이주하였다. 전북 미술인들의 사랑방인 전북화방, 미술인치고 그에게 외상값 없는 사람이 있을까? 그는 1993년 예술기획 '예향을 창립, 중진작가초대전, 겨울산하전 등 전시회를 열었다. 또 1994년 '전라미술상'을 제정해 창작열이 뛰어난 작가를 선정하고 매년 300만원의 창작지원금을 후원해 왔다. 앞으로도 그의 숭고한 뜻을 기려 지속해 나갈 것이다.('2007년 7월 2일 김치현작가의 글' 중에서)'

이승갑과 김치현은 오랜 지기로 '사랑과 베풂'이라는 소중한 진리를 남겼으며, 동시에 '슬픔과 이별'을 선물로 주었다.

이들은 동물을 유난히 좋아해 기르던 개와 닭에게 모이를 주면서도 말을 건네곤 했단다. 끓는 물에 산 낙지도 넣지 못할 정도로 마음이 여리고 불쌍한 사람을 보면 눈물부터 글썽이던 그들이었다.

하지만 이들이 남긴 미술상으로 인해 이 겨울을 녹이는 연탄불처럼 훈짐으로 미술계를 달구고 있다.

가인로

 법조타운이 들어서는 전주 만성지구에 대한민국의 초대 대법관을 지낸 가인 김병로 선생의 호를 딴 도로명주소가 붙여졌다.
 전주시는 도로명주소위원회를 개최하고, 전주지방법과 전주지방검찰청 이전에 따라 법조타운이 들어서는 점을 감안, 초대 대법관인 김병로 선생의 호를 딴 '가인로'라는 도로명주소를 부여했다.
 순창출신의 가인 김병로선생은 일제 치하 때부터 1960년대 중반 별세때까지 일제 치하에서 민족주의적 변호사로 활동했다. 또, 미 군정에서는 오늘날의 법무장관격인 사법부장관을 지냈고, 대한민국 제1공화정 때는 초대 대법원장으로 사법부의 기초를 닦은 청렴한 법조인으로 널리 알려져 있다.
 "법관은 세상사람들로 부터 작은 것이라도 의심을 받아서는 안된다. 법관이 의심을 받게된다면 그것만으로써도 법관으로 선 최대의 불명예가 될 것이다."
 1953년 후배 대법원장에게 법관으로서의 품격 유지를 당부한 가인 김병로의 가르침이다. 선생은 결벽에 가까울 정도로 청렴했다.
 "온 나라가 일자리가 없어서 제대로 먹지 못하는 국민들이 허다한데 비록 낮은 돈이라도 국록을 받아먹는 사람은 불평해서는 안된다"며 고통을 나누던 그였다.

해방 전·후 및 6. 25 한국전쟁 전후에 모두들 새것이 좋아 서양문물을 받아들이기에 바빴던 그 당시 흰 두루마기에 흰 고무신을 고수하던 청렴을 위한 고집은 감히 누구도 막을 수 없었을 것이다. 또한 청렴을 위하여 그가 강조한 '법관의 몸가짐론'은 반세기 이상 지난 지금도 법조계에서는 반드시 실천해야 할 금과옥조(金科玉條)로 남아 있다.

가인 김병로 선생님께서 '법관의 몸가짐론'에서 강조한 내용은 다음과 같다. ▲세상 사람들로부터 의심을 받지 아니할 것 ▲음주를 하지 말 것 ▲마작과 화투 등 유희에 빠지지 말 것 ▲어떠한 사건이든 판단하기 전에 표시를 하지 말 것 ▲법률지식을 향상시키고 인격을 수양할 것, 위와 같은 '법관의 몸가짐론'이 과연 법조계에만 필요할까? 혹시 법조계뿐만 아니라 우리 모두에게 꼭 필요한 덕목은 아닐까?

김인후는 명종 즉위년(1545)에 을사사화(1545)가 일어나자 관직에서 물러나 이곳에 은거하면서 후학들에게 성리학을 가르쳤다고 한다. 1900년에는 훗날 이곳에서 훌륭한 인재가 나올 것이라는 김노수의 예언을 따라 낙덕암 위에 정자를 지어 오늘에 이르고 있다.

낙덕(樂德)이란 덕망이 높아 후학들로부터 존경을 받고, 평소에 자연을 늘 가까이 하라고 한 바, 이곳에서 가인 김병로선생께서 소년시절에 이곳에서 공부를 했다고 한다.

전주시의 도로명 외에 가인 김병로 기념관이 전주 법조 타운에 세워진다. 최근 우리 사법부에 대해 우려의 목소리가 적지 않다. 가인 김병로의 사법정신을 이어받은 대한민국의 법관은 지금 어디에 있는가.

포쇄

조선왕조실록의 편찬 과정에서 사초의 관리는 매우 엄격하게 유지되었고, 편찬 당사자들도 사초나 실록의 내용에 대한 기밀 유지와 공정하고 정직한 직필의 의무가 강조됐다. 완성된 실록은 특별히 건축 관리되는 사고(史庫)에 놓았다.

보관된 실록은 3년에 한번씩 꺼내어 '포쇄(暴灑)'를 했다. '포쇄'란 습기를 제거해 충해를 막을 수 있도록 책을 말리는 것을 말한다. 조선조에는 장마철을 피하고 봄이나 가을의 맑은 날을 택해 책에 바람을 쐬고 햇볕에 말리는 포쇄를 3년 혹은 5년마다 정기적으로 시행했다. 이때에도 전임 사관 1인이 파견돼 일정한 규례에 따라 시행하도록 했다. 이 포쇄의 과정에서도 실록의 내용이 공개되거나 누설되는 일이 없도록 엄격하게 관리했다.

'1473년 8월 26일 춘추관에서 아뢰기를, "전주의 새로 만든 사고(史庫)에 전후 실록을 지금 모두 옮겨 놓도록 하소서. 무릇 지방 사고는 늘 3년마다 한 번씩 바람을 쐬고 볕에 말리는 포쇄함이 상례입니다. 매년 장마철에 비가 샐까 염려되니, '사궤'는 열고 닫을 수가 없는 것이지만 비가 새는 곳은 그 도(道)의 감사로 하여금 매년 장마가 끝난 뒤 살피어 계문하도록 하소서" 하니 성종이 그대로 따랐다.

1474년 8월 13일 춘추관에서 아뢰기를, "금년은 외사(外史)의 포쇄에 당하였으니 기사관 강거효를 성주에, 안팽명을 충주에, 표연말을 전주에 파견하게 하소서" 하니, 성종이 승정원에 묻기를, "한림(翰林)만 파견할 수 있고 5, 6품 사관(史官)은 파견할 수 없는가?" 했다.

　이에 승지들이 아뢰기를, "구례(舊例)에는 한림을 파견하였으나 춘추관에 벼슬을 띤 자는 비록 한림이 아니더라도 파견할 수 있습니다" 하니, 성종이 명하여 수찬 이명숭(李命崇)을 성주에, 교리 최한정(崔漢禎)을 충주에, 응교 이맹현(李孟賢)을 전주에 파견하게 했다.

　사고(史庫)의 실록 선원각(璿源閣)을 포쇄했다는 기록이 보인다. 이를 담당하는 포쇄별감이 춘추관에 설치됐고, 포쇄 때마다 일지를 썼을 정도로 중요한 행사의 하나다.

　박정향은 1871년 별검춘추(別檢春秋, 사관 역임자 중 청요직에 있는 자 가운데서 특별히 선임하는 직)로 무주 적상산사고와 태백산사고 포쇄를 수행한 자로, 포쇄사관 선임, 사관일행 구성, 인원 및 장소, 소요 물품, 절차 및 방법 등에 대해 기록해 놓았다.

　전주는 조선왕조실록을 지켜낸 왕실 기록을 지켜낸 역사의 도시이자, 감영목판이나 한글고전소설 등 완판본을 찍어낸 출판의 도시이다. '포쇄' 행사가 전주의 대표적인 콘텐츠로 자리매김을 했으면 한다.

이종근 칼럼집

전라도 정도 천 년 기념작
전북야사

초판인쇄 | 2018년 07월 10일
초판발행 | 2018년 07월 20일

지은이 | 이 종 근
펴낸이 | 서 정 환
펴낸곳 | 신아출판사

등 록 | 제465-1984-000004호
주 소 | 전주시 완산구 공북 1길 16
         (태평동 251-30)
전 화 | 063)275-4000
팩 스 | 063)274-3131
e-mail | munye888@naver.com
         sina321@hanmail.net
인쇄·제본| 신아출판사

값 15,000원

ISBN 979-11-5605-543-3 03800

* 저자와 협의하여 인지는 생략합니다.
* 잘못된 책은 바꿔 드립니다.

이 도서의 국립중앙도서관 출판예정도서목록(CIP)은 서지정보유통지원
시스템 홈페이지(http://seoji.nl.go.kr)와 국가자료공동목록시스템(http:
//www.nl.go.kr/kolisnet)에서 이용하실 수 있습니다.
(CIP제어번호: CIP : 2018021992)